孙云晓 著

五元家教法

好父母的必修课

浙江出版联合集团 浙江文艺出版社

总　序

陈会昌

承孙云晓先生之托，为他所著的丛书“孙云晓教育研究前沿书系”作序，心中不免惶恐。孙云晓先生是著名的儿童文学作家、儿童青少年研究专家和教育专家，他在国内的影响力，我难以望其项背，让我为他的著作作序，似乎不妥。然如他所言，我们相识多年，算得上是老朋友，尤其在心理、教育研究方面有过多次合作，且在价值观念、理论、观点上志同道合，又是同时代人，因而不揣冒昧，承接此命。

孙云晓先生这套丛书的主题是家庭教育，这个话题很大。约2500年前，我们民族的先圣孔子就在《礼记》中提出了一个从个体发展到家庭群体，再到社会与国家和谐发展之次序关系的伟大思想：“物格而后知至，知至而后意诚，意诚而后心正，心正而后身修，身修而后家齐，家齐而后国治，国治而后天下平。”不难看出，在孔子眼里，个体、家庭群体和社会大群体三者，个体最重要，每个人必先做到物格、知至、意诚、心正，才能做到齐家；每个家庭都管理好，国家才能治理好，天下才能得太平。

孔子的这一思想称得上是跨时代、跨文化的真理，直到现在，仍可适用于每个人、每个家庭乃至每个国家。

孔子把家庭看作个人与社会的中介，正如现在我们常把家庭比作社会的细胞，在文化的世代传承和社会发展中，家庭的作用毋庸置疑。在全世界每个国家和民族的发展中，家庭作为个体与大群体之间的中介、纽带和桥梁，起着至关重要的作用。说家庭教育这个话题大，此其一也。

家庭教育话题之大，第二个原因是，我们伟大的国家和民族是当今世界上最具独特性的，在历史、文化传统、社会发展、教育事业、科学技术、宗教信仰等方面，都找不出第二个和我们相同或相似的国家和民族。放眼世界，我们可以看到，一些发达国家在其发展历程中，经济、教育、科技基本上是同步发展的，而我国在花了30多年时间走过了发达国家两三百年的工业化进程的同时，其他方面的发展并不同步。具体来说，在我国钢产量、制造业产值、高铁里程、在校大学生人数、居民奢侈品消费总量、每年出国旅游人次雄踞世界前列的同时，在世界排名前一百的大学中，鲜见中国大学的身影；在和家庭教育有关的心理学、教育学、遗传学、心理咨询与治疗、精神病学等学科的研究方面，我国不仅缺乏自己的理论和立足于本国的高水平研究，而且从事这些学科的专业人员及临床医生人数与我国的巨大人口数量远远不成比例。即使在上述各学科的科普方面，真正联系我国当前实际，又能保证科学性的科普读物数量也甚少，一些父母为了教育好自己的孩子，不得不去读外国作者基于他们国家的实际写的家庭教育读物。

举两个例子来说明这种发展的不平衡所带来的后果。

其一，我相信如果我国的广大父母了解了最近几十年遗传学的研究成果，他们会调整自己对子女的期望；如果广大教师了解了这些知识，他们也会调整对具有不同遗传基因的学生的看法，不再生硬地对全班学生做横向比较。父母和教师们将会知道，每个人的基因表达都有自己的时间表，在时机不到的时候不可强求；他们还将会知道，每个人由基因决定的最大限度能力有巨大差异，通过“努力”、“刻苦”、“找个好老师”等主观行动对基因缺陷进行弥补的作用是有限的。

其二，在欧美国家的中小学，每个学区或几个学区，平均每两三千个学生，就能配备一名专门从事心理治疗的专业人员，他们负责对各学校学生中的心理疾病进行早期诊断、治疗和必要时的转诊。平时，他们还负责对教师们进行培训，教他们如何鉴别有心理疾病的学生以及如何进行早期干预。我们知道，中小学生中的自杀、暴力、致瘾物依赖（包括视频、网络游戏、毒品和烟酒等）等行为背后，大多以心理疾病为源头，而这些源于心理疾病的行为，是一般的父母、教师、邻居、社区工作者无法应对的，必须由专业的心理治疗人员出面，因人而异地加以处置。我国的现状是，即使在东部发达的地区，也不可能为两三千名中小学生配备一名心理治疗医生，更不要说中西部地区和偏远农村了。其后果是，如这套书中提到的贵州毕节山区四兄妹集体自杀前，教师和村民想帮助他们而且已经尽力而为了，却不奏效，因为他们既不知道怎样帮助他们，也不知道谁才能真正地帮到他们。而事后的媒体报道和对相关人员的处理，也没有抓住问题的本质。

家庭教育话题之大，第三个理由是，当代中国的时代变迁，使每个家庭、每个做父母者、每个教育工作者面临着须臾变化的新情况、新课题和新困难。30多年来，我国社会和经济方面的变化之大、变化之快，在世界各国近现代史上前所未有。由于这种快速变化，我们面临着一系列问题：人均国民收入快速增长、居民生活与消费水平迅速提高，社会精神文明却相对滞后；东部和中西部地区的发展不平衡，导致6000万“留守儿童”的出现；全国统一高考制度的弊病日益凸显，出国留学的中学生和大学生人数快速增加；独生子女政策带来的一系列问题（如溺爱和隔代溺爱、儿童孤独感和独立性、社交能力缺失、失独家庭等）；社会生存竞争向中小学甚至幼儿园的“下探”；等等。面对这些问题，很多做父母、做祖辈者茫然不知所措，他们中的大多数人只得采用最低级的竞争方式——从众，即随大流，来应对子女教育中的问题。很多教育研究者惊呼，对中国出现的这些情况，无论在国内还是国外，都找不到参考文献！他们不得不旱地拔葱似的“创造”出新的研究课题。

面对快速变化的局面，我们是不是需要一种家庭教育的“新理念”？答案应该是肯定的，但是这个“新理念”应该是什么样子呢？

一些专家、学者不断地提出各种家庭教育的“新理念”，但是仔细思忖，这些“新理念”其实大多是“拿来主义”。不消说，欧美国家由于文艺复兴、启蒙运动、马丁·路德的基督教改革、工业革命和后工业革命，它们在科技教育方面的发展也走在前面。特别是在这几百年的时间里，涌现出一批伟大的思想家、哲学家、教育家、心理学家，他们中很多人关于家庭教育的理论与实践确实曾经推动并继续推动着西方家庭教育的发展，并为许多发展中国家所借鉴。但是，如果把他们中的某个人、某个流派或已成为西方主流的一些家庭教育思想拿来，直接用在我国的当下，能行之有效吗?

对这一问题,我经过十几年的观察和思考,给出的答案是否定的。西方家庭教育的好思想、先进理念,必须和我们中华民族的好思想、好传统,特别是和当前我国快速变化的实际情况有机地结合起来,变成中国广大父母儿童可接受、易接受、方向正确、讲求实效的理念,才是名副其实的“新理念”。

孙云晓先生的这套教育丛书,正是对这种名副其实的新理念的一种尝试。首先,丛书中处处流露出作者如孔子所说的“意诚”和“心正”。已届耳顺之年的作者充满真情地向我们叙说了自己的祖辈、父辈、生母、继母,叙说着自己既有阳光又有个性的童年,叙说着自己曾经接受的平凡但充满爱与关怀的家庭教育,意在用自己的亲身经历告诉我们,一个人的成长和成功,和良好的家庭教育是分不开的。其次,丛书引用了大量国外思想家、教育家的教育思想和理念,也引用了国内很多教育学者、心理学者、作家的研究成果或感悟,更引用了大量的实际案例,作者努力把这些东西融合起来,变抽象理论概念为普通人所喜闻乐见的道理,使不同的家庭能够从不同的案例中得到启发。第三,作者努力尝试根据自己的长期研究与思考,提出自己的家庭教育理念。例如,“五元家庭教育法”,“成功是成功之母”理论,对现代儿童观的思考,儿童习惯培养的原则、方法和关键环节,关于父母教育素养的论述,等等。

丛书的另一特点是作者视野的全方位性,这套书分别涉及童年在毕生发展中的地位、儿童行为习惯的培养、父母对子女的爱与尊重、父母的自我教育，以及子女的成功与幸福的关系。把这套100多万字的书读完之后，我深感，如此全面地从中国现实出发、手把手地教给广大父母怎样教育孩子的著作，可能是近年来我国出版界中唯一的一套。它虽非完美无缺，但却极具价值。相信任何一位做父母者读了这套丛书，都会有所收获。

在此，我要感谢孙云晓先生，他在年届六十时，不辞辛劳写出这套浸透自己几十年研究心血的好书。这是他送给自己的生日礼物，也是献给中国广大为父母者的礼物！

陈会昌

2015年9月于北京学知园

写在前面

父母教育好孩子的秘诀是什么

孙云晓

有一个现象非常令人纠结：为什么许多高学历、高职位、高收入的人士的孩子成长问题多多，甚至是危机四伏？而为什么许多普通人的孩子却成长顺利，甚至是捷报频传？这当然不是一个逻辑严密的规律，却可以得出一个深刻的启示，即决定一个父母能否教育好孩子的关键因素不是学历、职位和收入，而是教育素养。所谓教育素养包括教育理念、教育方式和教育能力。这正是本书探究的核心主题，即什么是父母的教育素养，以及如何在家庭教育的实践中逐步提升父母的教育素养。

实际上，家庭教育指导的根本任务就是提升父母的教育素养。

一位父亲曾经讲过自己儿子的故事：

他的儿子学习成绩中等，想考上他心目中的理想大学难度很大。这位父亲跟他讲，高考就是“木桶理论”，六门课就是一个木桶的六块木板，最短的木板决定你的高考成绩。一门课有90多分了，想增加几分需要付出很大努力，而另一门课只有60多分，要提升到80多分则相对容易得多，所以高考复习就是不停将自己最短的那块“木板”找出来，加高它，当这个“木桶”所有的木板都不短了，成绩也就达到比较理想的状态了。

儿子从高二开始按照父亲的“高考木桶理论”去复习，不断找出自己的短板去加高，成绩一步步提升。同时他每天坚持练陈氏太极拳，保持了旺盛的体力；他喜欢玩魔术，边备战高考边练一些自己喜欢的魔术节目，和同学们一起成立魔术社做表演，保持了心情的快乐。

离高考还有半年的时候，儿子对父亲说，自己的字写得太难看了，估计会影响成绩。他们一起上网寻找解决方案，找到了一个专门教人怎么把难看的字写好看的专家，父子一同直奔北京，周日上了一天的写字课程，晚上赶回广州，星期一上课写作文时老师发现他的字体已经像换了一个人写的一样。当然，这个孩子最终取得了优秀的考试成绩。

还有另一位父亲，他是一名新疆的长途货车司机，他只有小学文化，每次一出门就十多天，这种情况下他怎么教育孩子呢？很多人可能想不到，他利用寒暑假，带着孩子们一起出车，在让孩子们体验自己职业生活的同时，给他们讲述种种人生道理。比如上坡时，他就说："上坡再难，也要咬着牙冲过去，过去就是一片坦途，泄气就会回到原点。人生也是这样，关键时候就得咬紧牙冲过去。"

新疆的冬天有时零下20多摄氏度。车坏了，他就躺在地上修，手都冻得裂了口子，他也坚持做下去。这一切，孩子们都看在眼里、记在心里，既体会到父亲的辛苦，也知道人生要有责任感支撑，要忍耐，要坚强。三个孩子长大后不但都考上了博士生，而且深知父母的艰辛，读研读博期间都勤工俭学，没用家里一分钱。

有很多人认为，高学历的父母会在教育之路上更加平坦，因为他们有更多先进的理念和知识，但是看到上面这两个例子，这两位父亲的知识储备状态是完全不同的，但是他们都有很好的教育素养，都教育出了高素质的孩子。其实，我们悉心观察就可以发现，这两位父亲有很多相同之处，他们都有很强的"教育力"，或者说，他们的行为和思想本身就说明了什么是良好的教育素养。

第一，有良好教育素养的父母具备正确的教育理念来指导自己和孩子。诚如关颖教授所言，教育观念是家庭教育的本质属性在父母头脑中的反映，父母希望孩子成为什么样的人、具备什么样的品质皆来源于此。父母认为什么样的人才是社会栋梁，认为自己与孩子的关系如何，父母是否将儿童当作平等的个体对待，等等，都反映了父母是否具有正确的教育观念。现在很多父母望子成龙，一味重视功利性成绩的培养，却忽略了"做人"、和孩子有良好的亲密关系等才是教育观念的基础问题，实际本末倒置、适得其反。

第二，有良好教育素养的父母采用良好的教育方式，在教育过程中自由与节制兼具。孩子与父母的互动过程并非由单一因素决定，而是受整个沟通过程的影响。而在这个过程中，父母选择以什么样的方式、何种教育姿态来与孩子交流，在一定程度上决定了孩子能够从父母的素养中汲取的内容。前文的两位父亲一位善于征求孩子的意见，一位向孩子展现了什么是真正的男人，而他们的共同点就是既在孩子面前有长辈的威严，对孩子又有朋友般的关心与共情，这是有教育素养的父母采取的民主权威型教养方式。他们首先懂得控制自己的情绪，同样又能够体察孩子的情绪；其次，他们能够以平等的心态来教育孩子，让孩子能够获得身心的自由；再次，他们以身作则，给孩子提供了良好的行为规范，让孩子知道困苦的环境不一定造就丑陋的灵魂，成长的烦恼不一定就是阻挡前进的拦路虎。具有良好教育素养的父母能够通过自身的优良言行来潜移默化地影响孩子。

第三，有良好教育素养的父母拥有较好的教育能力，懂得察觉孩子的心理需求，了解孩子的特点，并且保护孩子的兴趣与能力。仅仅具备良好的观念而不付诸行动，教育往往会成为一纸空谈。而具备了怎样的金钥匙，才能打开教育的大门，也是天下父母们一直在追寻的。父母的教育素养要求父母有以下的能力：其一，父母要能够理解孩子，也就是知道孩子要什么，并且知道这种需求是否符合发展规律、符合客观要求；其二，父母要能够跟孩子关系和谐，既不能跟孩子成为冤家一样的对手，也不能成为连体婴儿一样的家人；其三，父母要能够准确评估自己和孩子，不可对自己的教育行为以及孩子的表现妄自尊大，也没必要太过压抑、妄自菲薄，理性、客观地表扬和批评孩子，都会让孩子真实地认清自己、认识他人；其四，父母要能够成为孩子最强大的支持者，孩子在成长过程中难免受挫折，但应尽量避免过多的伤害，要让我们的小树苗能够栉风沐雨，但必须让他们远离毁灭性的灾难，平安、强壮地生长在广袤的土地上。

我们可以看到，父母的教育素养包括教育观念、教育方式和教育能力三大要点，而这三大要点细分起来，又可以具体分解为五个元素，即现代的教育理念、科学的教育方法、健康的心理、良好的生活方式、平等和谐的关系，这五个元素是本书重点阐述的五部分内容，它们构成了现代父母的“上岗执照”，是当今每个家庭的父母都应具备的教育素养。

目录

第三章 | 父母心理健康最有利于培育孩子的心理健康　109

父母心理健康才会给孩子以积极的影响。不论在什么情况下，父母要在以身示范的前提下，引导孩子力求做到认识自己、悦纳自己、控制自己，而这正是心理健康的重要标志。这就要求父母有自知之明，由自知而自信而自强，不因成功而得意忘形，也不因失败而惊慌失措，始终保持乐观向上的稳定情绪，这将使孩子终身受益无穷。

第四章 | 良好的生活方式是成长的摇篮　149

良好的生活方式是保证孩子健康成长的基石。人是环境的产物，近朱者赤，近墨者黑，一切都是从童年开始的。例如，父母读书多，孩子读书也多；父母爱运动，孩子也容易喜欢运动；父母合理膳食，孩子也会深受其益。良好的生活方式是孩子形成健全人格的摇篮。当然，生活方式不仅仅是吃饭、睡觉和运动，还应当包括人际交往和发展兴趣爱好等内容。

引言 做好父母需要自觉地持证上岗

今日世界有上万种职业，几乎都需要持证上岗。譬如汽车司机，没有驾驶执照是不敢上路的，即使有驾照，一旦违章，被交通警察扣了驾照，也只好乖乖待着，有车也不敢开。于是，多年前我就万分纳闷，做父母几乎是人世间第一神圣而复杂的职业，为什么就不需要任何执照呢？怪不得许多孩子有问题，原因之一便是父母“无照经营”的结果。

呼吁父母持证上岗是个浪漫的想法，事实上最重要的是父母要自觉学习，尽快成为合格的父母。我在全国各地巡回讲演过程中遇到上千万的父母听众，看到了太多太多伤心的泪水和绝望的眼神。于是，我和中国青少年研究中心课题组的同事们开始久久地思考，可否将包罗万象的家教内容，简要地概括为一种方法。

有了40多年从事儿童教育和研究的经历，尤其是做了多年父亲之后，我发现，仅靠某一种具体方法的教育是注定要失败的，因为孩子是千差万别的，没有任何一种方法适合所有孩子的教育。再说，思想的不同决定了同一方法的效果不同，这表明任何方法都离不开观念的指导。因此，家庭教育的成功需要一套综合的方法，即将理念、方法、心理、生活方式和关系融为一体，同时又要简明扼要、通俗易懂。

经过多年积累并与诸多专家学者反复探讨，我们终于总结出了五元家教法。毫无疑问，要提高孩子的素质，首先要提高父母的素质，这种前素质教育是教子成功的关键。一般来说，父母的教育素质，包括教育观念、教育方式和教育能力三大要素，具体可以归纳为五个元素，即现代的教育理念、科学的教育方法、健康的心理、良好的生活方式、平等和谐的关系，将这五大元素融会贯通即为五元家教法。

五元家教法的首要元素是现代的教育理念，这是父母教育素质的核心，对家庭教育的目标、方向以及父母的教育行为起着制约和指导作用，也是影响家庭教育质量的决定因素。教育理念至少包含儿童观、亲子观、人才观、教子观等四个方面。儿童观，即父母对儿童本身及其发展的认识，如孩子是人，是走向成熟的人，是终将独立的人，等等；亲子观，即父母对子女与自己关系的基本看法，如两代人相互学习、共同成长，等等；人才观，即父母对人才价值的理解，如社会需要各种各样的人才，只要做出自己的贡献就是人才，等等；教子观，即父母对自身、对子女发展的影响力和本身能力的认识，如把人格的培养视为家庭教育的核心，等等。

当面对复杂的家庭教育状况时，父母首先要注意自己的教育理念正确与否，这是分析和解决问题的关键。例如，有的父母抱怨孩子不听话，自己花了许多钱给孩子报了几个特长班，想让他提高竞争力，可他犟着不去或去了瞎混。这个时候，父母应当理解孩子有休闲玩耍的权利，尊重孩子的选择，做童年的捍卫者。事实证明，只有教育理念正确了，家庭教育才能走向成功。

五元家教法的第二个元素是科学的教育方法，这是教育理念和教育行为的综合体现，并直接关系到孩子在家庭中所受教育的效果。最重要的教育方法至少有四点：(1)教育孩子的前提是了解孩子，了解孩子的前提是尊重孩子；(2)教子成功从培养良好习惯做起；(3)父母身教重于言教；(4)让孩子在体验中和群体中长大；等等。

经常会听到父母们烦恼地说，孩子如何贪恋电视和电子游戏，就是不爱写作业，写作业也是坐不住，大人说了几百遍也不管用。此时，父母要深入分析，明白孩子需要的不是唠叨而是具体帮助，理解训子千遍不如培养一个好习惯的道理。同时，父母要根据需要学习习惯培养的具体方法，如培养好习惯用加法，改正坏习惯用减法，坚持21天或1个月就能初步养成好习惯，而90天的训练与坚持才能形成稳定的行为习惯，等等。请记住教育家的忠告：家庭是培养习惯的学校，父母是培养习惯的老师。教育就是培养好习惯。

健康的心理是五元家教法的第三个元素，指父母心理健康才会给孩子以积极的影响。不论在什么情况下，父母要在以身示范的前提之下，引导孩子力求做到认识自己、悦纳自己、控制自己，而这正是心理健康的重要标志。这就要求父母有自知之明，由自知而自信而自强，不因成功得意忘形，也不因失败惊慌失措，始终保持乐观向上的稳定情绪，这将使孩子终身受益无穷。

在今天的家庭教育中有一个突出的倾向，就是父母对孩子的期望过高甚至完全脱离实际。例如，我们在全国调查发现，83.6%的中学生的父母要求孩子考试成绩在班里要达到前十五名。这种过度竞争的心理是不健康的，也是根本无法实现的，如果不做出适当调整，有可能造成悲剧。父母要引导孩子扬长避短，走适合自己的路。现代的成功观是人人可以成功，成功就是发展，成功就是选择，成功就是和谐。

良好的生活方式是五元家教法的第四个元素，这是保证孩子健康成长的基石。人是环境的产物，近朱者赤，近墨者黑，一切都是从童年开始的。例如，父母读书多，孩子读书也多；父母爱运动，孩子也容易喜欢运动；父母合理膳食，孩子也会深受其益。良好的生活方式是孩子形成健全人格的摇篮。在养成良好的生活方式方面，父母的榜样作用尤为重要。

父母心中要时刻记住几个重要的数字，如中小学生要每天运动1小时，小学生要每天睡眠10小时，初中生要每天睡眠9小时，高中生要每天睡眠8小时，等等。当然，生活方式不仅仅是吃饭、睡觉和运动，还应当包括人际交往和兴趣爱好等内容。当面对独生子女孤僻任性没有朋友的难题时，父母就要提醒孩子不能没有伙伴，再好的父母也不能代替伙伴的作用。建议独生子女的父母们联合起来，变小家为大家，变独养为群养，引导孩子在与同伴交往的体验中快乐成长。

五元家教法的第五个元素是平等和谐的关系，这是家庭教育成功的必备条件。当然，好的关系首先是夫妻关系，其次是亲子关系，还有三代人的关系等。夫妻关系对亲子关系具有极为深刻的影响。没有平等，培养不出现代儿童；没有和谐，建设不成民主家庭。因此，父母不仅应尊重儿童的权利，还要善于发现孩子的独特个性，真诚地学习孩子身上的优点，使教育过程充满理智之爱。当前，家庭教育的突出问题不是教育而是关系，父母的误区往往在于过于关注教育，却忽略了良好亲子关系的培育。教育的规律告诉我们，亲其师才能信其道。学校教育是这样，家庭教育更是这样。亲子关系好，家庭教育才能成功；亲子关系糟糕，家庭教育一定失败。关系的好坏决定教育的成败。

也许，有的父母会产生误解，以为一切顺从孩子甚至娇惯孩子的行为就能产生好的关系，这其实是一种有害于孩子的病态的关系。良好的亲子关系是相互尊重、相互理解、相互信任、相互帮助和相互学习的关系。衡量亲子关系好坏的底线是当孩子遇到麻烦或危险的事情时，看他是否敢于对父母说。衡量亲子关系好坏的高线是当孩子犯下严重错误时，看父母是否敢于惩戒孩子以及孩子能否承担责任。家庭教育需要把握一个原则，对孩子以表扬为主永远是对的，对孩子不能没有批评也永远是对的，无批评教育是伪教育。

第　一　章

现代家庭教育需要现代的理念

现代的教育理念是父母教育素养的核心，对家庭教育的目标、方向以及父母的教育行为起着制约和指导作用，也是影响家庭教育质量的决定因素。

一 给孩子"真爱"

（一）父母对孩子要有"真爱"

俞敏洪曾说："父母所拥有的荣誉、地位和财富与教育孩子的成败没有密切的联系，唯一有联系的就是全心全意地爱孩子，用正确的方法引导孩子，选择正确的老师培养孩子。"对此，我十分赞成，父母爱孩子是容易的，但要给孩子真正的爱却不那么容易。

2010年，网络上的"父母皆祸害？"之论成为焦点问题，显然是一些青年人在声讨父母对自己的伤害。其实，代沟问题随时随地可以见到。

母亲在孩子心中的形象为什么被妖魔化

2005年4月25日，《珠江晚报》刊登了一条消息：在湖北省武汉市举行的一次近4200名中小学生参加的题为"给我一点时间"的作文比赛中，超过70%的孩子选择了一个共同的题材——被妈妈逼着整天做功课，学习压力大。其中有孩子写道：妈妈是"母老虎"，自己每次出去玩总被她准确地堵回来；妈妈是"变色龙"，自己考了满分她睡着都会笑醒，考差了就会大发雷霆；妈妈是"河东狮"，自己看一会儿电视她就会发作。这样的形容肯定是那些为孩子殚精竭虑的母亲所始料未及的。该报评论称，母亲在孩子心中的形象被妖魔化了。

被自己的孩子妖魔化，作为妈妈，谁都会很寒心。妈妈们可能会觉得委屈：都是为了孩子好，孩子为什么不领情？

我相信那些被自己孩子“妖魔化”了的母亲，不是不爱自己的孩子，只是面对现实压力时爱的方法有些失当罢了。可以说，母亲要求孩子好好学习、陪送孩子参加各种补习班，要求孩子少看电视多看书、少玩不玩多在学习上花时间，这当然都是因为爱，是因为激烈的社会竞争为孩子的前途考虑。但是，反过来说，这样的爱是不是孩子真正需要的？这样带着功利的爱是不是本身就有问题？

近来，连续发生明星、官员和富豪教育孩子失败的案例，引起社会的广泛关注。这些家庭往往对孩子寄予更高的期望，也有更多的投入，却为什么把万般爱心变成了不堪回首的悲剧呢？

要让孩子做人中人

冷静地观察会发现，明星、官员和富豪教育孩子是一件困难的事情，因为他们往往给孩子一个失真的环境，即似乎一切来得都很容易，这就可能让孩子产生失重的感觉，头重脚轻地漂浮在普通人之上。但是，水能载舟，亦能覆舟。普通人最渴望公平正义，一旦触犯众怒，纵然是巨舟也可能瞬间倾覆。

常言道，人是环境的产物。穷人的孩子早当家，富人的孩子早摆阔，都是环境的影响。当然，教育的不同，环境的影响也不同。如果教育不当，穷人的孩子未必能够早当家；如果教育得当，富人的孩子未必炫富。因此，给予孩子什么样的环境和教育，是教育孩子成败的关键。

明星等所谓成功人士要明智，要谨记教育家陶行知的忠告：不要让孩子做人上人，也不要做人外人，而要做人中人。具体说来，就是不要让孩子像贵族，也不要像成年人，而是像孩子一样生活，和普通孩子交朋友。对孩子的成长而言，酸甜苦辣都是营养，并且是不可缺少的营养。

当一个人的需求被过度满足的时候，他的快乐也会随之被剥夺。如著名思想家卢梭所说，你知不知道用什么方法准可以使你的孩子受到折磨？这个方法就是：一贯让他要什么东西就得到什么东西。这样，当他碰到钉子时，将比得不到他所希望的东西还要感到痛苦。所以，父母必须学会对孩子延迟满足乃至适当拒绝。

“富不过三代”不是真正的发展规律

社会上流传着一种说法，叫作“富不过三代”。我认为，这只是一个教育失败的现象，而不是真正的发展规律。

对孩子不可过于迁就，而要有坚定的原则，这看起来似乎有些不近人情，实际上恰恰是对孩子发展的保护。卢梭说，一旦他（指孩子）知道你可以随他摆布，他就变成了你的主人，这一下全都完了。我想，全完了就是父母没有原则、没有理智了，就像船儿失去了舵。

现代教育需要金钱，但光有金钱堆不出现代的教育。仅仅有爱心是不够的，身为父母必须审视自己的爱是不是真爱，即是不是有利于孩子的独立生存，是不是有利于孩子养成健康的人格，是不是有利于孩子获得真正的幸福。这是每一个父母都需要交出答卷的。

什么是真爱？我认为以功利的目的来表现自己的爱，或者说要孩子以好好学习作为条件来交换对孩子的爱，这些都不是真爱。真爱是没有条件的。所谓真爱，就是把孩子当成真正的人，尊重其人格，满足其需要，引导其发展，而不求私欲之利。真爱，就是真正对孩子有益的爱，是以孩子为本的爱，而不是功利的爱，不是让孩子拿高分数和好名次来交换的爱。只有真爱，才会让孩子刻骨铭心，终身受益，而功利的爱极有可能引发危机，成为一种教育隐患。

父母生育了孩子，就有了爱的责任，这爱的唯一目标，应该是把孩子培养成一个健康的人，一个全面发展的人。因此除了学习，孩子的成长还要注意体魄、品德、人格等方面的培养。单一注重学习的教育，培养出来的孩子并不能真正适应未来的生活，因为他们的独立性、动手能力、与人交往与合作等方面的能力不强。我们一直所说的“高分低能”这个词正好能鲜明地形容这种缺陷。还有人认为“高分低能”是独生子女的通病，把原因归结为“独生”。

事实上，任何一个孩子，无论是独生还是非独生，作为“自然人”来到世上，并没有本质的差异，而是在后天的社会化过程中，由于父母的教育和环境的影响，才形成了不同的人格品质和能力。

例如，现在许多父母认为，独生子女有一个毛病，就是懒。有的孩子五六岁了还不会自己穿衣服，上小学了还不会收拾书包，上中学了还要妈妈梳辫子……孩子的懒是天生的吗？其实，孩子的懒是后天养成的，因为许多孩子的事全由大人代劳。在许多父母看来，孩子的唯一任务就是学习，学习好是成材的唯一条件，而劳动是孩子的负担，参加劳动必然影响学习。孩子的学习父母不能代替，而孩子的劳动，哪怕是自理性劳动完全就由父母来承担了。

另外，在父母的眼里，孩子永远是孩子，总要在父母的呵护之下才能长好。孩子扫地怕他扫不干净，孩子洗衣服怕他洗不干净，孩子搬东西怕累着他，孩子烧水怕烫着他，动辄嫌孩子笨，动辄就不耐烦。能干的父母经常说：“小毛孩能干什么？别给我帮倒忙，不用你插手！”正是父母的替代、保守的心理让孩子失去了劳动锻炼的机会。你说，长期下去孩子能不变懒吗？

“遗传”之说发人深省

1991年8月，我采访参加首届中日少年探险夏令营的一个13岁的北京男孩：“你们与日本孩子相比怎么样？”男孩坦率地说：“不如他们勇敢，也不比他们能干。”“这是为什么呢？”听我这么问，男孩脱口答道：“遗传呗！”见我愣住了，他解释说：“爸爸妈妈为了让我上一个好学校，让我住在姥姥家。姥姥有‘三不准’：刀不让动，电不让动，火不让动。我长这么大，连火柴都很少划，‘家炊’都不会，怎么会野炊呢？”

对这个男孩的回答，我印象很深，他以“遗传”一词来形容父母对自己的关爱，其实也一针见血地评论了中国的溺爱教育，可谓入木三分。

时隔20多年，这一“遗传”似乎仍没有发生多大改变。

在和父母交流的过程中，我不断发现许多父母溺爱孩子，大到学习、交友，小到吃喝拉撒，什么都要管，什么都想知道，不给孩子一点自由，使孩子失去了独立思考和发展的空间。其结果是孩子由感恩变成了腻烦，甚至对父母由爱变恨。

从表面上看，溺爱似乎是为了孩子好，实质上是不了解孩子也不尊重孩子的典型做法，是对儿童意志与权利的一种剥夺。可是，极少有父母想到这一层。按照《儿童权利公约》的规定，儿童是一个权利主体，拥有包括姓名权、健康权、受父母照料权、娱乐权、闲暇权、隐私权、表达权等几十种权利。如果父母以爱孩子的名义来限制孩子交友、禁止孩子玩耍、不让孩子参加娱乐活动或体育活动、私自拆看孩子的信件或偷看孩子日记等，他们都已经侵犯了孩子的权利。

（二）“真爱”的前提是理解和尊重

我们面对正值童年的孩子时，可能会觉得小孩不懂事。比方说，大家经常会感到小孩子有时候老犯错误，甚至有的小朋友经常胡说八道。小孩上幼儿园时、上小学时，最容易胡说八道，有的小孩人越多越爱说话，什么都说，也没什么顾忌。所以有的孩子一张嘴，他父母就说：“闭嘴，你一张嘴我就知道你要说什么，不许胡说。”

尊重儿童就要宽容童言无忌

有一年的全国少先队代表大会，一位领导带着孩子来了。他那儿子特爱说话，口才特别好，给我们讲故事，讲了一段又一段。我们一听，真好听，这小孩说话怎么这么巧哇！他说完了我们还想听。这个小孩挺爱说，说得还挺来劲，结果就说起他爸爸妈妈的性生活。我的天哪，他是怎么知道的呢？还说得绘声绘色。他爸爸眼睛都直了，几乎要揍这个儿子了。他爸爸是个厅级干部，很有修养，他不可能当众打儿子。但是，儿子把他搞得非常狼狈，脸上红一阵青一阵。

对于我们大人，你们觉得面对孩子的胡说八道应该采取什么态度呢？假如你的孩子也有这样的表现，你会怎么对待他们呢？

妈妈一：

我首先会想，他为什么愿意这么来表达？之后我会问他：你那个时候为什么特别想说这些话？你会有什么样的感觉？如果我觉得他那时候说的话我不太爱听，事后我会跟他讲：你这么讲不太好，原因是什么。我这么来引导他，下次他就知道这个话不能说了。我以前有这种经历。

妈妈二：

在我的孩子身上，这种事发生得比较少，但是我想可能这种孩子表现欲比较强。这件事如果让我碰到，可能我事后会跟他说一下，然后可能会跟他有规定。比如，我会跟他说：有些东西不适合说，但当时也不能跟你解释，那么我会给你一个暗示，这个时候，希望你能配合父母。我可能会这样做。

这两个妈妈都表达了自己的看法和态度，我觉得她们的做法都是比较好的，她们都能够尊重孩子、理解孩子，想出一些提醒的办法来。其中最重要的一个思想就是，我们要尊重孩子，维护童年的权利。其中一个重要的原则就是，尊重儿童的未成熟状态。他不成熟，但他的表达是一种权利，这种状态你要尊重。但是有时候父母不这么理解。所谓尊重，就是尊重孩子成长的规律，尊重孩子的各种权利，尊重孩子的个性特点。

比如，我们经常会让孩子出去时礼貌地叫人，告诉孩子："叫叔叔，叫阿姨。"孩子有时很不情愿，或者很被动地叫。看上去我们是在教孩子有礼貌，其实细究起来，其中有对孩子的不尊重。儿童有儿童的表达方式，他可能只是冲对方笑笑，或点点头，就当作打招呼了。而且孩子的性格不同，有的孩子比较外向，喜欢跟别人打招呼问好；有的孩子则比较内向，不太善于用语言和别人交往。

如果要带孩子外出，可以在事前告诉孩子：出去见了外人，要跟人家打招呼。这是一种提醒，是一种引导。至于孩子怎样表达，是他自己的选择。如果他不愿意跟人打招呼，可能是他还没有接受这种方式。那么，不能用成年人的标准要求他，他的年龄还小，做父母的要学会等待。

可能有那么一天，孩子自己会发现：那些喜欢跟别人打招呼的孩子，会得到更多的友善和欢迎，他可能就会变得主动。父母有了这样的态度，才算得上是真正地尊重孩子。

尊重孩子不是完全顺从孩子，而是寻找合理的解决方法，不能一概而论。以看电视和吃饭相冲突来说：孩子是偶尔这样，还是经常如此？如果孩子总是做事没有规律，当然要管，要说服。但有时的情况是：孩子突然发现了一个很不容易看到的节目，特别想看，而且这个节目这次如果不看，下次就不知道什么时候才会播出。那么对孩子暂时不想先吃饭，就应该理解，不要刻板。孩子做的事情有价值，就有权利和理由做完。其实，成年人不也是如此吗？当孩子痴迷于某件事的时候，他会特别专心，家长如果尊重孩子就不能把他强行拉开。家庭教育中，尊重孩子的家庭是谈判的家庭和协商的家庭，而不是命令式的家庭。

尊重孩子的偶像

以下这个例子，便是对理解孩子、尊重孩子的一个很好的诠释。

不知从什么时候开始，儿子喜欢上了篮球。上中学了，学习够紧张的，他却总是忙里偷闲玩上一会儿；我还经常在我们家的书报堆里发现有关篮球的刊物；更有甚者，世界篮球明星迈克尔·乔丹的大幅照片竟然堂堂正正地贴在了我们家的门上、墙上、书柜的玻璃上；一盘自己录制的纪念“NBA”50周年的录像带，他不知看了多少遍……

我从没有因此而指责过儿子，我一向主张孩子应该有自己的天地、自己的兴趣。

平时在家里，儿子的话不多，可是每当谈起“NBA”，谈起乔丹、皮彭、马龙时，他却总是滔滔不绝，眉飞色舞。这时候，我全然不是妈妈了，而是儿子的学生。没想到，日复一日，耳濡目染，我也被儿子带入了他的天地，知道了什么是“NBA”，认识了当今世界的篮球明星。我也在这当中了解了儿子，与儿子多了些共同语言。我去香港，给儿子带回的唯一礼物，是一套绣有芝加哥公牛队标志的T恤，儿子好高兴。

今年“NBA”赛事开始后，与往年不同的是，比赛得到了包括我在内的全家人的关注。进入总决赛的公牛队能否蝉联冠军？乔丹会有怎样出色的表演？每一个人的心都被牵动着。在公牛队2:0领先、爵士队2:2扳平之后，遗憾的是关键的第五场比赛的实况转播我们都没有看成，但是我们看了电视和报纸上关于这场比赛的每一则报道。我佩服乔丹44分钟夺下38分的出色技艺，更被乔丹以超出常人的毅力、带病拼搏的精神所折服。我学着儿子的话对儿子说：“我崇拜乔丹！”我的“进步”得到了儿子的肯定。我又用自己的话说：“咱看球别光看热闹，也学学人家乔丹的精神！”儿子默许了，这是我在对儿子的说教中，最让儿子服气的一次。

——摘自《少年儿童研究》1998年第1期《我看“NBA”》，作者：关颖

（三）怎样的爱才算是真爱

我曾提出一个观点，真爱是衡量父母与教师合格的标准。

人之所以成为人，离不开真爱。每一个孩子的成长都离不开父母给予的真爱。只有在真爱的关怀下，孩子才能领悟爱的真谛，才能学会如何爱他人、爱父母，懂得爱、付出爱。

教育是爱的事业，可爱心既能造就未来，也能葬送未来，只有在孩子的心里播下真爱的种子，才是人类真正的希望所在。真爱的种子就是真爱的教育。因此，当你准备在孩子的心田播种的时候，请务必拷问自己：这种子是真的吗？

假种子坑农民毁一季，假种子坑孩子毁一生

正本清源，《全民误读“起跑线”》值得一读。

谈及令人恐慌的假教育，自然会让人想起“不让孩子输在起跑线上”那句话。2015年6月5日，《中国教育报》发表记者杨咏梅对教育部原副部长韦钰院士的访谈《全民误读“起跑线”》，正是从这句话开始的。

你赞同“不让孩子输在起跑线上”吗？当记者随机提问周围的朋友和同事时，几乎所有的人都表示不赞同，还有人说：“就是这句话让中国的父母都失去了理智，让中国的孩子失去了快乐的童年。”

这句话最早的出处已不可考，影响力最大的，当数21世纪之初时任教育部副部长的韦钰院士所提的“中国教育不能输在起跑线上”。作为生物电子学专家，韦钰有感于美国、日本和欧洲的许多国家基于脑科学研究的最新成果而紧急调整儿童早期发展政策，提出必须重视早期教育。

韦钰认为：“神经教育学、脑科学和认知神经科学等研究发现，0～3岁是儿童发展的关键期，但儿童发展不等于儿童教育，不等于幼儿园教育，更不等于提前教小学的课程，而是由父母用爱和陪伴来完成的。”

看来，不要输在起跑线上，渐渐演变成让孩子早些认字、背诗、读英语，甚至提前学小学课程的口号，是被全社会误读了。

宁可少赚钱，也要多陪陪孩子

韦钰认为，错过脑发育关键期，损失是一生都无法弥补的。

“我的观点是建立在科学根据和实证研究之上的，不是拍脑袋想出来的。神经科学和分子生物学证明，每个人所具有的智力资本和心理健康，很大程度上取决于脑的功能状态，取决于基因和环境的不断相互作用，与

人所处的社会经济环境和受到的教育经历有关，尤其与0～3岁的早期发展有关。”韦钰说。

韦钰以20世纪70年代罗马尼亚托儿机构的孩子们为例，证明了这一观点。从1966年开始，罗马尼亚政府为了增加人口，强制要求每个家庭生5个孩子，但许多家庭并没有抚养能力，大约10万名儿童被送进托儿机构。托儿机构的条件很差，每个教养员要照顾10～12个1岁以下或15个1岁以上的儿童，孩子们的生活中没有亲吻、没有逗乐、没有游戏，严重缺乏互动交流的机会。曾参与跟踪研究的美国著名科学家尼尔森教授伤心地回忆道，那些婴儿既不哭也不闹，只是一直呆呆地望着天花板，到处是死一般的寂静……

后来，一些科学家跟踪研究这些孩子一直到12岁，发现有些孩子整个脑的体积明显小于受到正常照料的儿童，更多的孩子社会情绪能力发育迟缓或低下，有进攻性行为、多动行为，10%的儿童有类似孤独症的症状。

科学家们把一些孩子送到合格家庭中去养育，发现2岁以前养育条件得到改善的，脑发育可以恢复；2岁以后再改善，脑发育的恢复就很难。

韦钰还提到20世纪末在美国启动的一项有关儿童时期不良经历(ACE)的流行病调研工作。调查结果表明，那些儿童时期曾受过情感虐待、躯体虐待、性虐待、情感忽视、躯体忽视，或生长在酗酒者、吸毒者、精神疾病患者、自杀者、母亲受虐及有犯罪成员家庭的成人，极容易有服用毒品、暴饮暴食等健康风险和心血管疾病、癌症等后遗症。

“许多慢性疾病、行为上的不良倾向以及成年后遭遇的厄运，甚至于遗传到后代的基因，都会与幼年时期受到的不良经历、虐待有关。”韦钰强调说，诱因可以追溯到其幼年的不良经历，以及由此造成的脑发育延迟和失常。

情感忽视也是一种虐待吗？韦钰举例说，枯燥、单一、缺少关爱、频繁更换教养者，会改变孩子的大脑结构，影响孩子身体、智力、语言、性格等方面的发展。比如，有的父母自己忙着上班，请保姆照顾孩子，但每个保姆都做不长，更换保姆期间又求父母来帮忙，于是孩子被迫不停地适应教养者，分不清到底谁是“妈妈”，就很难建立“温暖的、细心负责的、语言丰富的、稳定安全的互动关系”。

韦钰认为，幼儿的直接教养者最好是父母，但无论是父母还是祖父母或保姆，都要和幼儿建立温暖的、细心负责的、语言丰富和稳定安全的互动关系，为幼儿提供成长和学习的良好社会环境。

对于一些忙着赚钱而疏于陪伴孩子的父母，韦钰建议他们宁可少赚一些钱也要多陪陪孩子。由于脑的发育是连续的，需要人与人之间的交流所传递的感知刺激和语言刺激，后期的发育需要在前期发育的基础上进行，等赚够了钱再来陪伴孩子就晚了。错过脑发育的关键期，损失是一生都无法弥补的。

缺乏睡眠、精神紧张会降低学习效率

韦钰认为，社会情绪能力才是人生是否富有成就的决定性因素，孩子今后能否取得一定程度的成功、人生能否幸福快乐，是由情绪能力（而不是智商）决定的，但目前大部分父母却只重视孩子的知识学习，忽略了其情绪能力培养的重要性。有时不仅是忽略，还常常出于善意而伤害。

什么叫社会情绪能力？韦钰解释说，社会情绪能力大体上分成两类：一是应对压力的“内部自知智力”，即个人在变化、挑战和失败的压力下，能否正确、全面地了解自己，协调地构建适合自己的生活和工作模式，反映到价值观上就是乐观、自信、进取、负责任等品质；二是社会交往的“人际智力”，即了解他人的能力，比如合作和团队精神、有效表达和交往的能力、善于协调和处理人际关系等。“中国单子家庭的特殊情况、当前社会转型期的复杂和动荡，使得培养孩子的社会认知能力和社会情绪能力尤显重要。”

韦钰指出，情绪是智慧、道德和自尊的基础，是创新的驱动力，是影响生活质量和活动范围的核心因素，也是许多暴力行为和精神疾病的成因。人脑中与情绪有关的脑区的发育，在出生后的头两年十分关键。具备社会情绪能力，意味着能正确地了解和控制自己的情绪，理解他人的情绪，并能依据这种认识引导自己的思维和行动，是一切心智技能顺利发展的基础。

如何培养社会情绪能力呢？韦钰认为，这种能力可以说是在孩子们对食物和玩具的争夺与分享中逐渐培养起来的，最有效的方式就是模仿、观察。模仿与观察是和镜像神经元系统对应的行为，镜像神经元存在于动作、语言、社会性学习系统中，和模仿、观察的学习过程有关。

韦钰举例说，儿童需要家庭提供温暖而且稳定的生活环境、合适的营养和充足的睡眠，缺乏睡眠、饥饿、恐惧和长期的精神紧张，会降低儿童学习的效率。比如6个月大的婴儿看到父母争吵，就能意识到情况不妙，会变得紧张，会出现血压升高、心跳加速、压力激素分泌过多等现象，而长期处于这种不良环境中的孩子，较难有效调节自己的情绪。

比如，缺少睡眠会产生多方面的副作用，身体的发育情况、语言、社会情绪能力、认知、气质、依恋关系、脑的发育和功能、精神健康问题等所有能够测量到的指标都会变差，还会对以后产生长远的不利影响。

再比如说精神紧张，孩子学习时如果有好的情绪，大脑消耗的能量少，就可以集中精力学进去；如果没有好的情绪，处于压力之下，反而学不进去。

童年不快乐会有什么后果？看看那些厌学、挂科的大学生也许就明白了。如果童年一直被父母逼着学习，孩子18岁以后就一心想着轻松，上了大学也没有上进的热情，不愿意发奋读书。或者急功近利，希望一夜成名；或者想嫁个大款，不想经过自己的奋斗取得成功。

我国中小学生的睡眠普遍不足，其中一部分原因就是父母不了解脑发育的特点，盲目给孩子增加课业负担。这种出于无知而做出的教育行为，最大的伤害是让孩子失去了对学习的热情。对学习和生活没有热情的人，一辈子都很难过得快乐，也很难有成就。

作为父母，如何记住韦钰院士的忠告，如何用真爱来点燃孩子心中求知与仁爱的火花？我的建议是：

1. 给孩子无私的爱。当你给孩子提供各种良好条件时，首先要想一想，你是否有私心？你是否希望孩子借着这个条件达到你所希望的某个目标？当然，要父母根本没有目标也是不可能的，关键是父母要端正心态，要想好如果孩子没有达到你所设定的目标，你将怎样对待他。如果孩子考试考得好你就给孩子一张笑脸，孩子成绩不好你的脸上就冷漠无情，这说明你对孩子的爱不是无私的，是有条件的。

2. 给孩子理智的爱。给孩子无私的爱，并不意味着对于孩子的所有一切都全部包办，对孩子过度保护。但现实中有的父母总是觉得孩子的一切事务都是自己的责任范围内的事情，因此不允许孩子有自己的朋友，怕孩子受别人欺负；不允许孩子有零花钱，怕孩子上当受骗；不允许孩子使用火柴和剪刀，怕孩子伤了手指……这些爱都是不理智的。建议要尊重孩子，适当地对孩子放放手，不要对孩子管得过严过细。如果你非要强制孩子一切按你的规定办的话，这样的生活对于孩子而言几乎和牢狱没有什么不同。所以，务必尊重孩子，让孩子多一些自己的选择和安排。

3. 给孩子需要的爱。什么是孩子需要的爱？就是把孩子当作一个真正的人，尊重和引导他走向成熟。如当孩子摔了跤时，不是禁止他继续往前走，也不是抱着他走，而是鼓励他站起来，继续向前走，让他学会自立，拥有独立生活的能力。因为孩子由“自然人”到“社会人”的转变过程，就是一个走向独立的过程，剥夺这个过程的后果是具有灾难性的。

二 以开放的心态养育孩子

（一）将科学探究精神融入现代家庭教育理念

你的孩子对科学感兴趣吗

你的孩子喜欢探究事物吗？你是否知道孩子的科学素养将影响其一生的学习与发展？

2014年5月27日，中国青少年研究中心发布了《中小学生科学兴趣状况调查的五个主要发现》的报告。报告显示，虽然我国中小学生对科学感兴趣，但从事科学技术职业的意愿不强，并且中小学生对科学的兴趣随着年级升高而降低，中小学生对课外科学活动的需求未得到满足，非正规科学教育需要加强。另外，报告还显示我国女生、农村学生及西部地区学生科学兴趣不足、科学素养较低。

该课题自2013年9月启动，并联合美国、日本、韩国共同开展高中生科学兴趣的比较，旨在通过国际比较，评估中国中小学生的科学兴趣、科学学习与活动参与以及科学素养状况，以期为提升中小学生的科学兴趣和素养提供政策建议。

调查数据显示，89%的中国中小学生对自然或科学相关的内容感兴趣，83.1%认为科学的学习有趣；85.5%认为科学学习的内容即使和考试没有关系也很重要；77.5%表示当实验结果和预想的不一样时会查询原因（探究意愿），56.2%表示会对感兴趣的科学内容进行研究（自主学习动机）。中小学生最希望增加的科学学习内容，第一是去大自然中学习（75.7%），第二是去科技场馆学习（55.4%）。

小学课程设置的不合理导致中国的中小学生对科学的兴趣得不到发展。目前小学生的核心课程是语文和数学，这虽然非常重要，却不是世界知识的本体，科学课作为小学生了解世界的重要方式，未受到足够的重视。不仅小学生在学校的科学兴趣受到忽视，他们在家里所表现出来的对科学研究的好奇心，也往往被父母当作不务正业而被阻止和压制，父母希望他们能把所有的精力都用到书本知识的学习上。

少年儿童天生对科学有好奇心，而且他们通常喜欢动手操作，喜欢通过实验进行学习。然而，学校的科学课程并未能很好地适应少年儿童的这些特点，对于发展他们的兴趣和优势没有很大帮助。这一方面是因为我国的科学教育本科专业开设时间较短，小学科学教师大多缺乏相应的学科背景和培训，在开展科学教学时信心和能力不足；另一方面是因为科学教育也处于应试教育的支配之下，由于科学课不是主课或核心课程，因而在一些学校不被重视，甚至被视为“副课中的副课”；而且科学实验等内容很难在评估体系中得到反映和承认，教师只能选择那些能得高分的内容和方式，而放弃了那些能够提升学生科学兴趣的活动。

非正规科学教育对于激发少年儿童的科学兴趣来说则更为重要。兴趣小组、参观展览及其他课外项目在设计时就秉持着激发学习者对科学的兴趣这一宗旨，以求参与者能在交流互动中使兴趣得到升华，激发其追求更多知识的意愿。课外科学活动还有助于少年儿童在参与科学实践中理解科学知识、锻炼科学技能、引发科学反思，并建立科学认同。因此，校内科学教育和校外科学教育相结合，能够取长补短，共同提高学习者的科学素养。这就对父母提出了一定的教育要求，父母不能只把眼光局限于孩子的衣食住行上，对于孩子的科学精神的培养和启迪更是一项任重道远的工作。

每个孩子都是科学家

2015年7月15日，英国国际权威科学期刊《自然》与美国权威科普期刊《科学美国人》合作，集中推出了几篇从幼儿园到大学的教育文章。《自然》指出，每个孩子都是科学家，只要从小就给他们合适的科学教育。为了培养21世纪的科学家，我们的教育需要培养孩子"创造性的问题解决能力"、"批判性思维"与"合作"等软技能。

北京市西城区科技馆特级教师、中国科协青少年部专家委员会委员周又红老师曾经在接受《少年儿童研究》杂志专访时分享过这样一个案例，充分说明了父母是科学教育的启蒙者。

父母可以说是孩子感兴趣的问题的第一发现人。父母可以在与孩子一起聊天的时候，发现孩子对于生活中一些问题的观察与质疑。比如，有一次我与我的孩子一起走路的时候，孩子发现路边有一棵树死了。

我跟孩子有了这样一段对话：

"妈妈，你看那棵树死了。"

"为什么死了呀？"

"你说为什么呀？"

"也许是树与树之间的距离太近了。"

"它们之间的距离并不近哪。"

"也许是因为树是冬天种的。"

"你怎么知道是冬天种的呢？"

……

"那我们一起来研究这个问题。"

于是，我就和孩子一起先数了数这一片到底死了多少棵树。数了之后，发现一共是138棵树，死了29棵。我们又跑了几个地方，找到了种树的人，了解到树的正常死亡率应当是6%。很显然，这块地种的树的死亡率超出了正常死亡率。是什么原因导致的呢？我们给每棵死了的树都拍了照片，发现有的树旁有小摊贩在经营，他们把脏水都泼在了树下；有的树上挂着洗了的衣服；有的树被人们拉着锻炼身体……这些树都不是自然死亡的。

为了对比，我们对另外一片树的死亡率做了统计。我和孩子一起画了一张平面图，标上哪儿有树，哪儿的树死了。因为是做自己发现的课题，孩子特别有兴趣。我女儿那时候学习很不认真，做作业坐不住，但是那天她和我一起坐了6个小时，做这些表格类的东西。

孩子的这个小调查还被人民教育出版社作为小学科学课教材的案例。

孩子的兴趣点有时老师很难发现。在这方面，父母有优势，所以父母要经常启发孩子观察身边的环境，找到生活中存在的不被人们关注的问题，引导孩子自己去发现问题的答案，这个过程就是研究。

——选自《少年儿童研究》2013年第15期《科学探究活动：让孩子体验快乐的同时培养科学素养——访周又红》，采写：刘秀英

（二）和“数字土著们”分享e时代生活

而今，父母和孩子共同生活在数字时代是不可抵挡的发展趋势。随着信息工业的发展，我们的生活方式在被潜移默化地改变，孩子的学习方式也受到同样的影响。利用电子产品、网络教学和生活已经成为当今社会相对普遍的生活途径，父母应该以客观、开放的心态来看待这一代“数字土著”的生存环境，并找到正确的引导路径。

电子产品不是洪水猛兽，父母要区别对待

第一，目前电子游戏等新媒体产品已经成为父母和孩子冲突的主要来源之一。孩子们喜欢电子游戏，父母们很矛盾，持支持态度的就非常少了。

美国心理分析学会会员库罗什·迪尼（Kourosh Dini）博士在《电子游戏与沉迷：父母指南》一书中建议：(1)如果父母注意孩子们如何玩电子游戏，电子游戏可以变成一种健康的活动。重要的一点就是父母需要参与。如果父母能够与孩子一起玩电子游戏，父母将能直接了解到孩子们是如何玩的以及游戏吸引他们的地方在哪里。父母也能够与孩子们一起享受一段亲子游戏的时间。(2)在购买一款游戏之前，父母要确保自己已经阅读了这款游戏的在线评论，或者已经亲自玩了这款游戏，或者至少观看了游戏玩法的一些视频。(3)浏览电子游戏包装盒上的ESRB分级，看看是否适合孩子玩。(4)和孩子签订一份有关学习和游戏等方面的协议，如果孩子没有达到相关要求，可以限制或取消游戏时间，直至达到相关要求。（内容部分来源于《少年儿童研究》2013年第17期《家长应理性认识电子游戏——访马红亮》，采写：孟娜）

也就是说，只有父母客观地看待电子游戏，并积极与孩子一起参与一些健康的绿色游戏，电子游戏在家庭建设方面的潜在积极作用才能发挥出来。另一方面，我们还是应该意识到，无论父母是否愿意让电子游戏进入家庭生活，电子游戏已经成为当今社会一股非常强大的并对青少年成长具有重要潜在影响的力量。

第二，如何让孩子在信息时代进行反思是父母的重要任务。

我们之所以讨论新媒体技术能做什么，其实是想说明这些时代产物对于一个孩子的成长意味着什么。北京大学教育学院的尚俊杰教授对于这个问题曾经举过一个简单而有说服力的例子：现在的孩子在面对不会的问题时，会使用“百度知道”来搜索答案。成绩好的学生会先自己做题，做不出来会上网查询，思考后内化为自己的知识，与以往传统的询问式学

习相比，简化了过程，提高了学习效率。有的学习成绩不好的学生可能也会使用“百度知道”，但是其主要目的是赶紧完成作业，新技术也并没有成为其提高学习效率的方法，只是帮助他们更加方便地获得答案。所以，电子游戏也一样，能否发挥教育效果是看这个游戏到底怎么用，孩子是怎样通过这种方法进行反思的。

尚俊杰教授还进一步解释，因为无论是在游戏中还是在现实生活中，学生对待一件事物的态度和方法都是有一定相似性的。游戏的优势是在于能够激发学习动机，让那些不喜欢学习的学生，因为游戏有趣，能够有兴趣学习。还有一种效果是让学生体验，去提出假设并且验证假设，比如农业，比如模拟种小麦，给有动机但是不知道怎么去学的学生提供一些方法上的支持。对于不断试误的学生，我们会通过他们的游戏表现找出“智能支架”，引导他不断反思到底应该怎么样做，帮助他建立适合自身的思维逻辑，从而最终引导其提高现实成绩和能力。（内容部分来源于《少年儿童研究》2012年第19期《教育游戏：运用娱乐学习反思——访尚俊杰》，采写：孟娜）

良好的媒体素养是当今家庭必备的时代品质

第一，父母要充分理解网络社会的精神。

网络的特征是公正、公开、传播迅速。也正是因为这一点，网络社会中的每个网民都希望能够发出自己的声音，现在的微信、微博的火爆也正是说明了这一点。一个个自媒体的诞生推动了网络社会的发展，同样也对置身于网络时代的家庭提出了挑战。

以微博为例，微博最大的特点就在于它是一种自媒体。所谓自媒体，就是每一个人都是一个信息源，都是一个传播者，也都有一个传播渠道，每一个人都可以做自己的新闻发言人。在传统媒体时代，传播渠道稀缺，媒体数量有限。但是有了微博以后，我们每个人都可以创办一个媒体，而且几乎不需要什么成本，也没有那么多的限制。麦克卢汉所讲的“媒介是人体的延伸”“媒介即信息”在微博得到了实现和落实。

并且，微博与其他媒体相比有特殊性。首先是平等，微博是一个草根媒体，在微博世界中人人平等；二是反馈性强，不需要经过更多的中介；三是受众选择的主动性，你可以选择关注或收听谁，不关注或不收听谁，没有人强迫你；四是圈子化，你可以和你兴趣相投或者志同道合的人成为好友，成为粉丝或互粉。

《2012年新浪微博用户发展调查报告》显示，在3.68亿微博用户中，“90后”及“00后”占据了37%。我还看到了一份2011年度的《江苏省青少年互联网使用状况调查报告》，数据显示：江苏省青少年（包括小学、初中、高中）互联网普及率达95.5%，52.8%的江苏青少年拥有微博，其中36%的青少年会使用微博。

中小学生对微博的热衷有以下几个原因：一是图新鲜，赶时髦。青少年对新生事物总是比较敏感，也充满好奇心；二是模仿使然，孩子受到成年人或周围人的影响，希望自己不要落伍，能够融入成人或者朋友的圈子里而开设了微博；三是受到老师或父母的鼓励或指导，有些老师或父母希望微博能够更好地实现“教学相长”，或拓展学生的表达能力、写作能力，鼓励学生“触网”开微博；四是青少年自身对信息、娱乐及交际的内在渴求，他们在微博上可以看到很多有趣的东西，可以找到自己的偶像，也可以找到自己的朋友，还可以在微博上“吐槽”发泄等。

第二，父母要带头恪守网络社会的道德准则。

孩子社会化的途径主要有三个：家庭、学校和社会。社会环境又可以分为两种：一种是实体的社会环境，有了互联网以后，还要加上一种，即虚拟社会环境，或者说虚拟信息世界。随着媒介化时代的来临，虚拟世界对孩子的影响越来越大。以前的孩子只能和父母、亲戚、老师、同学以及左邻右舍交往，他的人际接触和交往圈子是十分有限的。但是到了自媒体时代，他可以在网上和远在天边的人交往，和陌生人交往，成人的世界他们也可以轻易地观察到，甚至介入。

对于家庭教育而言，网络社会意味着家庭的影响不是唯一的，学校教育的影响权重也在下降。父母和老师们告诉孩子的信息需要放到其他信息源那里进行检验，如果父母讲的和他们从自己的信息渠道那里观察到的一致，那么他当然深信不疑。如果不一致，那么他就会怀疑或迷惑：为什么社会上有这么多问题？为什么现实不像书上讲的那么美好？他会重新调整自己的认知。（内容部分来源于《少年儿童研究》2013年第5期《家长需引导孩子合理使用微博——访潘祥辉》，采写：孟娜）

所以，有了微博、微信，信息渠道和交际渠道多元化了，父母们就必须正视这样的现实，父母和老师的释疑就很重要，要辩证地让孩子看待社会、因势利导。如果担心孩子受负面信息的影响，一味地给他们营造“美好的单纯世界观”，显然是不现实的，这和温室里养花的道理一样。父母更应该恪守道德准则，在孩子受到了网上不良信息的影响，对这个社会产生质疑的时候，可以进行正确的引导和示范。

第三，**父母要利用网络社会进行新型教育。**

下面这个案例中的妈妈和孩子将线上互动与线下活动充分结合，让孩子通过网络和实际行动体会到了人与人之间的温暖互助。

2012年7月21日的北京大雨，我们也赶上了。说来也巧，正是这场大雨，还有那小小的微博，让我和孩子体会到了什么是人间有爱，什么叫善待他人。

那天晚上我们一家都在家里躲雨，眼见雨势越来越大，心里正暗自庆幸没有被淋到，就看到了电视上的直播。果然，北京又成了“大水坑”。看着路边公交车站挤着回不了家的人们，儿子说：“还好咱家有车，我早一步回来了，要不真是惨透了。”我也没有在意孩子这略显“冷冰冰”的话。

我继续刷着微博看新闻。然后发现“热门话题”排行中，北京大雨慢慢蹿到了第一位。点开之后除了发现有很多人在“吐槽”自己在路上的艰辛，也发现了这样的一群人，他们在机场周围出动了私家车，主动接送滞留机场的旅客，慢慢地结成了一个很大的队伍，帮助交警缓解了机场交通的堵塞。

我一边刷着，一边心里一热。在这之前，我从来也没觉得微博上发起的活动能形成规模，主要是这种全凭自愿的事情很难调动积极性，我更没想到还真的有那么多人响应，我以为大家也只是在家看看而已。我越看心里越有些惭愧，因为我的懒惰，也因为我对人与人之间关系的冷漠感情。

我把儿子叫来一起关注着这个事件，外面的雨逐渐小了。这时候儿子一拍我："妈妈，我们也出去看看有没有人需要帮助吧！"我一愣："咱家并不住机场附近哪，再说机场那边也已经说车辆够了，不用再去了。"儿子说："帮人不一定得去机场帮啊，我们就在家周围开车转悠转悠，看看有谁需要回家却回不去的，送人家一段不就好了。"

儿子的这个主意不错，我都没想到这一点，看他这么有热情，我觉得我不应该推辞。于是我们穿好衣服，开车出门。为了让人们看到我们，我们也学着车队的样子，在车镜上做了标志。尤其看到有来回徘徊的女孩，我们会主动停车问问。有很多姑娘警惕性特别强，还没等开口就跑开了。后来我准备好了自己的证件，由儿子说明我们的目的。可能看到一对母子没有什么威胁吧，也可能看到了微博上公益车队的追踪报道，很多女孩愿意搭我们的车，让我们送到地铁口等交通枢纽。

这一晚上下来，我们来回接送了8个乘客。虽然并不多，不过儿子却很自豪。因为这在他看来就跟危难时刻出现的大侠一样帅气，雪中送炭，救人于水火。而且他很得意于自己的作用："妈，你看，我就相当于你的信用保证一样，人家看见小孩就会觉得有安全感了。"这也让我有了更深的体会，我们成人之间的信任，需要靠一个孩子来做媒介，这是为什么？我们可以通过微博主动去帮助别人，这又是为什么呢？我向儿子表达了这样的困惑，他甩给我一句："想帮就帮，想那么多干吗？等你想完了，人家都不用你帮了。"

——选自《少年儿童研究》2013年第5期《微博在我家》，作者：王迅

（三）带孩子看看外面的世界

游学的传统在当代中国几乎被中断了，这是一个非常可惜的现象，非常不利于青少年的成长。中国的青少年现在非常缺乏体验，中小学生的天地非常狭窄，课业负担很重，体验的机会贫乏。因此，教育部近几年在部分城市开展研学旅行的实验是极为必要的，我称之是“突围之举”。

其实，喜欢旅行的家庭都会体验到旅行的妙处。他们寒假、暑假基本上都外出旅行，有时是几个好朋友带着孩子一块儿走，让孩子结伴而行。这种几个家庭结伴的游学方式，让孩子的精神世界发生了非常大的变化，小小少年就体会到世界如此之大、文化如此丰厚，原来离自己很遥远的东西一下子变得非常近，这种丰富立体的体验让孩子获益多多。

旅行、游学丰富孩子的生活

如果要了解一种文化和一个民族，只住宾馆或走马观花地看一看，绝对是不够的。如果能够在当地，特别是在同龄人的家里住上一周，或者更长时间，那么对一个民族和文化，理解肯定是不一样的。中国现在是个开放的国家，一个青少年如果能在中学6年期间，在家里接待3个以上的外国学生，或者去外国的同龄人家中体验，那么对青少年的国际视野和中国的国际化进程将是巨大的推进。

在日本，中小学的游学已经制度化了。日本规定，小学生每年要出去远足一天，初中生每年要出去三夜四天，而且打乱原来的编班，到远离学校的地方去。而高中学生就要到外国去一两个星期。在我接触的日本人中，几乎所有的人都有游学的经历，他们称之为“修学旅行”。我曾到日本九州进行游学制度的专门考察，发现游学是几代日本人难忘的经历，已经被全社会认可。

夏令营让孩子认识人生的意义和价值

艾斯纳担任美国迪士尼公司总裁长达21年，有人认为他的成功源于“普林斯顿大学和哈佛大学的读书经历”，但在艾斯纳眼里的主要教育却是儿时连续9个暑假参加的夏令营！他说：童年经历铸就了我克服困难的利器，也建造了摆渡人生的桨橹，而夏令营本身就是一种利器，它的丰富内涵让我在漫长的一生中不断悟出更深的道理。

《不列颠百科全书》国际中文版关于“夏令营”的解释大致是这样的：

将娱乐与教育结合起来的设施，目的在于使城市儿童熟悉户外生活。最早的夏令营约于1895年发源于美国，当时人们由于都市化的日益发展引发各种返回自然的运动，于是产生了夏令营。夏令营的时间不等，从1～2周到8周左右；参加的儿童年龄在6～18岁之间。早期的夏令营强调兄弟式的友爱和简朴的生活，其后又产生了许多不同形式而各有其重点的夏令营。有的夏令营是学生住帐篷、自己做饭的野营，也有的夏令营备有加热房、热水淋浴、游泳池和设备齐全的厨房。有些夏令营仅提供当地特有的水陆运动和一些工艺活动，另一些夏令营则以发展青少年的天赋或特殊兴趣为宗旨，例如有艺术夏令营、音乐夏令营和其他专门开展棒球、骑马、网球、帆船运动的夏令营。

如果仔细考证，夏令营在美国发源还要早几十年，据悉是一名中学教师创办的。一个多世纪的夏令营历史表明，世界各国对夏令营的性质与内容形成了许多共识，都认为这是将娱乐与教育相结合的一种返回自然的活动。一个好的夏令营就像夜空里的一道闪电，让孩子突然之间看清了自己未来的方向；它也会像一种头脑风暴，给孩子很多的奇迹，以及意想不到的机会。

假期是个性化发展的天堂

无论是旅行、游学还是夏令营，这种脱离学校暂别家庭的机会一般都是在寒暑假。所以利用好这一段时间，能让孩子有很多进步，真正锻炼孩子面对生活和困难的能力，让他们在假期回归学校之后，有更长足的发展。

我认为，父母有三个典型的假期心理值得注意：一是烦恼，孩子放假，可父母不放假，要考虑照顾孩子假期生活的问题；二是急功近利，想把孩子的假期变成“第三个学期”，给他报各种补习班；三是贵族化倾向，让孩子参加各种高收费的奢侈夏令营。

第一种父母太应付，觉得孩子吃喝不愁就行，假期就被混过去了，很可惜；第二种父母完全扭曲了假期的意义，助长了孩子的厌学情绪，不利于其身心健康；第三种父母更是对孩子的价值观产生了误导。孩子年龄越小，父母责任越大。比较合理的心态，是让孩子过一种不同于学校，又适应孩子需要的生活。孩子同样需要尊重，所以假期安排一定要和孩子共同协商。

我想和大家分享一些故事。

有个孩子特别想去国外念高中，父母放心不下，而且他们家境普通，无法负担全部留学费用。但孩子坚决要出去，并承诺“给我第一年学费就可以，其他打工挣”。于是，父母利用暑假安排了一场“模拟留学训练”，让孩子在这段时间里，自己到外面租房子、打工，并坚持学习英语。就这样，暑假结束后，孩子不但生活得挺好，账上还多了500块钱，学习也没落下。于是，父母最终同意孩子出国，孩子到了国外果然也很适应。

还有一个厌学的孩子特别希望弃学去打工，怎么劝都没用，他的父亲就利用暑假给孩子安排了一次打工，让他体验梦想中的打工生活。结果，打工自然很辛苦，挣钱也少，孩子的生理、心理都无法适应，又自觉地回来上学了。

这些案例都可以借鉴。**孩子想说服父母，父母想说服孩子，光靠嘴说都不行，得让孩子真实体验，用实际行动证明。假期就是一次成本较低的体验机会。**

总的来说，假期是个性化发展的天堂。我们要了解一个前提，孩子是千差万别的，每个孩子都有不同的个性、需求、潜能，只有充分发挥他们的潜能优势，才最有利于他们成长。父母想创造发挥孩子潜能的条件，其中一条就是要特别珍惜假期。我接触过很多优秀的学生，他们都充满了开拓的兴趣。这种兴趣在上学时会受到很多制约，在假期最有可能实现。

三 与孩子一起成长

（一）孩子的世界比父母更宽广

父母为什么要与孩子一起成长呢？我到各地讲课，经常看到父母买一些家庭教育的书给孩子看，还说好好看看，好好受受教育。可是这些书不是给孩子看的，是给父母看的。有的父母想：我们还看什么呢？父母很多时候没有意识到自己也需要成长。

我做了40多年儿童的教育和研究工作，发现教育孩子从来没有像今天这样困难。今天这个时代，全世界都会发现，孩子的教育是困难的，这个困难主要不是来自物质方面，物质方面我们有了很大的改善，条件都比原来好多了，困难来自我们不了解今天的孩子。

比如，对电影《小时代》的看法，就明显分为了正反两派，力挺《小时代》的青春一代认为父母的“主流”观念误解了他们，而父母则认为这种物化、虚幻的价值观会给孩子带来非常不良的影响。父母如果不以否定式而是采用分析的方法跟孩子探讨这个问题，往往会将对话进行下去，并且可以发现，孩子并不是那么“非理性”地盲从。

初中毕业生面临“青春逝去ing”

在今天，青少年接受了更多元的价值观念，他们思考的角度也会有所不同。请看一个青年对电影《小时代》的评说：

至于除电影内容以外的事（就是传说中的内涵），我并不追随对小四（郭敬明）价值观不认同的父母们的观点，我也不是155cm小白脸的脑残粉，我是一个初三刚毕业的、可以被称作是面临“青春逝去ing的骚年（少年）”。我想说一些关于我对小四所描写的物质现实的理解和看法。让我来给那些既没看过小说也不知道“骚年（少年）”们对《小时代》评价的家长们普及一下吧。

《小时代》描绘的是一个精英主义的、功利主义的社会状态，但也是因为这种思想，许多人的爱情、友情受到伤害，但小四并没有想要传达一种你们认为的“物质至上”的价值观。小四确实描绘出一个以我现在的年纪、生活条件无法想象的上流社会，而我也确实向往那样的生活条件，但是这不代表我视物质为价值观标准。

就我所接收到的信息而言，我对《小时代》中爱情、友情在现实面前的无力感到悲哀和伤感，并产生了对那种生活的恐惧、向往同时存在的纠结态度，而不是接收到了（没看过《小时代》还瞎掰的）家长们所说的垃圾价值观。我因此而有了更高的追求，也知道了物质不能代表一切——这难道不是电影带给我的积极影响吗？《小时代》所传达给我的，是一个真实、残酷、理想化的青春缩影，物质条件的卓越将这些残酷和美好放大，将现实中的矛盾真实地传达给观众。

不是每个女孩都想成为顾里，但每个女孩都会向往顾里，向往自信、成熟、理性、自由、独立。我就是。

——选自2013年7月2日《新京报》《每个女孩都想做“顾里”》，作者：于颜如除此之外，父母还需要知道，现在的孩子知道的内容往往非常丰富，而用原有的思考途径强硬规定他们的世界，往往会引发更多的反对。

何为寓教于乐

2007年6月27日，我转发了一个网友在我的新浪博客上的长篇留言，他对《死亡笔记》这部漫画被封杀有很大不满，但是他的思考却可以引发父母的反思：

现在的家长、教育工作者都一味地追求寓教于乐，而国产动画片也一步步向此迈进，将此作为创作动画首要追寻的目标，以及评判标准。而所谓的中国的精英们做出的寓教于乐的动画片，又是什么呢？《蓝猫淘气三千问》中三千个与科学相关的问题，用动画的形式做出来，有新意，有创意。这是动画版《十万个为什么》。可是里面都解决的是些什么问题呢？"潜水艇在水下是如何解决水压问题的？"这是我看的其中一集，名字不太准确，但内容绝对就是这个，而且比我说的这个问题还要深一些。说说我当时的感觉吧，绝对地惊出一身冷汗！5岁的小孩看这个？

我不否认"寓教于乐"确实是教育的最高境界，但是现在的你们，把这个"教"做得太功利了。在你们的眼中，这个"教"仅仅指的是科学知识、历史知识、自然知识、物理知识……这真的就是"教"吗？就如我，我喜欢一部动画片自有它的道理，绝对不会因为它教会了我什么知识，比如告诉我DNA是什么。既然是知识，为什么不应该让更专业的人来教我，而是在我仅有的可怜的娱乐时间来看这些所谓的知识？如果你们连"教"的本质都把握不好，那么就请不要用"寓教于乐"这么高的标准要求你们做的动画。

一个事物的流行，总有它流行的依据。这样一味地打杀，其结果也许并不会有什么正面意义的影响，还是应该好好看清这件事情的根源。就如大禹治水，堵、封只会使洪水日益泛滥，人应该做的是疏通，是指引。

另外，对于《死亡笔记》这本漫画，我也想说说。这本漫画可以说非常流行，从日本到中国，现在可以说是风靡整个亚洲，漫画、动画片、电影都是它的衍生物。可是为何别的国家的孩子可以看，而我们的孩子却不能看？为什么这部漫画受到那么多的追捧？难道仅仅是因为诅咒的故事，所以从青年到孩子，都喜欢它？为什么没有人去看看它流行的真正原因呢？为什么没有人看看孩子看这些、追逐这些到底是为了什么呢？而只是一味地告诉孩子，这些东西你不准看！这又有什么用呢？

另外再说说这本漫画的内容吧。为什么你们所有的人只看到诅咒这么简单、死亡这么恐怖？你们真的完整地看过你们口中的这套"垃圾读物"吗？如果你们看过，结论就不该这么简单。

就如前阵子，父母们痛恨的奥特曼，广电总局终于叫停了；再如前一阵在央视热播的蓝猫动画，故事取材于中国传统的武侠片，而动画中"老娘""老子""抢亲"等语言和故事又成了父母的矛头指向，该片终于停播了，又是一场轩然大波。孩子们上网投诉，父母网上支持，多么可笑！

孩子们喜欢的，父母永远给不了。父母永远觉得这是暴力，孩子们看到的是暴力，是血腥。而正是这样的动画，让孩子们知道、了解了什么是正义。即便是看奥特曼的三四岁的小孩子，也能兴趣盎然地告诉我，哪一边是好的，哪一边是坏的。

现在的父母怎么了？我们不也正是看着这样的动画片长大的吗？变形金刚、圣斗士星矢、忍者神龟、黑猫警长、葫芦娃，以你们的标准，这些不都是血腥暴力的产物吗？你们不都是看着这些长大的吗？你们的现在怎样？难道你们从中学到的只是暴力？你们看不到《变形金刚》中维护的正义、《圣斗士星矢》中对于信仰的执着追求、《葫芦娃》中对于善良的坚守？你们也是这样走过的，为什么不能相信孩子们的判断力和理解力呢？更何况现在的孩子，已经比你们那个时候要多了几倍的成熟，接触的东西也远比你那个时候多了许多。

父母一味地过度地保护孩子，以为不告诉孩子这个世界还有黑暗的一面，孩子就不会走向黑暗了。可是就算你瞒住了，什么都不说，黑暗面仍然是存在的，它不会因为你的保护就变成了光明。父母应该做的是教会孩子区分善恶，引导孩子走向光明，拒绝黑暗。

读这位青年朋友的评论，我想，或许可以说，今天的孩子是复杂的，如果我们以简单的教育对待他们，显然是苍白无力的。教育须有引领的力量，才是人们所需要的，无论是家庭、学校和社会，概莫能外。

（二）向孩子学习

我在中国青少年研究中心主持“向孩子学习”课题研究期间，少年儿童研究杂志社和光明日报社、中国妇女报社发起过“向孩子学习”的专题征文。有很多父母参加了，感慨万千，写了很多耐人寻味的好文章。

老妈，你们这六个人就没有一个人提出来换条道走啊

有个妈妈是知识分子，儿子上高一那年，她觉得儿子比较冷漠、没理想，她老想用自己当年艰苦奋斗的经历来感染儿子。她就写了篇文章，回忆当年自己当红卫兵到处去串联，去延安革命圣地访问的事情。

这个妈妈说：“在雁北高原的时候，我们经过一个山谷，都是鹅卵石，走一步退两步，很艰难。我们六个红卫兵下定决心排除万难，困难面前有我们，我们面前无困难，一定要走到底。磨得脚打了泡，还要往前走。”

她回忆了这一段，然后好好观察她儿子的表情，没有想到儿子没表情。儿子说：“老妈，你们这六个人就没有一个人提出来换条道走啊？”他妈妈等了半天就是这句“换条道走啊”。他儿子说：“你们跟那堆鹅卵石较什么劲啊！”这个妈妈就僵在那儿了，也激动不起来了，后来就琢磨这个问

题，觉得儿子说得也不是没道理。

一段让父母热血沸腾的经历，到了儿子这里，儿子就是轻轻一句“为什么不换条道走啊”，这个差异太大了。为什么会这样呢？因为我们这代人是不会选择的一代，也是不需要选择的一代。我们那个时候，一切都给你安排好了：好好上学，好好闹革命，好好学功课，学完功课毕业分配，你就业也行，上学也行，分到哪个岗位上一干就很久，很少有人自己找工作，都是组织安排工作。一切都安排好了，所以，我们习惯于一切被安排。

现在的孩子不这样，他们从小就生活在一个多元文化的时代，从小就学会了选择。“你今天想吃什么？”“今天咱们上哪儿去玩？”这都跟孩子商量，孩子有很多很多可以自由选择的机会。

世界那么大，我想去看看

现在很多年轻人有一个现象，就是敢于放弃。我就见过一个这样的朋友。我受邀去深圳读书节讲演时，一个记者对我说：“孙老师，你说孩子的选择，我跟你说吧，我就是个典型的例子。老爸老妈都骂死我了。”为什么呢？他原来在湖南省文化厅工作，在父母眼里，儿子在省文化厅工作多体面、多稳定啊！结果他辞职闯深圳去了。父母认为，到了深圳，谁知道他能干什么？

很多成年人，尤其是老年人，一个工作一辈子都不如意，但是他一辈子都不敢辞职，心里想：“我生是你的人，死是你的鬼。”他老老实实地干工作，满腹怨言，专长也不能发挥，对他的发展也不好，但他就是不敢离开。但是年轻人不这样，他有很好的工作，但他说不干就不干，他有更好的选择，他习惯了选择。2015年的流行语不就是“世界那么大，我想去看看”吗？

这是一个时代的变化，这实际上是一种进步。年轻人要充分地去实现自己的梦想与追求，不受各种传统的束缚。在儿童的生活中也有类似的情况，一些时代的变化在孩子身上体现出来了。

有一个母亲向我述说了一件非常小的事情，但是我觉得也足以让我们向孩子学习。

有一次，孩子去参加学校的春游，春游完了，校车把他送到家门口。我有另一处房子，我要带他到另一处去住。因为刚春游完，我觉得他跑了一天也应该很辛苦，就跟他说："咱们打车去吧。"也没有多少钱，但是孩子当时就说不用，说："家门口有公交车，我们坐这车，也花不了多少钱，而且很方便。"

当时我就特别感慨，我问："你不累吗？"他说："累也没关系，反正车上也有座。"回去我就跟我先生说："他比我强，知道节俭。"

这个孩子有他自己的合理思维，他觉得不需要那么做。他的世界很小，但是他能够看到这一点，提出一个更好的建议。我觉得这的确是一个非常好的向孩子学习的案例。其实这个妈妈说的问题，我们在生活中都能碰到，有的甚至比这还要深刻。

中小学生习惯于AA制，你行吗

北京一些中学生参加国庆节活动，每天训练得很辛苦。有一天晚上，一个女生给父亲打电话："老爸，我今天训练一天好累好累啊，我们就在外边吃饭，然后打车回家行不行？"她太累了，而且家离得很远，所以父亲就说："可以，那你有钱吗？又吃饭又打车，谁请谁啊？"这个女生说："什么谁请谁啊，我们都是AA制。"

我知道这件事后很感慨。现在很多中小学生习惯于AA制，说句真心话，我做不到。我是山东人，真是属于穷大方，再穷也得请朋友吃饭，绝不能让朋友请。还AA制，各人掏各人的钱呢，我确实做不到，很多成年人都做不到。孩子之间流行AA制，我认为很有现代观念。因为孩子都不挣钱，大家要共同分担、合理分担，我觉得这不是小气，不是自私，而是一种平等互利的现代意识，我们很多父母却做不到。

还有一个例子，现在的孩子对环保特别在意，在学校一学到环保知识就特重视。有人调查发现，在中国，中小学生的环保意识最好，因为他们受到了环保方面的教育。他们老是提醒爸爸妈妈：爸爸妈妈，垃圾得分类，废纸别乱扔，水龙头要拧紧，等等。

让总理感动的少年

曾经有三个初中生给时任国务院总理的朱镕基写信，呼吁环保的重要，结果朱总理当时就批示了。朱总理很感动地说："小小年纪有如此胸怀实令我辈汗颜哪！"为什么呢？中国的经济在快速发展，但是这快速发展的经济，是我们用高代价、高污染、高能耗换来的。孩子们通过调查，有了自己的观念，提出很多很好的建议。

不论是青春期的孩子还是再小的孩子，他们往往习惯于按规则办事，老师讲的道理他们一下就记住了。我们成人面对孩子清澈的目光的时候，不得不使自己变得像个圣人一样。一个孩子会说："妈妈，不能随地吐痰，随地吐痰传染疾病。"

所以，我们需要向孩子学习。我在做这个研究时认为：向孩子学习不是让你丢人的事，而是成年人的睿智。你发现没有，你越向孩子学习，孩子就越好教育。你向孩子学习了，会让孩子感到有点骄傲，又会使他觉得不好意思：你看父母都这么大年纪的人了，还向我学习，还听我的意见、尊重我，那我肯定得表现得更好。孩子就有这个特点：我成功了，我可以做一件更成功的事给你看。他受到一种激励、受到一种欣赏就会这么做。

（三）终身学习才能与孩子共同成长

在信息化社会，知识的更新周期越来越短。据统计，当前人类科学知识每3年至5年便增加一倍，而且更新速度越来越快。一个人在大学期间学到的知识在毕业的时候有些可能就已经过时了。所以，我们仅仅靠现有的知识已不能满足时代的需求，为此树立终身学习的观念是时代对每个人的要求。

终身学习是生存之要

终身教育是相对于一次性教育而言的，指传统教育体系以外的教育。过去人们通常认为，一个人念完了小学、中学、大学、研究生，从就业的那一天起，他接受教育的历程便终结了，除非另有机会深造。而终身教育的理念则强调在整个职业生涯，甚至整个人生中都要不断地学习，不断地补充知识，这样才不至于被快速发展的时代所抛弃。瞬息万变的信息时代，要求人们的知识与信息同步发展，甚至对信息的发展具有一定的预测能力，这就要求人们具有不断更新知识的学习能力。

终身教育的提法产生于20世纪六七十年代。事实证明，它的确对欧美国家的经济发展产生了很大的积极作用。美国在总结它的经济增长经验时认为，教育不仅要从娃娃抓起，而且要贯穿整个人生，这对于提高国民的素质功不可没。

但是，有的父母认为，自己岁数大了，终身学习没有什么必要了，尤其是认为新观念对自己已没有意义。其实，这是一个错误的认识。事实上，在当今的知识经济时代，即使要保住饭碗也是需要终身学习的态度的。即使您有知识、有文凭，一张文凭终身受用的时代也已经过去，况且随着就业观念的改变，许多人不会一生只从事一种职业，而愿意有更多的尝试。只有不断学习新的知识技能，才能适应工作的变化和挑战。

因此，如果我们要很好地发展自己，给孩子树立一个榜样，首先要有终身学习的观念，把“活到老、学到老”的口号变成日常的实际行动。父母是孩子的榜样，孩子也以父母的言行作为成长的榜样。如果父母不爱学习，想让孩子爱学习、会学习几乎是不可能的。想教出爱学习的孩子，父母首先要自己表现出对知识、对学习的爱好和渴望。除了辅导孩子的功课，父母自己也应在工作、业务上多充电，不光看电视，也要习惯于使用计算机和新媒体，多看一些报刊书籍，多去去图书馆、博物馆，不仅仅是陪孩子去。

同时，父母还要认识到，学习绝不仅仅是学习书本知识，也不仅仅是学习学校的课程，更不仅仅是在课堂里、在书桌上，而是有千万种不同的途径，其中还包括向孩子学习。我们在今天这个时代，不向孩子学习，就没法教育孩子，而且你没有办法完成终身学习的任务。慢慢地，你会感到孩子可以成为你很好的老师，好多事他会来提醒你，而且孩子身上的现代观念会给我们很多启发。

校长给的名额你可以退吗

北京女中学生雪海的例子，给我留下的印象特别深。雪海所在学校的校长碰到雪海的父亲说："区里要办一个国际夏令营，是不是给你女儿一个名额？"校长给名额，父母当然很感谢了：真是谢谢校长，非常感谢。好了，把钱交了，还挺贵的，但是校长给你名额，你还能嫌贵吗？当然不能说贵，父母就报名让雪海培训去了。

谁知道，培训的第一天，雪海回来就说："这个夏令营是骗人的，说是国际海洋夏令营，根本没有什么海洋活动，老购物，本来六天的活动改成五天，这个夏令营不好，我不去了。"这一说，父亲感到很为难：钱都交了，都开始培训了，还是去吧，你去了就有收获，去了就会受到教育。你看我们成年人，我们父母的思维就是忍耐，而不大在意自己的权利。"去吧去吧，都这样了，好赖你去吧。"雪海却坚持说："不想去，这么委曲求全干吗？"

女儿的这句话触动了父亲，他想，孩子说得有道理，既然觉得这个夏令营没有多少收获，为什么强迫自己去呢？于是他说："这样吧，你说得也有道理，去不去是你自己的权利，但是不去的话呢，你要去跟老师说明理由，办好退营手续，如果做到这一点，你就可以不去。""那行，没问题。"第二天，女儿就跟老师说明了理由，然后把夏令营的费用都拿回来了。

今天的孩子大概是中国历史上最重视自我的一代，是最注意维护个人权利的一代。这有它的合理性，有它的现代性，现代人都特别爱讲权利，讲责任和权利的统一。所以说向孩子学习是我们今天的父母教育成功的一个必备要素。

我们今天不能光想着怎么去教育孩子，而且还要想着怎么向孩子学习。不要以为孩子做的都是幼稚的，我们就是高明的，其实有的时候不是这样的。我们现在要多倾听孩子的想法，特别要发现孩子身上的优点。

所以我特别给大家一个忠告：21世纪是两代人相互学习、共同成长的世纪，我们的确要教育孩子，要履行我们的责任，但同时也必须努力地去发现孩子身上的优点，向他们学习，和他们一起成长。

与孩子一起成长是化代沟为彩虹的一个秘诀。我们现在要建立一个和谐的社会，特别需要与孩子一起成长，这样我们就会把这个深深的代沟变窄甚至填平。与孩子一起成长应成为父母和教师乃至整个成人世界共同的主题，我们也会因此而变得年轻。

第　二　章

儿童教育
最需要科学的方法

科学的教育方法是教育理念和教育行为的综合体现,并直接关系到孩子在家庭中所受教育的效果。最重要的教育方法至少有四点:(1)教育孩子的前提是了解孩子,了解孩子的前提是尊重孩子;(2)教子成功从培养良好习惯做起;(3)父母身教重于言教;(4)让孩子在体验中和群体中长大。

一 教育孩子的前提是了解孩子

（一）每个孩子都是唯一的，但选择不是唯一的

教育孩子的前提是了解孩子，这是教育最基本的原则，不了解孩子就没有办法教育孩子。虽然孩子是千差万别的，但孩子的成长是有规律的。每一个孩子都是一个课题，因为他有不同的特点。

适合的教育才是最好的教育

好多父母跟我说："孙老师，我们听了很多专家的报告，看了很多书，可是在我孩子身上一试就不管用了。"其实任何一个专家的观点，包括任何一本书上介绍的方法，都不能简单地拿来就用，你一定要和自己孩子的实际状况结合起来，因为适合的教育才是最好的教育。

孩子的特点是不一样的，每一个孩子都是一个独特的世界，所以我们不能用什么哈佛女孩、耶鲁男孩、北大男孩、清华女孩这样一种统一的标准来教育你自己的孩子。但是现在我们犯的错误恰恰就在这里，现在中国的家庭教育之所以困难重重，就是因为我们用了一种模式化的方法去要求千差万别的孩子。

汇丰银行2014年发布的一项环球调查《教育的价值》显示，在中国，几乎所有（97%）受访父母都希望子女进入大学深造，并且约四分之三（74%）的父母希望子女继续攻读研究生课程。这当然可以理解，高学历便于孩子高素质的形成，有利于他的就业和幸福生活。还有54%的父母要求自己的孩子将来能拿到博士学位。这些数据是什么意思呢？这对大多数的父母来说是绝对不可能实现的。

即使在中国高校不断扩招的今天，父母们如此高的期望也无法全部实现。当然，一些大城市录取率高一些，但整个中国的比例还是很低的，读博士的比例就更低了。半数以上的父母都要求孩子将来拿到博士学位，这个目标是难以实现的。

湖南大学王淑晓在2013年对父母的教育意愿做过系统调研，调查数据显示，32.77%的孩子非常期望自己能考上重点学校，49.36%的孩子对就读重点学校抱着顺其自然的心态。而64.6%的父母非常期望自己的孩子能考上重点学校，比例明显高于孩子的自我期望。父母的期望值大约是孩子自我期望值的两倍。怎么办呢？这样的要求就会让孩子产生一种挫折感、失败感，因为他没有办法实现你的期望。而孩子多么希望满足父母的愿望，孩子觉得：我让父母高兴就是满足他们的愿望。但是您的要求太高了，他拼了命也做不到，那他只有失败，这种失败产生的副作用是很大很大的。

教育孩子的前提是了解孩子，一定要了解孩子成长的特点。

在《中国教育报》记者杨咏梅对韦钰院士的访谈《全民误读“起跑线”》中，韦钰教授指出，中国的父母最关心的就是孩子的学习。“其实，孩子对这个世界的探索与学习，是从呱呱坠地的那一刻开始的。”韦钰说，“过去30年的科学研究发现，婴儿并非一张白纸，他们认知世界的方式其实和科学家很像，都是通过观察、模仿、探究、实验等方式。可以说，孩子是天生的科学家。”

大量的科学研究证明，婴儿从出生开始就对颜色产生了反应，能辨认物体和物理世界的特性，不到一岁就能理解语言、辨认物体、识别面部，甚至有比较数量多少的能力，有些能力可能是生而具有的潜能，“这是世界上最奇特的事”。

一定要尽量让孩子亲自动手去尝试

韦钰认为，现在大家通常关心的只是幼儿成长所需要的物质保障，却不知道婴儿一出生就进入了脑建构、感知和情感建构的关键期，绝不只需要物质上的保障和支持，更需要享受快乐、爱抚，建立人与人之间的社会联系，享有进行学习的良好社会氛围，以支持脑的发育，为其一生的精神健康打下基础。

良好的社会氛围包括哪些要素呢？韦钰列举了以下几点：宁静和整洁的环境，教养者和幼儿之间有往返的互动行为，教养者能和幼儿之间进行语言和非语言的交流，教养者能参与和支持幼儿发起的有意向的行为，在有实物的环境中进行游戏。韦钰特别指出，在有实物的环境中进行游戏，教孩子识别物体的大小、颜色、形状、质地时，一定要尽量让孩子亲自动手去尝试，这是与科学家有类似之处的探究行为。

父母绝对不要忽视自己作为教养者的不可替代性

提供这种成长环境的关键是教养者。幼儿需要通过与稳定的、好的教养者之间的互动来学习，在认识周围的世界时不断建构自己的大脑，在学习过程中形成镜像神经元系统，形成情感的类型，这些都是他们以后一生发展的重要基础。没有人与人之间的互动，就没有幼儿有效的学习。比如，一些父母急于要孩子尽早掌握外语，买了磁带和录像让婴儿听和看，结果证明效果并不好。

对婴幼儿的学习来说，人与人之间情感的交流和互动起着非常重要的作用。教养者首先需要仔细观察幼儿的表情和反应，用心去了解、去体验孩子的愿望和感情。幼儿的反应常常是很微弱的，只有满怀爱心、持续关注，才能正确觉察和互动。

韦钰举了两个例子来说明互动的重要性。搭积木时孩子可能会把父母帮助搭好的模型一把推倒，或者自己无法搭好时就吵闹。这时父母不宜重复地为孩子搭建，而应该先用一块积木反复引导孩子模仿你的动作，然后再放第二块。

另一个例子是幼儿喜欢用筷子敲桌子，父母不要简单制止，可以在桌子上先垫一块布，让孩子继续他的“发明”，然后经过逐渐互动，引导孩子去敲打鼓或是其他合适的物品。

最后，韦钰提醒父母，绝对不要忽视自己作为教养者的不可替代性，要尽可能亲自教养孩子，要认识到婴幼儿是通过与教养者的互动去习得语言、发展各种感觉、进行科学和社会认知的。并且，孩子对教养者的依恋感情，是人一生中拥有的两个最强烈的感情之一，会影响孩子一生对你的感情。即使父母因工作或疾病等原因不能亲自教养孩子，也要尽可能抽出时间陪伴孩子，或及时给直接教养者以有效的指导。不要把孩子交给不爱他的人，交给没有经过专门培训的人，更不要让孩子孤独自处，或让电视、平板电脑等电子设备来陪伴他们。

孩子的成长不能等待

韦钰曾经在很多次讲课时提到“0～3岁家庭教育的八个关键点”，这或许可以看作她对“人生起跑线”的形象阐释。

这八个关键点看上去并不难，关键是父母是否意识到孩子需要的不是“明天”而是“今天”。正如获得诺贝尔奖的智利女诗人加夫列拉·米斯特拉尔在《抛弃孩子》那首诗中写的：“我们最大的罪恶是抛弃了孩子，忽视了他的生命之泉。我们需要的东西很多都可以等待，然而孩子不能等！”

天才就是选择了适合他的道路

好的教育一定是创造良好环境的教育，一定是尊重个性、尊重差异的教育。人的成功在于选择，天才就是选择了适合他的道路，蠢材就是选择了不适合他的道路。

怎么选择呢？哈佛大学的霍华德·加德纳教授提出了著名的多元智

能理论，这是个理论体系，很有价值。其实这个理论用中文翻译非常简单，叫“三百六十行，行行出状元”。他说：每个人至少有八个智能，但是每个人的智能结构是不同的，组合是不同的，奥妙就在于智能结构的组合的差异。人有哪八个智能呢？有语言智能、数学逻辑智能、空间智能、音乐智能、身体运动智能、人际交往智能、内省智能、自然智能。

大家一想就明白了，作家和演说家肯定是语言智能发达；会计师、审计师和那些数学家，肯定是数学逻辑智能发达；建筑师、画家是空间智能发达；还有的人是身体运动智能发达，像奥运会、世界锦标赛中各种体育项目的获奖者，还有舞蹈家们都是身体运动智能发达，我们可以举出好多例子来；还有的人是人际交往智能发达，有的人搞公关或者做领导，很会协调关系，这就是交往智能；还有的人音乐智能发达，比方说假如我们都没有学过音乐就来唱歌，有的人唱得就很好听，而有的人一辈子唱歌都不好听，这不完全是努力不努力的问题，这就是智能差异，它受遗传等各种因素的影响。

你看那些奥运会的冠军，还有很多演艺明星，他们的人生都很辉煌，但是这些人当中有很多人的文化课未必优秀，还可能很糟糕，他们就是因为选择了适合自己的道路，才会这么成功。

（二）扬长补短，因势利导

父母和教师特别需要了解孩子的智能结构是什么。有人说：“孙老师，你这么说，不是出了一个难题吗？我们做父母的这么忙，我们又不是学者，怎么能知道自己孩子的智能结构是什么样子的？”其实你不要把它想得那么神秘，最简单的办法是，在孩子小的时候让他做各种各样的体验，不以成败论英雄，不是为了名次、不是为了学到某一个专长，要给孩子尽可能多的机会，让孩子尝试吹、拉、弹、唱、跑、跳、玩等各种能力。很快，你就会发现你的孩子在哪些方面比较优秀。

多一把尺子衡量人，就多一分希望

比如，有的孩子特能说，你看电视节目主持人元元就特能说。她说自己从小就觉得舌头特别利索，语速快，反应快。她一定是属于语言智能发达的人。1980年的春天，我去西安出差的时候，与作家贾平凹等文学朋友在一起时，就发现贾平凹性情木讷，半天不说一句话，这样的人可能内省智能发达。我印象最深的是，当我们都已经入睡的时候，他还在灯下写作。他对陕南女子的描写特别细腻传神，也足见其语言能力之强。父母通过观察自己的孩子，并且将其与同龄人比较，就会发现自己孩子的优点和弱点，引导他扬长补短。

据分析，现在的学生如果语言智能和数学逻辑智能发达，他的成绩就比较好，就是说，在现有的教育教学的体制下，我们使用的评估的方法会让这两种智能发达的人特别占优势，特别容易名列前茅。但是常识告诉我们，其他智能发达的人照样可以成才。我们刚才也举了很多例子，人际交往智能发达、音乐智能发达、身体运动智能发达、空间智能发达，都是可以成才的。

我们不能用一把尺子衡量人，不能用分数、名次要求所有的孩子。你只有用多把尺子衡量，你的孩子才有成功的希望，才会培养他的信心。我们要发现孩子成才的奥秘，不要只指望你的孩子成为全才。有的父母要求孩子时说："我要求不高，门门95分，至少90分。"看上去你挺宽容的，其实多数孩子是做不到的。孩子在小学一至三年级时可能还可以做到，那个时候功课比较简单，很容易考高分，但是年级越往上越难。你提出这样的要求，会让孩子有一种失败感，他就不可能成功。

你能不能感觉到自己孩子的独特性？你觉得应不应该按照自己孩子的这种特点去发展他？你要不要因势利导？

有一个妈妈讲，我的孩子是一个男孩，非常淘气，坐不住。我曾经为了让他能够坐得住，让他学了三年的钢琴，但是他不喜欢。

他上小学以后，学校有各种兴趣班，有英语班、奥数班。我们一开始的时候，前半年让他学的是英语，他非常喜欢，可能有遗传因素吧，他非常喜欢英语，说得也非常好。

但是到了下半学期，老师告诉我们说，三年级的时候有可能会以奥数的成绩来分快慢班。我们不得不转向了奥数，学了一年多，他非常不喜欢，也没有什么进展。反过来呢，我们父母要在周末给他补很多的奥数、做大量的题，他才能慢慢地接受。

再回过头来，看他上课的时候学英语就非常快。这是他学英语和奥数的例子，至于其他的一些兴趣，我发现他只有在运动和音乐方面可以坚持下来，其他的课统统不感兴趣，所以他偏科偏得非常厉害。

这是一个很好的教子案例。这个孩子学英语很快，很有兴趣，对运动也很感兴趣，这说明在这八个智能中，很可能，他的语言智能排第一，运动智能排第二，而他的数学逻辑智能至少不排在前两位，可能排在中间几位，或者排在倒数几位。

智能结构就是潜能特点

对一个人来说，智能结构就是潜能特点。如果一个孩子最喜欢、最擅长的是登台表演，而表演也就是语言智能发达的表现，所以他就愿意表演。一个说话不利索的人是不愿意登台表演的。这就是智能差异的特点。

我们每个孩子都有自己的特点，那么面对各有特点的孩子该怎么办呢？就是我刚才提出的四个字："扬长补短"，长的地方千万别给他打掉。

有的爸妈说："孙老师，我孩子学习差极了，就爱画画，不要命地画，我恨死了，就把他的画收起来，不许他画画，必须得学别的。"

我说："你可千万别这么做，你孩子能感到快乐的大概就只是画画了。你把画画给灭掉，你就把孩子的希望给灭掉了，千万别这么做。你得说：'画画好，我们要想方设法支持你画画。'要永远让他想坚持就坚持下去。他别的学得再差，你都不能把画画给他压抑掉。如果你明知道他在某些方面是短处，或者不排在前面，甚至排在后面，你就不能指望他拔尖。你可以这样跟他讲：为了升学，你需要学习数学，但是我知道你学数学有些困难，只要你尽力了，达到一般的水平，或者努力让它好一点，就可以了。一定不要让孩子有过大的压力。”

每个人都是靠优点活着的

我们的研究发现，压力越大的孩子越不能好好学习，不要以为压力就一定会变成动力，过大的压力会让人产生绝望的感觉、失败的感觉，从而不可能有远大的抱负和信心。我们教育孩子的前提是一定得了解孩子，了解孩子之后，采取的策略就是扬长补短。对孩子的弱项要多鼓励、多帮助，但是不能指望他达到一个比较高的水平。没有一个孩子不想达到高水平，但往往是没有能力达到。

父母朋友可以做个实验，挑选出一些自己不擅长的事情。你可能跳舞不行，可能唱歌不行，或者计算不行。我要是给你一个要求：你必须唱得好、你必须跳得好、你必须计算得好，你会有什么感觉？你一定会痛苦不堪。每个人都是靠优点活着的，靠你的长处成功的，不是靠失败和短处成功的。这是不可能的。

所以我们作为父母，不要盲目跟风，人家学这个我就学这个，人家考哈佛我就考哈佛，人家上北大我就上北大，你一定要找到适合自己孩子的道路。只有按照孩子的天性去培养他、按照潜在的规律去使其成长的时候，他才可能获得幸福，他才可能获得成功。

这其实是一个很复杂的问题，中国这句“三百六十行，行行出状元”的话对了一半。为什么我说它对一半呢？我们确实是三百六十行，但是不一定非要人人当状元。你分三百六十行，“行行出状元”不就三百六十个状元嘛，那中国十多亿人口怎么办呢？有的孩子即使他有擅长的一面，他也不可能成为全国第一，更不可能成为世界第一，他也不需要这个第一，他只要做得比较好，为社会所需要，能够发挥自己的潜能就够了。

父母对孩子的合理要求就是:只要你尽到自己的努力就行了。不要给他确定过高的名次要求,这才叫“发现儿童、解放儿童、发展儿童”。发现儿童就是发现儿童成长的规律,解放儿童就是打破束缚孩子的一些枷锁,这样我们的教育才能使孩子幸福;而发展儿童就是帮助孩子获得把潜能变为现实优势的本领。教育最根本的目标就是让孩子获得幸福,这才是教育最本质的追求。

二 走极端的教育是危险的

（一）培养“两颗种子”都发达的孩子

自由与规则结合是最好的教育

研究发现，民主权威型家庭的孩子成才率最高，其根本特点就是尊重孩子的主动性，培养孩子的自控力。教育专家蒋佩蓉以开车为例讲得最为准确形象：主动性是油门踏板，自我控制力是刹车踏板。缺乏任何一个踏板就不能开车，如果开了车会有生命危险。

因此，成长不是一个只加油不慢行的过程，成长是有张有弛、一松一紧的双行轨道，而这就对父母提出了更高的教育要求。成功的教育实际上是平衡的教育，高水平的父母教育孩子的特点是收放自如。

早在20世纪三四十年代，弗洛伊德曾经说文明就是两件事。与蛮荒时代比，文明的人是有知识、有技术、有能力的，他们能从自然界获得更多的财富和资源，因而使自己的生活过得更富裕、更舒服、更自足，这就是物质文明。第二个文明的出现是由于人为了获得第一个文明欲望会不断膨胀，也会造成社会的混乱，所以要形成一些社会的道德和各种法规来约束人的行为，这就是我们所说的精神文明。

但是弗洛伊德也分析，这两种文明是互相冲突的，也就是人要为了自己舒服，是不想去遵守法规的，人要遵守法规呢，就会觉得不自由、不舒服。他说第二个文明没有搞好，是因为在各个社会制度之下人们没有做得很好，这是我们将来改进社会制度的最大的课题。现在对于第二个文明，大多数人都不觉得舒适，只有少部分人是舒适的，这些人都是把这些社会法规、道德内化（把外在的意识变成内心的需要）了，我们能不能通过教育使中国越来越多的人达到外部规则的内化，使第二个文明不令他产生不舒适感呢？

上述观点和成果是北京师范大学著名心理学家陈会昌教授的体会。从1995年到现在，陈教授和他的研究团队对北京200多名孩子做了长达20年的跟踪研究，从2岁起至目前的22岁，每隔三四年对这些孩子进行一次观察，形式包括向父母发调查问卷、摄像、录音等，最终得出了与弗洛伊德两个文明相关的心理特征，这就是“两颗种子”，这“两颗种子”在孩子和大人身上都有体现。

陈教授认为，其中第一颗种子是做自己高兴做的事的心理，这颗种子的心理特征是主动性的、内在的、自发性的。人在这颗种子的作用下，做事情是高兴的、愉快的、舒适的。例如，孩子想玩沙子，而他妈妈却让他念唐诗，这时在第一颗种子的引导下他就认为玩沙子是他愿意做的，而念唐诗让他感到不高兴、不自由。第二颗种子就是自我控制力，就是接受别人让自己做事情的心理。例如，遵守交通规则、晚上按时睡觉、白天按时上课，完成老师交给的家庭作业等。这两颗种子本身是相互冲突的，而且很容易出现一颗种子强、一颗种子弱的情况。

好的教育就是在孩子心里播下两颗种子

陈教授还认为，青少年教育的目的就是培养“两颗种子”都发达的孩子，就是做事主动性和自我控制力都要强的孩子。一个有意思的现象是，那些诺贝尔奖科学类获奖者的两颗种子都很发达。而作曲家、画家等艺术家往往是第一颗种子发达，即创造性越强、自律性越差。好的教育就是在孩子心里播下两颗种子，一是主动性，二是自我控制力。有主动性就有自然、自由、自主的探索精神，有自我控制力就有扬善抑恶的道德原则。

所谓“两颗种子”都发达的孩子，就是做事主动性和自我控制力都强的孩子。从心理学角度出发，在儿童、青少年个性发展的方面，这两个心理维度，即自我控制和人的主动性，构成了人的完整人格。

毫无疑问，家庭教育是对人影响最长久、最丰富、最深刻的教育，家规家训是家庭教育最具体、最鲜明、最本质的原则，而家风则是家庭教育效果最直接、最生动、最真实的体现。家庭教育的根本导向是价值观。无论是《孔子家语》《颜氏家训》《温公家范》，还是《朱子治家格言》《曾国藩家书》等，都足以证明这一点。再如《三字经》和《弟子规》等蒙学读物，虽然不是某一家的家规家训，却因为传之广泛，也被千家万户所接受，作为家规家训的重要参照。即使到今天，中国传统文化依然根深叶茂，其中儒家思想影响深远，如“仁、义、礼、智、信”等“五常”，如“孝、悌、忠、信、礼、义、廉、耻”等“八德”。甚至可以说，“五常”“八德”还是中华民族道德的基石。

取得高水平成就需要的六个心理条件

值得注意的是，中国传统的家规家训偏重于自制力而忽视主动性的培养，这亟须当代家庭教育工作者与时俱进地加以改进和引导。

自1901年到现在，华人获诺贝尔奖的只有8人，其中获诺贝尔科学奖的6人；但犹太人获诺贝尔奖的人数超过240人，是世界各民族平均数的28倍，是华人获奖人数的40倍。

能否获得诺贝尔奖，标志着一个国家的科学研究水平的高低，它是由很多因素决定的，其中一个重要因素，就是教育与文化。

通过对诺贝尔奖获得者和其他高成就者的自传、传记的分析，心理学家发现，取得高水平成就需要的心理条件主要有：

1. 对自己感兴趣事物的巨大的内在兴趣和高度热情；

2. 不可阻止的、自发的学习行为；

3. 强烈的成长动机（超越、巅峰动机）；

4. 反潮流精神；

5. 独立性、创造性、求新求异性；

6. 孜孜不倦的工作态度和克服困难的坚韧精神。

从我国的文化传统角度分析，儒家文化对上面六条中的前五条都是不支持、不提倡的，只有第六条符合我国传统文化，“头悬梁，锥刺股”“十年寒窗苦”“滴水穿石”是我们民族一贯提倡的。

综上看来，父母要培养孩子的主动性和自制力，让孩子成为人格完善的人，需要将中外的教育成果结合起来，即将主动性与自制力的培养相结合，采用平衡的教育方法，帮助自己和孩子共同成长。

（二）高水平的父母关注孩子主动性的培养

德国教育家第斯多惠（1790—1866）在其名著《德国教师培养指南》中认为，人的固有本质就是人的主动性。教育的最高目标或最终目的是激发学生的主动性，培养学生的独立性，使其达到自我完善。因此，教育最大的注意力应该放在培养学生的主动性上。

意大利教育家蒙台梭利（1870—1952）认为，儿童的生命潜力是通过自发的冲动表现出来的。传统教育压抑儿童自发冲动，“儿童像被钉子固定的蝴蝶标本”。真正科学的教育学的基本原则是给学生以自由，即允许儿童按其本性个别地、自发地表现。允许儿童自由活动，这是实施新教育的第一步。在自由活动中，儿童体验到自己的力量，这正是激励他们发展的最大动力。

如何培养孩子的主动性呢？

1. 要激发兴趣，培养主动性；

2. 要敢于放手，培养自主性；

3. 要鼓励探索，培养创造性。

在中国确立了建设创新型国家的战略目标之后，实际上也对教育，包括家庭教育提出了相应的要求。社会主义核心价值观也包括了“民主”和“自由”等主动性的重要内容。因此，当今时代的家庭教育必须注重培养青少年的主动性和创新能力。

学校教育和家庭教育都需要把培养主动性和自制力紧密结合起来，培养“两颗种子”都生机勃发的一代新人。

激发孩子的兴趣是保证主动性的前提

激发孩子对科学的兴趣，保护孩子的好奇心，对孩子的健康成长非常重要。美国耶鲁大学心理学和教育学教授斯滕伯格认为，创造性是人们取得成功的重要因素之一，而保护孩子的科学兴趣和好奇心是培养孩子创造性的基础。

父母如何激发和保护孩子的兴趣呢？

首先，兴趣与好奇心密不可分，好奇让孩子产生探究的兴趣，所以父母要注意在孩子对某件事物或某种现象表现出好奇时，鼓励他们探究真相和发掘原因，让他们的好奇转化为深厚的兴趣。

其次，父母要给孩子更多动手操作的机会。著名发明家爱迪生的第一个实验室就是妈妈在他辍学后帮他设立的。小学生拥有更多的动手机会，不仅能开拓思维，而且还能促进其对所学书本知识的转化，加深其记忆和理解，同时还有助于培养其独立和勇敢的优秀品质。

小学四年级是培养孩子创造力的关键时期，这个时期孩子的概括能力高速发展，父母要给孩子更多探究新颖事物的机会，来满足他创造力发展的需要。

培养主动性要尊重孩子的自主性和探究性

在这里，我特别想分享我的朋友、儿童教育专家胡萍的教育心得。她对于孩子自主性和探究性的培养让我感佩。我与胡萍只在深圳见过一面，却一聊就是三四个小时，我们自然聊到各自的孩子。说实话，任何人养育孩子都是一种历险，儿童研究者也不例外。

说起儿子，胡萍容光焕发，因为她儿子刚刚被剑桥大学生物系录取，作为母亲，她有充分的理由骄傲。但是，最让我好奇的不是剑桥，而是她儿子经常不完成老师的作业，总是用各种各样的实验成果代替。在去剑桥大学面试的时候，她儿子除了生物研究报告，居然带去了自己做西餐的图片集，并且因此受到剑桥教授的特别欣赏。

各位朋友想一想，一个不完成作业却着迷于生物实验和做西餐的孩子，如何面对高考？而又怎样折磨着父母那颗万般担忧的心？虽然我初识胡萍，却因其过人的勇气与坦诚而备受震撼。

许多父母一边经常以喝水或吃水果等事由打扰正在做事的孩子，一边抱怨孩子做事情不专心，这不是自相矛盾吗？恰恰相反，胡萍发现一岁多的儿子迷上玩手电筒，甚至一次能玩一个多小时，她从不去干扰孩子，她知道专心致志做事才能培养孩子的专注力。与许多父母信奉“只要把学习搞好了，别的什么都不要管”的口头禅不同，胡萍格外珍惜孩子的兴趣发展。当孩子逐渐长大后，迷上了做西餐，尽管课业紧张，胡萍还是给孩子提供所需的厨具和食材。直到高考，孩子依然兴致勃勃地探究各种各样的西餐技艺，并且用心琢磨和实践。胡萍明白，孩子需要学习，更需要生活。

如果某些朋友以为，胡萍既然如此投入地教育孩子，一定脾气温和、一切顺着孩子，那就错了。胡萍也会着急上火，也会委屈得大哭，甚至在盛怒之下，把儿子做好的大虾扔进垃圾箱。但是，即使在险些失去理智的情况下，她都会仔细听儿子的话，如果发觉孩子有理而自己无理，她会静默会道歉，甚至会请求儿子给一个拥抱。

保护孩子的创造性和实践能力，才能培养其主动性

2015年3月26日，《重庆日报》刊发了父母们为孩子代劳做动手实践作业的报道。春季来临，许多小学校园开展了针对小学生的各种实践活

动，或布置了相关动手实践的作业，这些“作业”包括：做调研报告、制作PPT、画思维导图、做手抄报、设计布袋等。学校布置这样新型的作业的本意是开拓孩子的思维，提升孩子的动手能力。但是，有些家庭却出现了大人为孩子代劳、父母帮助孩子完成实践作业的情况。

比如，一个小学生的父亲，从事媒体工作的廖先生，忙到深夜12点多，才帮助女儿完成一份漂亮的手抄报。“这已经不是第一次帮孩子完成作业了。”廖先生讲，女儿小学一年级时，就有了制作手抄报的“家庭作业”。第一次，他指导孩子完成了手抄报。但到学校一看，其他同学的手抄报鲜艳夺目，排版精美，女儿自制的简陋手抄报被同学们嘲笑了。这一次，廖先生总结经验，自己一手包办。他在单位里排版，并揣摩儿童心理，制作了富有童趣的手抄报。结果，廖先生女儿上交的手抄报受到了老师的表扬。

这些为孩子代劳的父母显然没有理解学校的用意，也没有理解孩子的实践对其成长的重要作用。

苏联心理学家维果茨基认为，孩子从出生起就是一个社会实体，是社会历史产物，所以他们在社会活动和人与人之间的相互交往中，才能成长发展。孩子需要真实经历来验证自己的想法，不断去积累人生的经验。但目前许多小学生，却只懂得学习书本上的知识，缺乏对社会的实践和体验，他们上学有人送，放学有人接；在家里，父母包办家务劳动，外出时家人保驾护航；在学校，缺乏山野踏青的冒险精神，放假后又忙碌于各个补习班；孩子的生活被大人所安排和布置，很难取得增长见识和培养社会适应能力的机会。

目前中国教育已经开启新一轮的改革步骤，在国务院出台的招生考试制度改革意见中，把综合素质评价作为将来影响高考录取的重要因素。2014年12月16日，教育部公布了《关于加强和改进普通高中学生综合素质评价的意见》，明确了学生的综合素质包括思想品德、学业水平、身心健康、艺术素养、社会实践五个方面。所以父母也需要适应教育形势的新变化，转变自己的教育观念，重视孩子综合素质的培养，给孩子更多社会实践的机会。

父母在指导孩子进行实践中需要注意两个方面：

第一，实践活动需要符合孩子的年龄特点。

对于小学生而言，他们的实践活动更多是一种对生活的体验，是对眼界的开阔，是建立勤奋感、避免自卑感的重要途径，他们实践活动的成功与否对自己的心理影响很大，父母需要从实际出发给予其指导和帮助，在心理上给予其关注和关怀。对于中学生而言，他们的想法更为奇特，他们的实践活动也需要与未来的发展有更多联系，他们在实践的过程中也会逐渐找到自己人生的目标。

第二，对孩子的实践活动父母需要保持平常心。

不能抱有太过功利的态度，多尊重孩子的意见和内在的感受，不管孩子的实践活动是否成功，父母都需要给予尊重和理解，让孩子拥有一个自己认识世界的通道，拥有更广阔的视野和胸怀。

（三）高水平的父母懂得培养孩子自制力的重要性

经历坎坷的人或许更容易明白，人生成败在于自制。重读《三国演义》，我最感慨的事莫过于过五关斩六将的关云长大意失荆州，58岁英雄丧命，而这也成为蜀国由盛转衰的转折点。与关云长一样，结义兄弟刘备和张飞也败于情绪失控。因此，无论是为了事业成功还是生活幸福，都需要学会自我控制。

让孩子节制的前提是学会对孩子说“不”

我有一次到江苏金坛讲课，近万人听完课后缓慢地退场。等到所有的人都离开后，一个妈妈的咨询让我惊讶万分：这个妈妈已经离家出走半个多月了。原因却是自己不仅管不了孩子，还被孩子打。

以前父母最着急的是孩子离家出走，现在是父母被孩子逼得离家出走。父母畏惧孩子，这样的父母是失败的父母，这样的教育是彻底失败的教育。

掌握更多的知识，拥有更丰富的信息，“70后”“80后”比他们之前的任何一代父母都更加重视家庭教育。他们在回溯了自己的成长经历后，对传统的教育进行了彻底的批判，一些西方的教育理论被很多父母视为教子的“圣经”。

我们在强调尊重孩子的过程中，又走进了一个只有表扬没有批评的误区。我从来都不反对父母表扬孩子，教育其实就应该是一个特别重视找出孩子优点的过程。但是，表扬并不是唯一和全部，与表扬相对的批评，与奖励相对的惩戒，对于每个人，尤其是对于成长中的孩子具有特殊的意义。

在我看来，只有表扬没有批评不仅起不到教育效果，反而会使孩子经不起挫折，不敢承担责任。经不起批评的孩子是脆弱的，爱孩子就要敢于对孩子说“不”。这样孩子才知道底线在哪儿，才知道什么样的情况需要克制自己的言行。

此外，从小对孩子说“不行”或“可以”的意义在于，让他在认识人生与世界之初，就明确什么是“不好”，什么是“好”，什么应该做，什么不应该做，让孩子拥有明辨是非的能力。

让孩子拥有明辨是非的能力，并不只是在孩子面前说出多少个“不”，而是正确的事情一定要坚持，错误的事情要坚决反对。这样才能在孩子面前树立起权威。权威不是专制，而是一种人格的力量。有权威的父母能在孩子迷茫时“断喝一声”，给孩子指出正确的方向。

田洪媛是一个北京的母亲，儿子小泽跟她讲起了学校里刚刚发生的一件事。

小泽有个同学很霸道，一次这个孩子打了另一个同学，被老师批评了。为了取得更好的教育效果，老师把孩子的妈妈请到了学校。

没想到，这个妈妈见到孩子正在挨批，不问青红皂白就跟老师大吵大闹，最后当着全班同学的面指着老师说：“谁也不能欺负我儿子，谁欺负他我就让谁好看!”

小泽问妈妈:“同学妈妈的样子太吓人了,我们班好几个同学都快被吓哭了。他妈妈都那样了,明天他还有什么脸面来见我们呀?”

“本来还在想应该怎样才能消除这个妈妈给小泽带来的负面影响,没想到孩子们已经拥有了最基本的是非判断能力。”田洪媛说。其实,这个孩子在学校的霸道很大程度上是他妈妈错误的教育方式所造成的。

显然,当父母失去了权威时,孩子就失去了榜样。

中国人民大学原校长陈雨露请我讲课的时候,我们聊起父亲的教育。陈校长感慨地说,他曾这样问女儿:“你认为什么是好爸爸?”在北京大学读书的女儿回答:“好父亲就是90%的温柔+10%的冷峻。”

我说,这就是一个好父亲的公式,“90%的温柔”就是父亲要时时发现孩子的优点,并适时地鼓励和表扬,“10%的冷峻”就是父亲在该说“不”的时候要坚决地威严起来。

教会孩子分辨是与非只是第一步,还要让他们知道该“是”不“是”的时候是要承担后果的,也要让孩子接受一定的惩罚,承认自己的过失并承担起相应的责任。

人们总是经历病痛之后才能痊愈。但是这么简单的道理转移到对孩子的教育上,父母们就容易犯糊涂。通常是在孩子犯了错误之后“草草批评一下了事”。“现在父母们最容易犯的错误就是剥夺了孩子自己承担责任、承担后果的机会。”孩子们犯错误也像是生病,只有在吃药治疗即品尝过了错误所带来的后果时,才能知道错误所在。

与孩子保持美好的距离

有人曾说,爱孩子的最高境界是把孩子从自己身边推开。因为有自由才会有成长。据说德国有一个传统,过了18岁生日的孩子要独自出门远行,这几乎成为一个约定俗成的成人仪式。

我的作家朋友程玮在德国生活多年,对此有亲身经历,颇有些发言权。当分别20多年后读到她的新书《风中私语》,我感到特别兴奋,因为我急于看到这位儿童文学作家怎么谈教育,尤其是在她旅德15年又与儿子一起成长之后。

在我看来,就儿童教育而言,德国的经验是特别值得借鉴的,可惜,中国对德国教育的介绍极少,似乎有言必称美国的态势。《风中私语》的第一辑《渐行渐远的孩子》就是专门谈中德教育比较的,加上程玮愈加成熟的自然幽默的叙述风格,引起了我的浓厚兴趣。

据程玮介绍,在德国有一个传统,一个人在过了18岁生日以后,要独自出门旅行一次。要争取用最少的钱走最多的地方,并且在外面尽可能待很长的时间,以便认识世界,体验人生,学会独自生存的本领。有句话把这样的旅行概括得很形象:出门时是个孩子,回来就是成人了。这是人生的第一次冒险。

多少年以后,每个德国成年人都会以一种自豪的心情向自己的女朋友、向自己的孩子讲述第一次独自旅行的故事,花了如何少的钱,走了如何多的路,受到什么人的帮助,受了什么人的欺骗。这是可以一生一世讲述的故事,这也是可以在家族里世代相传的故事。如果一个孩子出门没几天就往回走,这将成为他和他父母终身的耻辱。

说到这里,我估计许多中国的父母都会生出一些感慨,因为我们一般都不忍心或干脆说不敢这样做,甭说18岁,就是28岁也不太可能这样做,所以,中国盛行“啃老族”,盛产“30岁的儿童”。实际上,如我在写关于中日少年的《夏令营中的较量》时表达的一个想法,绝不是中国的孩子不行,而是中国的教育有问题。

那么,作为一个爱心满满的母亲,程玮又是怎么做的呢?她坦率地说:

“转眼到了我的儿子徐果第一次单独出去旅行的时候。我按常规给了他很少的钱。我没有过问他的旅游线路,我只有一个愿望,就是他千万不要因为没有钱而中途返回。临到他出门时,我忍不住说,你真需要钱时,就用卡取吧,不要太节约。话刚说完,我心里就后悔得要死。原来我不由自主地又堕落到了中国家庭妇女的境界。不要太节约,难道要让他当败家子才舒坦？爱孩子的最高境界，是一到孩子成人，就把那爱深深地藏起来。因为你面对的是一个成年人，他要走向世界。他会经受困苦，他会经受磨难，他还要养家糊口，那是他自己的生活。如果你注定不能守护他一辈子，那最好的办法就是尽早放手。”

这就是成长中的中国母亲的典型心态，一个在东西方之间行走的教育者的困惑。程玮的描述让我想起了文学大师托尔斯泰的话：“教育孩子的实质是改变自己。”对于今天的父母来说，这句话实在是值得回味再三的。

以符合孩子身心发展水平的方式交流

我知道，程玮教育孩子的成功得益于她与儿子的亲密关系。在其书中有极为精彩的《母子私语》一节，请看她与儿子的一段对话：

> 儿子6岁的时候对我说，妈妈，我长大了要跟你结婚。
>
> 我知道他们的老师正在给他们进行家庭概念的教育，但我心里还是充满了感动。我说，儿子，这不可能，因为等你长大了，我就是个老太太了。
>
> 他说，那没关系，你长得慢一点，我会长得快一点。
>
> 我说，在这个世界上的一个地方，有一个女孩子，她正在和你一起长大。到了有一天，你会遇到她。你很喜欢她，她也很喜欢你。你们两人都想天天在一起玩。这个女孩子，她才是你应该跟她结婚的人。
>
> 他问，她知道我在这里住吗？我们什么时候会见面呢？
>
> 我说，她不知道，我不知道，你也不知道。我把手指向天空，说，只有一个人知道。他会让你和她走到一起。这个人在东方被叫作月老，或者是缘分。在西方被称为丘比特，或者是爱神。这是一个我们都应该对他心怀感激和敬畏，并且无条件服从的人物。
>
> 我把儿子搂在怀里，说，如果有一天你遇到了这个女孩子，请你

一定说给妈妈听，带给妈妈看，妈妈会为你高兴。你记住，凡是你喜欢的女孩子，妈妈也一定会喜欢。

儿子回答说，妈妈，我知道了。

程玮与儿子的对话为什么值得推荐？因为它是符合6岁孩子身心发展水平的，是充满母子亲情而又轻松自然的。这让人不由得想起大诗人杜甫的名句："好雨知时节，当春乃发生。随风潜入夜，润物细无声。"好的谈话效果正是如此。

有自由才有主动的节制

在程玮的书里，诗情画意犹如秋天的果园，真知灼见则像涓涓的溪流。回忆起儿子徐果在小学里学唱的第一首歌，她写道：

他那时候还很小，拿了一张歌谱在那里来来回回地哼哼，却让我听得思绪万千。记得我刚学德语时，老师也教我们学唱过这首歌《思想是自由的》。为解释这首歌，用了一堂课的时间。这是一首德国19世纪的民歌，可以说德国人都会唱，它在德国比贝多芬的《欢乐颂》还要普及。歌词说：思想是自由的，没有谁能够阻止。它们就像夜空里飘浮过的阴影，没有人能看见，也没有人能够追踪……

我过去和他一起练，一直练到他背出歌词为止。我问他，老师跟你们解释歌的意思了吗？他很奇怪地看看我说，为什么要解释，我句句都懂啊！我想，这确实是一个简单的道理，确实不需要解释。可是每次我听这歌时，为什么总是有一种无法形容的感慨和感动呢？

我很高兴他学的第一首歌不是《一分钱》。我相信那也是一首好儿歌，但我到现在还没有搞明白，这歌到底想跟孩子说什么。是让孩子们不抬头看马路上的车辆，一心一意去捡钱，还是在民警叔叔处理突发事件时，死活去把捡到的鸡毛蒜皮交给人家。我长这么大还从来没有在马路边捡到过一分钱，就是捡到了我也决不小题大做地交给警察。我觉得除了这种道貌岸然的道德说教外，还有更重要的道理要教给白纸一样单纯的孩子。

《一分钱》是当代中国广为流行的一首儿童歌曲，人们似乎只是对天真童年会心一笑而并未产生什么疑义，程玮却在中德教育比较中提出了一个发人深省的问题。其实，德国给人的第一印象就是严谨，他们教育孩子自然也是具体细致的，比如不闯红灯、做事有计划等，但他们更重视给孩子自由，因为有自由才有成长，有成长才有创新。

中国的儿童教育有自己的传统和优势，可是的确存在一些明显的弱点，如过于强调社会本位而忽视儿童本位，过于强调“听话”而抑制个性，过于强调遵守规范而较少给予自由的鼓励，其结果必然造成孩子成长的致命伤。

儿童的自由需要宽松的成长环境。与中国父母望子成龙的急切心态不同，德国人衡量一个人成功的标准很简单。德国人说，一个成功的男人一生应该做到三件事：生一个儿子，盖一座房子，种一棵树。程玮把它理解为：一个男人一生中要为自己做一件事：生一个儿子，把他的生命延续下去；为家庭做一件事：建一座房子，让妻子儿女有个遮风避雨的港湾；为世界做一件事：种一棵树，给地球留下一片绿荫。

程玮说，德国人是非常务实的，把男人的成功定义得这么清楚、这么具体，反倒让德国的父母有了充分的选择余地。他们不会逼孩子悬梁刺股地去念书，也不会砸锅卖铁，牺牲自己的一切供孩子去上大学。他们实实在在，因人而宜，量力而行。不强迫自己，更不强迫孩子。我们中国人为什么一定要把成功的标尺定得那么高呢？这实在让父母和孩子都苦不堪言。

中国的父母的确值得反思。没有节制的爱，是一味地顺从、讨好孩子。只让孩子去做那些让他快乐的事，没有教会孩子做那些不快乐但也要接受的事，这样的爱是一种软暴力，是会害了孩子的。只有学会了等待、学会了节制，孩子才能真正地成长。因此，父母要理性分析孩子的需求，合理的可以满足，可有可无的要限制，不合理的要坚决拒绝。

如果把孩子比作驾驭小船试航人生之海的小船长，那么，父母与教师便是导航的罗盘和灯塔，必须时时提醒缺乏经验的小船长哪里有险恶的暗礁、哪里是畅通的航道。如果只是赞赏小船长的勇气和智慧，而不发出前方险情的警告，恐怕与谋杀者无异，尽管他可能爱心无限。

三 让孩子在体验中快乐成长

孩子是在体验中长大的，我们的家庭教育、学校教育，往往特别重视给孩子讲道理，可是孩子就是不明白，或者在很多时候，大人讲的话孩子听不懂，孩子特别需要的其实是一种体验，亲身的体验。孩子不能光有一些间接的经验，特别需要有直接的经验，这种直接的体验对于儿童的发展意义重大。

所以我们提出，让孩子在体验中快乐成长。如果大家反思一下会发现，我们可能在教育中有一个缺陷就是，跟孩子说的特别多，孩子体验的特别少，所以他不明白很多道理。要多给孩子一些体验，让孩子自己的事情自己做。

（一）生命的体验

有一所小学的教育很有艺术性，小学生一入学，老师就给每个孩子发十二颗牵牛花种子，说："这都是神奇的种子，你们把它带回家，精心地养育它，然后观察它的发芽、它的开花结籽。"老师给每个小朋友发了花籽、一个小花盆，上面还有小朋友的名字。

小孩回家可认真了，按老师说的方法，浇水，松土。每天小孩回家就看，刚开始看时还没发芽呢。一个小孩子看，全家跟着看，大人比孩子还关心呢。孩子天天浇点水，看一看，做功课时也惦记着花。

过了一段时间，班上有的同学兴奋地说："不得了了，我的牵牛花长出苗来了，露出头了。"这是重大新闻，同学们回家看看自己的，着急呀，盼呀，又浇水啊，后来大家的芽都冒出来了，都开始长大了。

又过了很长时间，大概两个多月，开花了，有红的、有粉的、有黄的，各种各样，大家还在班里搞展示。同学们兴奋极了，每天还做笔记，记录牵牛花的生长，有的还把牵牛花画下来，教室真的成了一个花的海洋，花朵争奇斗艳。孩子们作的画、写的文章都很多。

又过了一些时候，结种子了，同学们把种子收下来保存好，等着第二年再种。结果这么几个月，牵牛花的生长成了孩子们生活中的一件大事，孩子从来没有这么高度地关注过一株花的生长。

我认为这是个很好的教育，孩子从中就知道了一个生命是怎么一点一点长大的，一朵美丽的花的绽放是个什么样的过程，这样既培养了孩子一个好的习惯，又培养了他的一种审美情趣。就这么一株小小的牵牛花，牵动了家庭、学校，牵动了每一个孩子的心、每一个父母的心，这就是一种生活的体验，也是生命的体验。

（二）游戏的体验

我认为，儿童教育的使命就是发现儿童、解放儿童和发展儿童，真正的好父母和好教师都是童年的捍卫者。我之所以得出这样的结论，源自我多年的工作感悟，也与我个人的成长经历密切相关。

按时下的某些流行标准，我的童年绝对是在荒废学业，而我绝对是"问题儿童"。1955年，我出生在青岛一个清贫的工人家庭，11岁之前几乎没看过任何课外书，那年又碰上"文化大革命"，连学也不上了，整天就是一个字——玩。我发现，对于孩子来说，最大的幸福不是吃啊穿啊，而是玩，最令人陶醉的是与伙伴们一起玩。我们一起上山赶海，一起做各种各样的游戏，那种自觉自愿的全身心的投入、那种专心致志聚精会神、那种充满创造精神的动手实践，半个多世纪过去依然让人魂牵梦萦。

说一句肺腑之言，在那段经历中，是玩要保护了我的自然天性，是文学拯救了我的文化生命。我一生对生活的热爱，对青少年朋友的一往情深，对梦想的执着追求，都源自快乐的童年，这是我生命中最重要的根基。在我出版的所有著作中，几乎都浸透了快乐童年的丰富营养。

我也非常理解今日父母和教师的困境，在竞争激烈的时代，谁不担心孩子"输在起跑线上"呢？可是，一个真心爱孩子并对其终身发展负责的父母和教师，又怎能不关心孩子的生命之根是否扎得牢固呢？古今中外的教育史证明，传授知识自然是非常重要的，但教育的核心是培养健康人格。健康人格是最重要的生命之根。

没有游戏就没有童年

毫无疑问，没有游戏就没有童年，因为玩游戏是最适合儿童的认知方式和娱乐方式，玩游戏的过程就是学习的过程和成长的过程，其意义犹如在孩子的心里埋下创造的种子和幸福的种子。玩游戏是需要伙伴的，对于年幼的孩子来说，父母是最有魅力的游戏伙伴。然而，与孩子一起玩快乐而睿智的游戏并非易事，如果你体验一下权五珍先生创造的亲子游戏，你会发现游戏是大有学问的。

据悉，权五珍是韩国的玩要教育专家，开发了从无人岛坐原木逃离的"逃脱无人岛"项目。他认为，极限状况的享受和挑战以及赋予动机是改善爸爸和子女之间关系的催化剂。他凭着这个信念努力开发各种各样的游戏，曾经在48个课程中开发了600种教育玩要方法，并开设"爸爸玩要学校"，告诉大家成为好爸爸的方法。

他说，通常在关于游戏的讲演中他抛出"用报纸能玩什么游戏"的问题时，一大半的爸爸都回答不出。当说出用报纸可以甩纸牌，折成飞机、轮船、帽子等答案后，他们无不面露羞色。仔细研究一下报纸游戏，会发现它竟多达80多种，对于报纸的这种灵活利用，会让孩子在家庭教育中被忽视的创造天赋重新得到开发。为人父母者从现在起要认识到，人性的许多优良品质都隐藏在游戏中，对于游戏教育的态度需要由漠视转变成一种使命感。

我完全相信这位玩耍教育专家的话，因为我自己的童年就是这样度过的。虽然，忙于生计的父亲顾不上与孩子玩游戏，但是，宽松自由的成长环境和众多的伙伴，会使孩子自主快乐地玩耍起来。

孩子是在体验中长大的

父母朋友，你平时怎么注意让孩子去体验？或者你认为体验重要不重要？你是怎么样做的？你有什么样的感受？

母亲甲：我刚才想了想，确实没有太注意让他体验什么。上次，我带他去朝阳公园玩，发生了一件小事。儿童蹦极这样的项目，就是底下放一个垫子，孩子后面用保险绳抻着。他看人家跳，就说："这没什么，这不一拽就上去了嘛，没什么。"我跟他爸看了一下，后来我就让他试一下，我说："儿子，妈妈给你买票。""我不行，我不行，我肯定不行。"他往后躲，特害怕。

我说："你刚才不是说没事吗？"他爸说："没事，儿子，你上去，爸给你扶着，没关系的。"从他说不行的那一刹那，我就拿相机给他照下来了。系安全带的时候，他一直沉着脸，一直不敢看前头，一直低着头，脸色唰地变了，变白了。从刚开始特别镇静，到现在都已经不成样子了。

等他一下来，那就没法看了，他已经吓得蹲下了。我说："哎呀，儿子你现在有什么感觉吗？""妈，我害怕了。"他爸说："你刚才不是还站在那儿说'这没什么'吗？""不敢了，以后什么事我都得尝试一下才敢说。"我还跟他爸说："你做对了，应该让他试一下。"

父亲乙：我讲一个我小时候的故事。我小的时候北京很冷，都能滑冰车。二年级的时候，在养鱼池的冰上都有大的冰窟窿，我们小朋友玩，有一个就掉进去了。遇到类似的事件，按照现在的教育理念，可能都是让孩子们去找父母，但是当时冰面上只有这些一块儿玩的孩子，我们后来就把这冰车横过来，一个小朋友坐在冰车上，后边一个小朋友抱着他的腰，这样把孩子直接给拉上来了。原来这故事一直没给孩子讲，后来也是跟他妈妈商量以后才说了一下。所以我认为，相较而言，过去的体验从各方面来讲应该更多一些。

这两个故事都非常好，家长都是用心琢磨着教育。这个妈妈说，孩子看别人玩的时候觉得很轻巧，没什么，很简单，但是这个妈妈就意识到这个问题，让他试一试，这是闻之不如动之。你不如行动，行动的体验才会是真正属于自己的感受。他一体验，发现没那么简单。

为什么孩子有的时候对别人瞧不上，对别的事看得不认真？这跟他的阅历和体验少有很大的关系。这个妈妈很明智，马上让孩子体验，这就改变了孩子的态度。有的时候你对孩子说："你看你怎么这么瞧不起别人呢？你看你怎么这么狂妄啊？"你说他再多，他也不服气；体验之后，他就服气了。

这个父亲讲的话也很有意思，他的意思是说，人在长大的过程中会发现真正有用的东西，有用的生活经验不一定来自课本，跟小伙伴在一块儿玩，也会得到有用的经验。有时候父母可以把自己一些难忘的体验讲给孩子听，但是更重要的是，不要用这种讲述代替孩子的体验，一定要让孩子多实际体验。

（三）在大自然中的体验

我就给大家提出一个问题：我们今天的孩子远离大自然。远离大自然的孩子是不幸的。我们要补上这一课，要让孩子充分地去体验，这会使孩子的心胸、眼界开阔起来。

我记得我小的时候有很多体验，后来我发现，我是一个很热爱生活的人。看过我的微信、新浪微博和新浪博客的人会发现，我用手机拍了很多照片，用相机拍得更多。2006年4月，我在江苏南通拍了郁金香，雨后的郁金香非常漂亮，红艳艳的、黄澄澄的，那是一种浓艳欲滴的感觉。2006年的"五一"节，我在北海道拍了天鹅、拍了海鸥。我坐在船上游览的时候，一只海鸥可能飞累了，就飞到我们的窗前。我第一次能跟海鸥靠得这么近，它累了不飞了，反正知道人也不伤害它，我就拍了很多很多照片。我把这些照片发到我的新浪博客上，很多网友也很喜欢。我为什么非常喜欢这些呢？我想跟我的童年有很密切的关系。

我们每个人都回忆一下，你会发现，你今天的情趣，甚至包括你的知识面、你的兴趣爱好，都可能和你童年的经历有关系，这些可能不是老师上课教的，而是和你生长在一个什么环境、过一种什么样的生活有关。

我小的时候在山东青岛长大，那时候一户人家孩子多，父母也不大管我们，我们就自由自在的，经常上山或赶海。我们一手拿着嘎斯灯，一手拿着钢叉，蹚着海水去叉螃蟹、叉鱼。下雨之后我们去山上，钻进松树林采蘑菇。这些生活使我变得非常热爱自然。

现在的孩子有的时候可能会感到生活单调，除了学校就是作业和课外班，孩子怎么可能喜欢呢？

为全面提升中小学生综合素质，自2013年开始，北京市教委投入几个亿的资金，在义务教育阶段推行中小学生课外活动计划。各区县、学校可在星期一至星期五15:30至17:00的课外时间安排活动，每周不少于3天，每天不少于1小时。

尽管如此，我觉得家庭仍然特别要给孩子创造一些条件，让孩子接触大自然、接触各种各样丰富多彩的生活。也许，家庭教育更有可能满足孩子个性化的需求。

（四）日常生活中的体验

中国人有句话叫作“穷人的孩子早当家”，为什么呢？体验多呀！干的活多呀！谁干的活多，谁的经历丰富，谁就有能力。这没有什么奥妙，就是体验的结果。所以说，家庭教育不要光是说教，要行动，家庭教育要行动起来。经常带孩子去登山啊，玩各种项目啊，让孩子变成一个动手能力很强的人。

五年级的孩子不会擦屁股，你信吗

有一次，我在辽宁讲课，非常有趣的是，在讲课的时候，旁边管电源音响的师傅也在那儿认真地听。后来他说：“孙老师，我跟你说啊，你今天讲得太好了，我真是惭愧啊。我儿子五年级了，现在都不能在学校里解大便。”我说：“你儿子天天上学，不解大便怎么受得了啊？怎么回事啊？”他说：“他不会擦屁股。”居然有这样的事，五年级的孩子不会擦屁股，因此上了学就憋着，放学回家再解大便。这样的孩子生理上会产生问题，他老憋着，不敢运动，不敢放开玩，连最基本的生活能力都没有，以后他还敢去参加什么夏令营吗？夏令营一天之内是回不来的，那怎么办？难道两天不解大便？

你要是娇惯孩子、放纵孩子，孩子会变得越来越无能。越是无能的孩子、生活能力越低的孩子，他就越容易自卑，自卑的孩子就会没有朋友，大家就瞧不起他，这就出现一个恶性循环。什么样的孩子在同学当中有威信呢？会玩的，办法多的。当然，我们不是说非得争个谁是头儿，但是孩子一定要学会生活，要能够生活，碰到问题能够解决。

“邪门大队长”的冤屈与智慧

前面那个父亲说得多好啊，当发生危险的时候，他们把冰车横过来，小伙伴一个拉一个，这是一种安全救人的方法。我在河南采访的时候，曾见过一个名叫赵不然（化名）的男孩子，老师叫他“邪门大队长”，其实这个男孩子很有办法。我写过关于他的一篇报告文学，叫《“邪门大队长”的冤屈》。

赵不然是个有很大争议的小学生，我很好奇，希望听听同学们对他的评价。在老师的帮助下，几个尖子学生被请来了。自然有王欢欢、马波。还有长得像双胞胎的唐双双和石宏，他俩穿着一样的褐色翻毛大衣，小脸蛋儿透着红润和光泽，一看就知道是生活在富足幸福家庭的孩子。

“请你们谈一下对赵不然的印象，好吗？”我开门见山地说道。

四个同学听了一愣，不由得面面相觑。也许，怪我事先没讲清楚，他们以为我是采访他们的个人事迹的，不明白我为什么提到赵不然。就好比在舞台上，显鼻子显眼的灯光一直照着他们这些主角，去让人们称赞，而赵不然在黑影里，有啥可看的呢？

我问马波：“你是三好生吗？”

“是。”

“当几年了？”

“从二年级开始年年是。我的目标是保持‘三好’的称号，长大为祖国四化建设贡献力量。”

“赵不然评不上三好生，是什么原因？”我转向王欢欢，问道。

她眨眨一双秀气的眼睛，说：

“赵不然，脑子倒挺灵活的，但太爱接嘴。”

“老师和同学都不同意他当‘三好’。是嘛，都向他学接嘴，班里还不乱套了！”马波补充说。

“接嘴？”我不解地问道。

这一来，几个学生活跃起来，争先恐后地向我解释、举例：

“老师的话刚说完，还没提问呢，他就接嘴发言了。譬如，语文老师把字读错了，他马上喊：‘老师，读错了。’”

“有时老师讲得正带劲儿，他插一句话，惹得老师很不高兴。一次，数学老师拿着一个打开的印油盒，问同学们怎样求它的体积。大家刚听到题，他就叫：‘求五个面嘛！’他这么一说，别人没法再想了。老师也哭笑不得。”

“他还特别犟！有一次，老师把“闰”字的拼音，写在了“闰”字的前面。他又站起来说：‘老师，错啦，书上是把拼音放在字的后面。’老师烦他，罚他课间不准出教室。”

说着，石宏扑哧一下笑了：

“赵不然有个外号，叫‘邪门大队长’！”

四个人会意地嘻嘻笑着，神态轻松极了。

然而，“邪门大队长”自有他的魔力。赵不然在另外一些同学眼里，是个值得崇拜的人物。

小个子李正，曾提出一个富有诱惑力的计划：组成探险队，踩着冰过河。在赵不然的支持下，六人探险队秘密成立了。明知危险潜伏在前面，偏要亲自闯过去试试。当代孩子的这种逆反心理，让许多人无法理解。

下午放学，探险队出发了。银白色的冰，封住了河面。朵朵冰花，千姿百态地盛开着，令人神往。

穿着大棉靴的李正，头一个走上冰面。他哼着歌儿，雄赳赳地走着。突然，“嘎吱吱”一声响，冰面裂开一条长缝。不等他叫，一只脚已踏入冰窟之中。

后面的探险队员吓坏了：有的惊叫，有的乱跑，好几个同学想冲过去救李正。只听赵不然狂吼道：

“谁也别去救！”

那几个冲到河边的同学，诧异地转过身，那一双双睁圆了的眼睛仿佛在问：你？怎么见死不救？

赵不然还是吼：

“傻瓜！他一个人，冰都经不住，你们全上去，想一块儿送死吗？”

他不再理那几个正在醒悟的伙伴，朝李正喊：

“别怕！快，把书包扔出来，减轻重量！你轻轻地往外爬，爬！”

李正拖着一身又湿又脏的衣服，终于爬上岸来了。

不用说，通过这次真正的探险，赵不然的临危不乱和机智灵活，给了伙伴们难忘的印象。大家如今一提起来，那敬佩劲儿，还大得很哩！

这故事并没完。

伙伴们发现，赵不然常抱着个玻璃瓶捣鼓。一问，才知他又‘邪’出一个点子：要做炸药，去炸冰，看看河上的冰，到底有多厚，好告诉大家注意安全。于是，“探险队”变成了“炸冰队”，人人凑钱买火柴，刮下火柴头儿，充当炸药。

几天后，河面上响起了爆炸声。一块冰飞上了天。躲在安全地带的伙伴们一见，像发射成功一颗原子弹一样高兴。

这些事，老师一直不晓得。

后来我还在《中国少年报》上介绍了赵不然冰上救人的故事。他有这个能力，是因为在玩的过程中，他掌握了规律，所以他保护了自己，也救助了同学。所以我们特别提倡孩子能够多一些体验的机会，增长生存的本领。孩子跟同伴的友谊、他们生活的乐趣，都需要这样的一些经验。

1987年以前，我做过9年《中国少年报》的记者，看过很多孩子因为下水救人而牺牲了，有很多惨痛的教训。许多孩子只知道“我们要见义勇为”，他没想到用什么方法能够既保护自己，又能救人。首先是要保护自己，然后才能救别人，这就是一个能力，这个能力往往是教不出来的，这就需要孩子有丰富的生活体验。

没有体验的孩子就等于没有生存能力

孩子要有家庭生活的体验、学校生活的体验、社会生活的体验，父母尽量不要为孩子包办代替，凡是能让孩子做的事情，大人尽量多让孩子去做，哪怕去买个东西、跟邻居借个东西，都可以让孩子去体验。我在研究上海闸北八中的“成功教育”时有个发现，在反复体验中，反复成功的孩子越来越好，反复失败的孩子越来越差。我敢说，没有体验的孩子就等于没有能力、没有经验，他的生存能力就会低。

我们应该把体验作为儿童成长的一个基本途径。比如，有的家庭甚至让孩子当一个星期的家，把家里的钱给他，让他负责家里一个星期的开支。孩子这么做过之后，他就可能会过日子，他才知道买什么菜合适，怎么样做能省下钱，又怎么谋划，这也是一种体验。我们要给孩子多一些体验的机会，孩子就算是犯一点错误，那都是应该付出的一点代价，都是正常的。

有一个母亲说：“我的孩子胆小，都8岁了还不敢自己睡觉，特别怕黑。”她问我怎么办。我说：“就一个办法，在体验中锻炼孩子的胆量。”我们跟孩子说的都是很可怕的：天黑了别出去，有坏人；天黑了有大灰狼。反正孩子一想到黑夜，就想到恐怖，就想到在那些月黑风高夜坏事开始出现了。

其实孩子的成长需要多种体验，他也需要体验黑夜的美丽。所以我向那个妈妈建议说：“孩子怕黑，你就陪他走夜路，甚至在双休日的晚上，你可以在午夜以后带着孩子在你家附近走走，让孩子感受原来夜色是很美丽的、星空是很美丽的，让孩子睁开眼睛看黑夜是什么样子的，让孩子去体验。”

小孩子有这么一个特点，再怕黑的孩子在自己的房间里就是黑着灯也不怕，但在别的房间里就害怕。他在熟悉的地方就不害怕，因为在熟悉的地方他体验过了，他不会害怕了。他之所以害怕黑夜，是他对黑夜没有体验，所以父母要让孩子多一些这样的体验。

孩子15岁以前要多在农村生活

著名思想家卢梭曾建议：孩子15岁以前要多在农村生活。我们在北京的郊区组织过孩子去星星河快乐农庄，让城里的孩子到农村去，住在农民的家里，三个以上的孩子住一户人家。孩子很兴奋，他们吃的豆腐都是自己磨豆子、熬豆浆，然后再做成的。你想，城里的孩子谁吃过自己做的豆腐啊？

组织者还告诉每个孩子，可以拿一块豆腐回家，这块豆腐得是自己做的。不要说孩子，很多大人恐怕都没有自己做过豆腐，这就是体验。孩子的体验多了之后，他就会产生一些情感的、智慧的变化，在体验中丰富情感、提高能力。

（五）野外生存的体验

某年秋天，在位于山东济南的山东省青少年活动中心野外营地，我参加了一场关于野外活动的价值与导向的讨论。

危急关头，你怎么抓住我的手

在讨论中，一个当过20年侦察兵的退役军人的发言让我永远不会忘记。他已经50岁了，还很健壮，开始并不说话。他先把手伸给一个女老师，才说：“现在，假如我们在山上碰到危险了，你在山崖的下面，我在山崖的上面，我要救你，我把手伸给你，你怎么抓住我的手？”

他把手伸在那个女老师跟前，那个女老师犹豫了一下抓住他的手，像握手一样地握住。他说：“错，这样抓住我的手很危险，因为你手上有汗，很容易滑落，这样我还使不上劲，就这么拽着我的手，我不但救不了你，你还可能把我给拽下去，这是很危险的。应该抓住彼此的手腕，这样才是有力量的，才是安全的。”

我一听连连叹息，我当时也是过五十的人了，都没有这个常识。在遇到危险时，就这么一个抓握的姿势不对，都有可能导致意想不到的后果。这样的知识是多么简单而有用！

自然体验培育儿童之心灵

中山大学附中的罗朝猛老师在2012年针对日本中小学野外训练做过研究：

在日本第四次生涯学习审议会上，与会者对围绕培养青少年“生存能力”改善地域环境进行了研讨。为改变青少年只在学校进行知识学习，进而导致与社会和自然界疏离的现状，日本文部省综合考量，为推进青少年体验活动，1997年实施了“青少年野外教育推进事业”项目。

自此，全日本各地陆续开展了丰富多彩的青少年自然体验活动与野外教育活动，并把每年的7月20日至8月19日定为全日本“青少年野外教育体验月”。其间，日本国立青少年教育机构、各都道府县均开展了各种各样的具有挑战性的项目活动。为改变学生中存在的“欺侮”“逃学”等现象，日本各地还专门开辟了“青少年野外教室”，以唤起他们对大自然的兴趣和对学习的兴趣。从此，日本野外教育得到了较好的普及与推广。

自1997年开始，全日本市町村启动了“地域教育活性化中心活动推进事业”。在此活动中，青少年团体、地域各企业、地域各团体、各类学校与家庭合作，开展实践调查研究。1999年，日本终身学习审议会发布了《生活体验、自然体验，培育日本儿童之心灵》的咨询报告，为促进日本青少年体验学习，在政策上进行了跟进。

自2003年起，日本中小学全部实行了“周五日制”，为学校在周六、周日组织开展校外教育活动提供了时间保证。各学校充分利用周边设施，在本地域的社会人士的指导下，开展各种体验活动。通过这些活动，学生深化了课堂中环境问题的学习；通过与大自然接触，激发了学生对环境问题的关心。

罗老师总结道：

日本校外教育主要指学生外出在校外教育基地集体住宿而展开各种研修活动，包括职场体验、生产活动体验、志愿者活动、发表讨论、观察实验、小组学习、河川探险、历史古迹探访、心灵与自然的对话、感受四季轮替给大自然及植物生长带来的变化等多样的学习形态，形成学校指导教师与地域或校外教育基地专业人士一体化指导体制，以培养学生与他人和与自然的共生能力。

我们今天的孩子很多是有知识的，但不一定有智慧，生活中孩子需要多一些这样的体验，这样才能健康地、生机勃勃地成长起来。

四 父母是孩子最好的榜样

1960年，那是一个饥饿的年份。

一天夜里，一个5岁的男孩饿醒了，他一骨碌爬起来，匆匆走进厨房，在高粱秸编成的筐里找吃的。

忽然，一个散发着麦香的白面馒头出现在眼前。对于连玉米面窝头和红薯也吃不饱的孩子来说，白面馒头充满了诱惑。他眼睛一亮，一把抓过来，飞快地咬了一口。但是，他又自觉地把馒头慢慢地放下了，因为他想起那个白面馒头是留给妹妹吃的。妹妹只有1岁多，她吃不下玉米面窝头，全家唯一的白面馒头是留给她吃的。

那个男孩就是我。

这个故事的细节是87岁的老父亲讲给我听的，他说他亲眼看见我拿起馒头又放下，最后拿走了一个窝头。我对此毫无记忆，但我可以肯定，5岁的我没有什么舍己为人的高尚品质，只是心疼妹妹。她那么小，经常哭，可能也是饿的吧。我是哥哥，应该照顾妹妹。

我的家乡在山东青岛，高山大海虽然美丽，也改变不了人们艰苦的生活。在那些困难的日子里，家里喝的粥很稀很稀，米粒清晰可数。我最难忘的记忆是，5岁的我和9岁的哥哥不管谁去盛粥，都会先盛出一碗米最多的，放在锅台上，那是留给母亲吃的。自从生了妹妹之后，母亲一直在生病，非常需要营养。我和哥哥都懂得要孝敬母亲和照顾妹妹。可是，在病中和饥饿中的母亲最终还是离开了我们，年仅29岁！

几年后，继母来了，带着她的缝纫机，夜以继日地为全家做衣服，也为左右邻居们做衣服。从那个时候开始，我最熟悉的声音就是咔嗒咔嗒的缝纫机的响声。或许是因为给太多人家切实的帮助，或许是因为继母总是细声细语地微笑，我们家在那片工人宿舍里颇有人缘，使我们在饥饿的年代里也能感受到某些人性的温暖。

父母总是要求我们善待每一个亲戚朋友，包括左邻右舍。比如，每年农历正月初一的上午，我和哥哥必定要去五个表哥表姐和邻居家及同学家拜年。即使我在外地通常也要赶回来拜年。中午则给父亲祝寿，父亲的生日恰好是大年初一。掐指算来，大拜年竟然坚持了半个多世纪！

日子就这样一天天过去，转眼我都到了退休的年龄。其实，23岁那年，也就是1978年，我因为工作原因被调入北京，一直做少年儿童教育和研究工作。可是，我的心从来没有离开过家乡和家庭，更没有离开过父母。2014年8月，我特意赶回青岛，为老母亲举办90岁生日寿宴，四代36人出席。老母亲以50多年的日夜操劳证明，继母也有真情和大爱。当全家人在草坪上合影的时候，我看见老父母露出特别慈爱的微笑，也发现每一个家人都充满了感动。

如今，九旬老父母虽然体弱多病，但依然相伴相守。直到今天，老母亲还能每天四次给老父亲打胰岛素针，为其配各种各样的药。哥哥率领全家照顾父母，每次父母生病，都是他和女儿女婿跑前跑后去医院。妹妹退休了，几乎天天回家给予父母无微不至的体贴和照顾。说来我倍感惭愧，远离家乡的我照顾父母最少，只能多在经济方面支持。最欣慰的是，我曾经陪着七旬父母去杭州、千岛湖、溪口、苏州和上海旅行，只可惜再也没有这样的机会了。

许多熟悉我们家的人都感慨，这是一个有着良好家风的家庭。的确，孝敬父母、兄弟姐妹和睦、勤俭持家、友善对人，就是我们的家风。在40余年的职业生涯中，我朋友众多，左右逢源，极少结怨或树敌，或许都受益于与人为善的宽厚家风。

老父母都是老工人，没上过几天学，文化水平低，但老父亲批评某个人不够文明的口头语是："他们那个地方圣人没到。"言外之意是说，我们山东是孔孟之乡，自然应该讲文明。在我20多岁刚开始在政府机关工作时，父亲提醒说："牛马架子大有用，人架子大没用。"母亲对孩子从不打骂，总是耐心地讲道理，令人心服口服。母亲勤劳而灵巧，一些裁剪衣服剩下的边角料，都被她编织成五彩斑斓的枕巾或套袖。一些废旧的广告纸，也被她折叠成一个个纸盒，成为我们家聚餐时常用的垃圾盒。

我想，古有《颜氏家训》，今有《钱氏家训》，都是名门大户人家留下的治家格言，是中华民族有文字记载的珍贵财富。我们家没有写下来的家训，却有让人终身受益的淳朴家风。实际上，在社会生活的底层，普通百姓家口口相传的无字家训，更能够塑造千家万户的家风，激励一代代的子孙走向社会、走向未来，而父母就是最好的榜样。

（一）教育者首先要以身作则

一个妈妈带着10岁的孩子在车站等公共汽车。

汽车一到，年轻的妈妈立即推搡着孩子上车占座位。也许是人小鬼大，也许是众人体谅，小家伙顺利占到了一个座位。可是妈妈上来一看，脸色顿时变得很难看。一路上，这个妈妈不停地小声数落儿子，诸如"像你这样以后还有什么出息？""我以后别指望你啦！"等等，说得孩子一脸茫然。

原来妈妈在抱怨儿子只考虑自己，没有把书包放在前面的座位上，为妈妈抢一个座位。这个妈妈最后教训儿子说："吃一堑，长一智。下次你该知道怎么做了吧？"

培养孩子遵循良好的行为规范，最重要的是父母要以身立教，万万不能一方面要求孩子要有好的品行，另一方面自己却做反面教材，就如同“教育孩子占座”的母亲一样，这样是教育不出好孩子的。

教育者先受教育

我越来越深切地感受到，中国的家庭教育迫切需要科学理论的介入，要提高儿童的智力水平，首先就要提高父母的教育水平，使教育者先受教育，从而成为孩子可以效仿的好榜样。

2011年，华中师范大学的胡海燕曾就父母教育能力进行调研。

数据显示，在当前父母理解性认知能力方面，87.5%的父母能认识到“孩子是一个独立的个体，无论孩子还是父母自己都是独立的人，除了生活上孩子可以依赖父母，其他方面，父母与孩子之间是要互相尊重，互不干涉的”。这表明大多数父母对自我生命意义认知是清晰的，明白自己生命的方向和内容。在家庭教育中父母角色认知上，31.8%的父母认为自己应该做自我生命的主宰者，与孩子同行，做孩子生命旅程的同历者与合作者；45.8%的父母认为在做孩子的长辈的同时也应该做孩子的朋友；12.35%的父母认为应该做孩子的朋友，只有4.2%的父母认为必须让孩子怕他，父母应做孩子的监督者。

由此可推断出，父母在认知自我生命意义和角色方面表现出的认知能力很高，但在评价自我家庭教育效果时，有12.1%的父母认为自己的家庭教育很有效，40.3%的父母却认为自己的教育效果甚微或无效，在1.5%自行填写内容的父母中，父母们几乎全部表达出“孩子不理解我”“不知道孩子在想什么”“自己的文化水平不够”等感受。

问题孩子背后站着问题父母

在少年儿童研究杂志社家教热线的咨询中，我们也遇到过有困惑的父母。有一个母亲反映她的儿子总是与同学打架，老师和父母反复教育，孩子就是改不了；有一个母亲说，她的女儿已经上初二了，自理能力却很差，而且做事磨蹭。这个母亲很困惑：我们做父母的都是很能干、很利落的人，怎么会有这样一个孩子？

经询问，我发现，总是与同学打架、反复教育就是改不了的孩子，从小犯了错误，他的父亲就常采用体罚的方式来教育他。一个孩子在这种环境下长大，自然会认为动用武力是解决问题的唯一方法。如果父母不会用和平的方式解决问题，不懂得怎样尊重孩子，怎么能教会孩子与人和平相处呢？另一个自理能力差、做事磨蹭的孩子，她的问题其实也同样出在父母身上。正是因为父母太能干了，从小就为孩子包办了一切，孩子已经习惯了这种生活。如果父母包办了一切，孩子的独立性又从何而来呢？

从这两个例子中，父母不能不反思个人的行为和家庭教育：我们给予孩子的是否是正确的教育信息？

（二）做以身作则的好父母

孩子的问题往往是大人的问题，我们需要为孩子改造成年人的世界。如果你不想改变自己，你就无法改变孩子。如果你认不清自己，你也无法认清你的孩子。孩子是千差万别的，每一个孩子都是一个独特的世界，不宜拿别的孩子压自己的孩子。也许，给孩子做榜样就是最好的教育。教育孩子，首先是教育自己；改变孩子，首先是改变自己。

为孩子改造成年人的世界

2014年10月，湖南卫视播出的《一年级》节目很独特，引起我的关注与兴趣。该节目组采访我的时候介绍说，他们在征得小学生的父母与学校同意后，安装了100多个摄像头，24小时拍摄孩子们的生活，因此有许多意想不到的发现。

如一期节目中竞选班长这一环节，父母和孩子都为此付出了诸多努力，同时也暴露出了父母的教育方式和孩子成长中存在的一些问题。

竞选班长对于一年级的小学生是很重要的事情，父母和孩子都应该认真对待，孩子在这个过程中也会自己得到成长。比如，“琳妹妹”的演讲准备，“小暖男”对自己优缺点的总结，都会使他们自己有所收获。但另一方面，如果父母的心态不对，或教育方式不当，好事情也可能会变成坏事情。

在节目中，父母们的出发点都是好的，都希望孩子通过当班干部来培养自己的能力或改掉自己的缺点。比如，“小马哥”的妈妈就希望他能当生活委员，来改掉身上的毛病；“梓公主”的父母则希望通过竞选培养孩子的竞争意识，使她更胆大和坚强。

但我看到也有父母把自己的意愿过多地转嫁给了孩子，比如“昊坨”的妈妈就表示在当班长的事情上，她的愿望比儿子更为强烈；而“西西”的妈妈更是直言当班长是自己儿时的梦想，她希望孩子能替代自己完成这个梦想。

父母对孩子的良好期望的确会起到正面推动作用。心理学研究发现，父母对孩子的期望影响着孩子的成就动机，比如父母的期望与孩子的学习成绩就有显著的正相关，也就是说当父母期望孩子表现得越来越好时，孩子就会有更出色的表现。

但父母不适当的期望同样会影响孩子的焦虑程度。当父母的期望超出了孩子的能力时，过高的期望就会增加孩子的焦虑情绪。比如，节目中“昊坨”就是在妈妈的逼迫下竞选班长的，妈妈甚至威胁他，如果不当班长，所有的玩具都别想要了，这明显使他变得焦虑不安。这时父母的期望变成了一种负能量，这会使孩子很难获得做事的快乐和成功的体验，会使其产生挫败感，进而丧失做事的内在动力。

父母把自己的期望强加在孩子身上，必然会过多干涉孩子的兴趣和决定，当孩子不断丧失选择的权利后，把所有的事情变成了为父母而做，就会逐渐迷失自我，甚至长大后会很难找到自己真正的兴趣和人生的理想。这也是很多孩子考上了大学后天天沉迷于网络游戏的原因。因为没有了父母的监督和指导，他们不知道自己该做什么，所以每年都有许多大学生被退学，包括清华大学和北京大学的一些学生。

要尊重孩子选择的权利

父母可以对孩子有期望，但要在合理的限度内，更需要注意方式和方法。你可以尝试激发孩子的兴趣，但要尊重孩子选择的权利，而不是去威逼利诱。节目中“小苹果”的父母就做得很好，在对待女儿竞选班长的事情上，他们没有对孩子直接提出要求，而是每个人讲了自己当年当班长的经历与感受。父母是孩子最好的榜样，他们的故事自然也就激发了孩子向父母学习的动力，而这种动机才是内在的、持久的。

另外，在竞选班长的过程中，父母也不能过度代劳，比如，“小马哥”的妈妈送给他同学每人一根棒棒糖，“昊坨”的妈妈给班里的孩子做蛋糕，“梓公主”的父母更是利用少儿节目主持人的影响力给孩子拉票。这些行为会让孩子丧失做事过程中的主体感，也会对孩子的价值观产生不好的影响。其实父母完全可以让孩子通过自己的个人魅力来赢得比赛，比如“西西”就是通过表演魔术和唱歌在班长的竞选中胜出的。

在竞选班长时，无论是“琳妹妹”“小苹果”还是“梓公主”，都能用流畅的语言发表自己的竞选宣言，滔滔不绝地表达出自己的心声和愿望。而男生这边，“昊坨”的生硬模仿、“小马哥”的吞吞吐吐、“小暖男”的细声怯场，都说明男生在语言表达能力方面与女生有较大的差距。

研究发现，5岁男孩的语言能力仅相当于3.5岁的女孩，男孩无论是在心理成熟度还是在语言能力上都与女生有较大的差距。他们在小学阶段整体处于劣势，表现不如女生，考试成绩落后，班队干部、三好学生也以女生居多。

所以，父母和老师要明白男孩与女孩的差异，尊重男孩的特点，因性施教，比如“西西”在竞选班长时就巧妙地避开了语言上的劣势，用神奇的魔术和歌曲来赢得班长的职务，这就是男孩在动手操作能力上比女孩有优势的表现。但遗憾的是，男孩在语言理解、规则意识和情绪控制能力等方面处于劣势，这让“西西”不能真正理解班长的责任，也不能完全领会老师对他的教导，最终导致他在当班长后不久就因为几次违反纪律而被

"削职"。

爱的前提是理解和尊重

那么,父母如何为孩子做榜样呢?我的教育建议是:

1. 做情绪管理的好榜样。父母的教育素养决定家庭教育的质量,爱的前提是理解和尊重。好动而自制能力差是男孩子的特点,不是缺点。如果父母本身难以控制自己的情绪,就不可能给孩子理智的爱。会自制是孩子一生幸福的根基,管理自己是一门大学问,也是值得孩子学习和实践的重要能力,这些都需要父母做榜样。

2. 做诚信的好榜样。父母是孩子最重要的榜样,父母诚信才能培养孩子诚信。卢梭说,做教师的只要有一次向学生撒谎撒露了底,就可能使他的全部教育成果毁于一旦。问题在于,许多时候父母似乎感到不能对孩子说出真相,那又该怎么办呢?可以岔开话题,或者选择沉默,或者进行艺术的含蓄表达,但不可撒谎。

3. 母亲的特殊使命是培养孩子的亲密性。因此,好母亲应具备八个品质,并以此为孩子做出榜样:(1)心地善良;(2)待人温柔;(3)坚强独立,独立是现代女性幸福的重要支柱;(4)谨慎细心;(5)善于合作;(6)勤劳节俭;(7)爱好阅读,母亲的阅读比奶水还要有营养;(8)审美眼光。

4. 父亲的特殊使命是培养孩子的独立性。因此,好父亲应具备八个品质,并以此为孩子做出榜样:(1)认真负责;(2)意志坚定;(3)勇敢独立;(4)目光远大,影响孩子做出积极的人生选择;(5)是非分明;(6)胸怀宽广,富有包容精神;(7)勤劳自律;(8)爱好运动,父亲是孩子最好的教练。

五 性教育是孩子的必修课

（一）性教育的缺乏会带来严重的后果

为什么谈性教育的问题呢？如果你有孩子，你会发现很多跟孩子有关的性信息就来了，这个问题会让父母感到特别困扰，因为父母常常不知道该怎么回答。

比方孩子问你："妈妈，我是怎么来的？你怎么生的我？"妈妈很难回答。孩子甚至还问更复杂的问题，父母更不知道该怎么回答。因为中国的父母大部分都没有受过性教育，不知道该如何面对这些问题，但是又不得不面对。如果父母处理不好性教育的问题，让孩子在性知识上空白，那么孩子在成长中可能就会碰到麻烦。

幼童"体检游戏"带来的性侵害

2015年6月，云南省龙陵县某学前班发生了一起事件，学前班的3名男生在教室内使用手指、木棍等对班里的10名女童和13名男孩的下体进行了侵犯。事后经医院检查，至少有4名女童外阴红肿、发炎，其中1人处女膜破损。这3名施害男童只有7岁，其中两人分别为正、副班长，而受害的儿童大多也只有六七岁。

事后当地教育局提供的一份通报称，这3名男童其实是在玩"体检游戏”，他们通过扮演“医生”，对班上的同学进行了三次类似的“体检”，在游戏过程中造成了对这些孩子的身体伤害。

事件发生后，引起了社会和媒体的广泛报道，许多网友在网上指责这些男孩的行为属于“流氓行径”，也有些网友认为学校和这些男孩的父母应该负相应的责任。

其实，对于六七岁的孩子而言，这种性游戏的行为更多是源于孩子的好奇和对性的探究，对其他孩子的伤害也是一种无意的行为，不能用成人的视角和道德标准来进行评判。但是孩子出现这种行为也的确反映出家庭和学校对孩子的性教育存在严重不足。

根据报道，事发的龙陵县是国家级贫困县，事发的小学坐落于连绵起伏的群山之中，恶劣的交通状况，让该村经济水平和教育意识落后，对孩子的性教育更是一片空白。这或许是导致孩子出现这种侵害他人身体行为的重要原因，这也说明性教育应该从娃娃抓起。

孩子的性教育必须从零岁开始

在亚洲，对孩子的性教育工作做得比较好的是日本，由于幼儿园就开设性教育的课程，从小就开始接触各种系统、正规的性教育，孩子对性的神秘感不强，好奇心很少。

2010年，世界卫生组织欧洲区域办事处和德国联邦健康教育中心联合制定了《欧洲性教育标准》。该标准认为，孩子的性教育必须从零岁开始，要以一种全面的、整体的方式来解读性教育，把性教育看作是贯穿人一生的教育，即孩子自出生起就要接受性教育。

该标准认为在孩子的每个年龄段和发展阶段都可能会向父母问与“性”有关的问题，出现一些特定的行为，例如，玩“医生和护士”的游戏，触摸自己的身体，展示自己的身体，看别人的身体等。从孩子出生的那一刻开始，他的性教育也开始了。

所以，如果前面提到的新闻中那些孩子从小接受过性教育，也就懂得如何避免伤害别人，以及如何保护自己，这个事件或许就不会发生。

在对孩子进行性教育时，父母需要掌握科学的方式和方法。首先，当孩子提出关于性方面的问题，要用孩子能够理解的语言去解释，既要生动形象又要简洁明了，避免过于抽象的话语和可怕的场景描述，否则不仅不能消除孩子心中的疑惑，还可能导致孩子的恐慌。其次，让孩子学会保护自己。要明确告诉孩子不能随便触摸别人衣服遮挡的部位，更不要让别人随意触摸自己的身体，特别是内衣裤所遮盖的身体部位。除了父母之外，如果有人要触摸那里，就要立即大声喊叫，并马上告诉父母和老师。

同时，需要注意的是父母是孩子性教育最好的榜样，夫妻双方要在家庭中保持一种良好的性形象。比如，夫妻双方可以在孩子面前表现出相互关爱、彼此照顾，可以有拥抱和亲吻，但不宜展露更为直接的性行为。

每年新感染艾滋病病毒的青年学生超千人

据2015年8月10日《人民日报》的报道，国家卫计委、教育部日前联合发出通知，要求各学校加强学生的艾滋病防控工作，建立学校疫情通报制度。根据要求，各地学校都要设置针对学生的艾滋病检测点，并引导有易感染艾滋病病毒行为的学生主动进行检测。

卫计委和教育部为何要发出这个通知？因为疾控部门关于艾滋病的调查数据让他们感受到了问题的严重性。近年来，学校，特别是高等院校学生艾滋病疫情上升较快，每年新感染艾滋病病毒的青年学生超千人，多为男男传染。广州青少年学生艾滋病报告病例年均增长46.37%，这说明防控工作不容忽视。

调查发现，学生艾滋病病毒的传播途径以男性同性性传播为主，中国的学校教育本身就存在着性教育的不足，对于同性恋及同性性行为的相关知识更是避讳，这也是导致学校预防艾滋病教育工作不到位的原因。对同性恋知识了解的不足和缺乏，再加上学生自我保护意识不强，增加了通过同性性传播感染艾滋病病毒的可能性。

其实目前学校对学生艾滋病的预防面临着严峻的问题。有人对重庆市四所高职院校1420名学生进行调查发现，有27%的学生“感觉到同性有性吸引力”，有17.5%的学生认为“对同性产生性冲动是可以接受的”。据中国人民大学性社会学研究所潘绥铭教授的调查，我国大学男生中有过同性性行为的占16.6%，仅有心理倾向的占8.4%，两者兼有的占4.2%。这说明中国学校的性教育工作需要进一步细化，对于学生同性性心理和性行为的教育需要进一步加强。

根据以前的研究数据，大学生的同性恋倾向有着性别差异。比如，女生有同性恋倾向的总体上比男生有同性恋倾向的人数更多，但在艾滋病病毒传播上却很少。一方面可能是由于男女生理构造不同，男性同性性行为的肛交、射精等行为更容易使艾滋病病毒传播。另一方面，女生的同性恋行为更多是情感上的依赖和倾诉，而非追求性刺激和宣泄，这也降低了艾滋病病毒传播的风险。

在年级差异上，调查发现高年级的大学生对同性恋的态度更为积极肯定。这或许是因为高年级大学生参与社会活动较多，社会习气相对较重，看待事物更为开放。

但值得警惕的现象是，在校学生中很少有学生愿意和老师交流性取向等相关问题。这可能是因为老师和学生平常在性健康方面的沟通很少，学生不相信老师可以帮助其解决问题，或者觉得和老师讨论这些事情非常尴尬。

所以，艾滋病病毒通过同性性行为在学生间传播的途径有着其固有的特点。这也说明了学校性教育工作的复杂性，需要学校给予重视和细化，在尊重孩子性取向的基础上，培养孩子的自我保护意识和能力，比如进行性行为时需要采取安全措施。

关于同性恋的成因，学术界的观点主要分为“生理机制说”和“社会心理机制说”两类，即“先天说”和“后天说”。“先天说”的研究者主要从基因、激素水平、大脑结构等方面进行研究，强调了同性恋行为的先天必然性。“后天说”主要从教养环境、社会经历等角度进行研究，强调了成长经历和心理创伤对孩子同性恋心理和行为的重要影响。

根据同性恋成因的“后天说”，家庭教育如果在孩子成长的过程中给予正确的教育环境，并在性教育方面采取积极引导和保护，是可以避免孩子的同性恋行为的。

心理学发现，儿童早在3岁之前就开始对性产生好奇和窥探。在3岁至5岁阶段，幼儿会对自己的异性父亲或母亲产生依恋，产生“恋父情结”或“恋母情结”，如果父母在此阶段的养育方式不当，就可能导致孩子在以后的性心理过程中产生异常。比如，这个时期的父亲对孩子教育参与过少，或者母亲过于强势，父亲过于懦弱，男孩很难从父亲身上找到同性的认同感，对自己的性别意识定位模糊，可能会影响其正确的性取向。

5岁是儿童性别教育的最佳时期

父母在教育孩子时忽视孩子性别意识的培养同样可以影响孩子的性取向。根据张北川等人对240名男同性恋者的调查发现，18.3%的人在儿童期曾被当作女孩抚养。在这种培养方式下成长的孩子，很有可能在童年期对自己性角色的认同产生了差错。

父母要知道5岁是儿童性别教育的最佳时期，性别教育必须从幼儿开始打下一定的基础，才能使小学、中学阶段的性教育顺利进行。父母可以让孩子从自己的身体入手，了解自己是男孩还是女孩、男孩与女孩有什么区别，这是性教育的第一步。父母可以问孩子“小男孩与小女孩有什么地方不一样”，以此启发孩子对性别的认同。

性教育还有一个重要的作用就是对孩子进行性保护，避免孩子在童年时受到性侵害。性侵害同样对孩子的性取向存在重大的影响，有人对20名在童年时受过性侵害的成人进行访谈，其中13名被性侵害的女生中有1名成为同性恋；7名被性侵害的男生有6名成为同性恋，这6名男同性恋者均表示儿时的性侵害遭遇在不同程度上影响了自己的性倾向，使其不由自主地产生了对同性的好奇和关注，并由此进入同性群体，成为同性恋者。

父母从小对孩子进行性教育，让孩子学会保护自己很重要，比如，告诉孩子自己内衣和裤衩所遮盖的地方不要让人随便触摸；不要随便跟陌生人走；有人对自己做了奇怪的事情，要赶紧告诉父母等。

随着孩子的成长，其与异性交往的经验对其性取向也有着影响。有研究发现，62.7%的男同性恋在高中毕业前有与异性交往受挫、不愉快的经历，而非同性恋人群的这一比例只有37.3%。很多父母面对孩子在青春期与异性交往的行为，往往如临大敌，害怕影响孩子学习而多加阻挠。其实青春期孩子有与异性交往的需要，孩子在这种交往中也会增强其性别意识，使自己的性取向更加清晰。

所以，父母需要对青春期孩子与异性的交往给予接纳和理解，引导孩子与异性正确交往，比如，不要影响学习，不要过早发生性行为，学会自我保护，等等。

最后需要提醒的是，父母和老师对同性恋也需要有理智和客观的认识，同性恋的成因很复杂，医学界和心理学界也已经将此接纳为性取向的一种。所以同性恋并不是一种病态的行为，不需要过度治疗和纠正。当孩子或学生勇敢地表达自己的同性恋取向时，父母和老师不要惊慌失措，更不要大发雷霆，避免对孩子的心理造成伤害。

对于性教育缺乏带来的不良影响，我们做父母的都想一想，这个事情没那么简单。一个孩子有了不良的性经历，会对他的身心产生很深刻的不良影响。我就一直在想这个问题：这个事情是怎么发生的？怎么避免这样的事情发生呢？这就提出性教育的问题了。

16岁产妇何以犯下故意杀人罪

有一个很有影响的杂志《知音》，曾经给我寄了一份个案材料。编辑说："孙教授，你最好给我们点评一下，这个个案我们觉得太惊人了。"我一看这个个案，天哪，真是惊人，太残忍了！

> 浙江某县职业学校的一个16岁的女孩子，在某天清晨4点，在女生宿舍的卫生间里把孩子生了出来。令人不可思议的是，此前关于这个女孩怀孕的事情，她的父母、家庭和学校都不知道。

这孩子是足月生产的，而且是在9月份刚参加完军训回来生的。大家想想，女生怀孕9个月，军训时擒拿格斗、摸爬滚打，居然就没有人知道，因为她穿了一件肥肥大大的衣服掩饰自己，而且她表现得还很优秀，就怕被别人发现这回事。

这个女孩子初三就开始谈恋爱，她和那个男孩子频繁地发生性行为，后来就怀孕了。怀孕之后她很害怕别人知道。她找来了那个男孩子，问："怎么办？怎么办啊？"男孩子到这个时候也傻了，只有一句话："怎么可能？怎么可能？"

上学期间，这个女孩子不敢请假去做流产，她想等到"五一"休长假时去做。可是等到了"五一"，已经过了好几个月了，医生说："我的天哪，这个时候可不能做，这个时候做有危险。"她想：天哪，晚了，怎么办呢？那等到"十一"吧，到国庆节的时候生。她算算那个时候该生了，那就找个地方生，生完了送人。可是她不知道，生孩子的日子不是那么准确的。

结果9月28日她就生了。她还做了准备，什么剪子、毛巾，她都准备了。但是孩子一生下来哇哇地哭，清晨4点在女生宿舍哇哇地哭，她吓得捂住孩子的嘴，这个孩子就挣扎。她太害怕了，太怕别人知道了，就拿剪刀把孩子杀死了。很快，这个女孩子的罪行就暴露了，然后她就被抓起来了，她这是故意杀人罪啊！

她犯了罪，谁让她犯罪了呢？调查发现，她的家庭没有对她进行什么性教育，学校也没有。她的家人只发现她手脚有点肿、腿有点肿，还带她到医院看过。医生还说可能是肾虚，开了点药，他们就回来了。谁都没发现。

由此可见，我们的性教育很落后，而现在孩子又开放，所以这种教育问题不解决好，是很容易产生极其恶劣的后果的。你想想看，这孩子怀孕的9个月里，她受了多少煎熬啊！她害怕极了，没有任何办法，最后还成了罪犯。这个教训太深刻了！所以性教育这门课是绝对不能回避的。

（二）性教育要讲求方法

有人说了："我们也不懂性教育，我们也不会讲，那怎么办呢？"专家给大家出了个主意，如果你家里有一个青春期的孩子，而你又没有能力对孩子进行性教育，就一定要有一本性教育的书。10岁到20岁一般被认为是青春期的年龄，你家里要有一本性教育的书，孩子可以自己看书。但是再怎么自己看，也不能完全代替家庭的性教育。

别人不能随便触摸你的身体

我们应当有一个非常简单明确的性教育的内容。对越小的孩子，你可能越讲不清楚。你跟孩子讲性，什么别人猥亵你怎么样啊，什么强奸啊，孩子也不明白。其实不用讲得很复杂，我有一个建议，我们要借鉴国外的经验。对小孩子，从小就告诉他一个道理："别人不能随便触摸你的身体，你也不能去随便触摸别人的身体，特别是有些部位不能随便触摸。"这几句话很重要。你不用讲得很烦琐，就说这样做不礼貌、不文明、不健康、不好。为什么呢？因为每个人的身体是属于自己的，你有权利保护自己的身体不受别人的随便侵犯。一定要告诉孩子这个道理，你告诉他之后，当别人对他这么做的时候，他就会拒绝，就不愿意这么做。"这样不好，我不愿意，我告诉爸爸妈妈。"这样的话，他就可能会避免受到伤害，他就能够保护自己。

再晚也要回家

以上案例中女孩受到伤害还有一个原因，就是我们没有告诉孩子一个道理：不管你犯了什么错误，也不管你玩得多晚，一定要回家。中国预防未成年人犯罪的法律中有一条："未成年人不得夜不归宿。"不能夜不归宿，必须回家。但是回家也没那么简单，为什么呢？孩子都是贪玩的，很可能某个时候一贪玩就过了点，这个时候，孩子马上就会想到回家。可他敢不敢回家呢？

如果孩子犯了错误，一回家晚了，父母就乒乒乓乓打一顿，那孩子下一次肯定不敢回家。你要理解孩子，当孩子回来晚了以后，你可以对他说："你说说原因是什么。你都如实说出来，爸爸妈妈就不会打你。"孩子说完了，你可以帮孩子分析分析：你回家是对的，你以后要注意什么问题，怎样才能保护自己，怎样才是安全的。那孩子就知道：我回家没有挨打，我回家父母对我很好，我明白了怎么保护我自己，父母是对我最好的人。这样你的孩子今后再晚也会回家。

要把这两个非常简单而明确的道理结合起来：再晚也要回家，别人不能随便触摸你的身体。当然，小孩子的性教育问题比较多，我们作为父母来说，要根据孩子的不同年龄对他进行适当的教育，一定要找到适当的方法。

性是美好的，爱情是珍贵的

怎么对孩子进行性教育呢？我觉得首先最重要的一个观念就是：要把性看作是美好的。性是美好的，爱情是珍贵的，一定要确立这个观念。

面对孩子感情的萌动，有一个妈妈就很不明智。她偷看了孩子的日记，一看到孩子在日记中写了性幻想，这个妈妈就说：真丢人，下流，这么小就下流。其实青春期的孩子产生性幻想是非常自然的事情。这个妈妈还把日记拿到学校给老师看，结果这个女孩子就离家出走了。她跟父母没法沟通，痛苦极了。现在的中学生都特别在乎自己的形象，你到处宣扬她下流，还有什么性幻想，最后这个孩子就跟父母的矛盾非常大。

在这方面，我认为，性教育要早，我建议在小学二、三年级就进行性的生理知识的教育，告诉他们男孩女孩的区别、孩子是怎么生出来的、要怎么样爱护自己。据在日本做访问学者的朋友介绍，日本针对小学二、三年级的学生展开的性教育尝试非常大胆。老师在教室里放置两个人偶，软胶材质，跟真人一样，一个爸爸、一个妈妈。软胶这种材料使人偶很逼真，包括乳房、阴茎、阴毛，都非常清晰。

人偶一进来孩子就乐了。老师说："同学们，你们知道我们人是怎么生出来的吗？"小孩也胡说："鸟叼来的。""河边捡的。"中国也有类似的说法。也有人说是爸爸妈妈生的。怎么生的呢？老师就给他们演示：爸爸妈妈很亲密地拥抱在一起，爸爸的阴茎怎么进入妈妈的阴道，然后怎么怀孕，然后是什么过程。老师问孩子们："看明白了吗？你们可以过来试试，可以摸摸。"小孩都过来摸摸试试。这样的性教育很直观，孩子看完之后就知道了这件事情，就不那么好奇了。

所以说孩子在小的时候问起这种问题，你要坦然地跟他讲，或者拿一本画册告诉他这是怎么回事。但是更重要的是，你不要用成年人的思维想：孩子知道了后会不会马上去试一试啊？你不要用成年人的担心来看待孩子。最重要的是让孩子感觉到性是美好的。

面对露易丝的爱情梦

性是美好的。我觉得国外一些父母对此的做法值得我们借鉴。我的文学启蒙老师、著名儿童文学家刘厚明先生在世时给我们讲过一个故事，我对此很难忘。

> 他当时在文化部工作，带一个中国少年艺术团到法国去演出，表演中国的武术。其中一个14岁的男孩子武术表演得特别棒，结果在法国演出的时候，就被一个12岁的法国女孩喜欢上了。
>
> 怎么喜欢上了呢？他们在法国的很多地方演出，发现这个女孩一家老跟着去看演出，看了一场又一场，你到哪儿她到哪儿。慢慢地，大家就熟悉了。
>
> 这个女孩叫露易丝，她开始给这个中国男孩写信。她画了一幅画：两颗红心贴在一起。这个男孩看不明白，这什么意思啊？然后就来问团长："团长，你看法国这个小姑娘送我一幅画，是什么意思啊？"刘厚明是作家，一看就明白了，但是他说："没关系，这个心和心贴在

一起是友谊，中法友谊。你看她还送给我画呢，我的画上是中国国旗和法国国旗，这不是友谊吗？”男孩明白了，这是友谊啊！

这个女孩见男孩不明白，又给他画画，画了一堵黑墙，那边是个男孩，这边是个女孩，女孩在墙这边哭泣，画上还写着“我爱你”。这不能不明白了吧，男孩又来问团长，团长一看，这个问题有点严重了，就去找这个法国女孩的父亲：某某先生，您看您的女儿爱上我们这个小伙子了，怎么办呢？您知道吗？那个父亲当时哈哈大笑，说：“当然知道了，我不知道我还跟着她到处看你们演出啊！”刘团长说：“您这个父亲，知道了怎么不做工作？这么下去可怎么办呢？”这个父亲哈哈大笑说：“哎呀，孩子正在做梦的年龄，我们就让她把这个美好的梦做完嘛！”

中国人的思维就很现实：那怎么办啊？一个中国孩子，一个法国孩子，小小年纪又远隔万里，怎么办啊？这个法国爸爸说：“我相信她做了这么多梦，等梦醒来的时候，该怎么办就怎么办，不用担心。我们希望他们能在一起照个相，全团一块儿照个相。我希望我的女儿能在你们这个小伙子的前边很亲密地照一张相。”后来两个孩子就照了相，还保持通信联系。这个法国父亲把这种情感看作一个美好的梦想。

你看，法国的父亲用了一种美好的方式来引导孩子。虽然，中西国情不同，但我有一个基本的观点是：教育孩子的前提是了解他，了解孩子的前提是尊重他。

性教育是生命教育，也是美的教育

有一个妈妈讲：我们小姑娘四五岁的时候，就开始关注自己是哪里来的，就开始问这种问题。我刚开始是每天晚上给她讲她小的时候的事，先从她出生下来是什么样，几个月会爬、会讲话讲起。慢慢就发现，好像绕不过那个问题。因为她开始问：“我是怎么出来的，怎么就慢慢开始这样的?”这个时候我也开始思考,然后我看了些书,后来我就想了一个主意。

对于这个问题,我找了各方面的图片,很漂亮的图片,然后自己又进行编辑,对文字稍微删改了一下,就是简单一点、字大一点。那天晚上我给她讲了一下,她看了以后特兴奋。她看过好几遍,然后隔一段时间再看一遍,隔一段时间再看一遍。就这样,经过几段时间之后,她就可以很正常地接受了。然后我买了一本关于人体的书,叫《人体的器官》,讲得很细。她看了以后,我觉得现在她好像对这个问题已经很了解了,而且认为是很平常的了,她知道了男孩和女孩有什么不同,也学会了保护自己。

这个妈妈可以称得上是一个性教育专家了,至少她在自己的女儿身上做得很好。你看她的女儿,现在是一年级的小姑娘。一年级的小姑娘这时候和初一的孩子的感觉完全不同,她这个时候没有什么性冲动,所以这个时候你给她讲生殖器,跟讲个杯子差不多。

所以说,我觉得中国的性教育的一个缺陷就在于太晚,到初二时孩子都发育了,才开始性生理知识的普及。在今天的家庭教育中,难度最大的可能是性教育。据最新的研究发现,今日中国孩子的性发育明显提前:女孩平均9.2岁性发育,12.54岁来例假;男孩平均11岁性发育,13.85岁出现遗精。所以说,我们的性教育应当是一个终生的过程,要在不同的阶段完成不同的任务,特别要抓住有利时机。

你看这个妈妈那四五岁的孩子,根本不可能产生什么激烈的性冲动,根本不可能有危险的尝试,她会有她儿童的理解,所以这个妈妈的教育我认为是很成功的。孩子这个时候知道了事情的原委,将来就不会那么好奇,会坦然地去面对,知道怎么样爱护自己。

说得深刻一点,这是一种生命的教育。孩子觉得每个生命都很珍贵、都很不容易。如果孩子和爸爸妈妈之间的关系是亲密的,她就能更容易搞明白了。

所以我们可以从儿童的权利、生命的珍贵这些角度来考虑性的教育问题。孩子有权利知道这些问题，也有责任保护自己的生命、珍惜自己的生命，性是成长的一部分。我想，我们坚持这样一个观念，孩子的教育就一定会成功。

（三）性教育是爱的教育

性教育的根本在哪儿？实际上是要让孩子懂得孩子是父母相爱的结果。那么就会进一步产生问题：什么是爱情？爱情到底应该是怎样的？

要培育孩子正确的爱情观

《如何爱你的孩子》的作者张蕾教授说得很好："爱情"这两个字应该从中间切开，一个是"爱"，一个是"情"。"爱"是什么？爱是无私，是宽容，是付出，是尊重，是信任，爱是很辛苦的，爱是一种责任，这是大前提。然后才是"情"，是两性之间彼此相悦、彼此倾慕、彼此追随、难舍难分、彼此吸引的那种感情。这两个字加起来才叫"爱情"。而且爱情应该是纯粹的，高尚的，美好的。

在家庭中，我们要培育孩子正确的爱情观，就要让孩子从小受到爱的陶冶，知道什么是爱，并且让他学会去付出爱、享受爱，将来才可能和他的另一半之间产生真正的爱情。不图任何的利益和好处，只是因为彼此倾心，为着共同的家庭、共同的后代、共同的事业、共同的未来，彼此扶持，努力前行，这才叫真正的爱情。

现在很多孩子在谈恋爱，他们到底谈的是什么呢？是一种情感的表达，还是一种情绪的泛滥，还是一种情欲的发泄呢？情欲的发泄是非常短暂的，情绪也并不是很稳定的，只有情感才是持久的，这种情感是经过升华，超越物质，上升为道德的、社会的、内在的、本质的东西，它是美好而稳定的。

我相信，每一个人第一次为异性心动，都可能怀着纯真美好的情感。但是，在现实生活中，少男少女的情感萌动往往招致狂风暴雨的打击，这是不正常的。稍微有些生活经验的人都会理解，对于那些渴望美好爱情的青少年来说，只有爱的教育才能激发他们内心的动力，将他们引向追求真善美的正途。

讲好父母的爱情故事

下面这对父母就对女儿进行了很好的爱情教育，从女儿温馨深情的笔触可以看到，父母的爱情故事给她带来了美好的影响：

> 女孩认识男孩是在夏日的一个傍晚。她提着沉甸甸的大包小包晃下公交车，准备回宿舍的时候，一个土里土气的趿拉着一双凉拖鞋的小伙子走过去，问：同学，要帮忙吗？小伙子像雷锋一样帮她把行李提到了学校宿舍后，就走了。对他而言，只是顺手帮助了一个路人；对她而言，也只是接受了一个好心同学的帮助。仅此而已。
>
> 象牙塔里的时光总是纯洁和简单的，男女分寝，院系联谊，校报上发点文章，姐妹们一起游玩。女孩并不知道那天帮她的男孩就是校报上某个笔名的主人，男孩也并不知道他帮的女孩曾以家乡状元的成绩考进了这所大学。只是在各种各样的活动中，他们越来越熟络，越来越无杂念地彼此欣赏。大学时光中，女孩和男孩一直保持着很合分寸的同学关系，说不上动心不动心，说不上憧憬不憧憬。
>
> 直到他们走出大学校园，参加工作，开始新的生活，不知从什么时候起，他们无转折、无标志地恋爱了。没有告白，没有仪式，没有花言巧语、甜言蜜语、豪言壮语，只是顺其自然地相恋了。自然得像风拂水面皱起的涟漪，像岁月在树干中刻下的年轮。
>
> 男孩被单位安排到重庆锻炼的时候，女孩还留在北京。异地并没有拉远他们的距离，反而因日日的分隔而有了盼头。他们写信，一封接一封地写，称呼从三个字变成两个字、两个字变成一个字，名字

越来越短，思念越来越长。直到有一天，女孩也要锻炼了，三个地方可以选，她只怯生生地问他一句：我去重庆，好不好？

在重庆重逢的他和她更加珍惜在一起的时光。一起做饭，一起洗碗，一起泡图书馆，一起牵着手想象未来。风里来雨里去，两个人昏昏黄黄度过了山城那许多的小日子，又回到北京工作。一个西城，一个海淀，他下班会坐着甩起两根辫子的103路电车风尘仆仆去见她。为省点车费，他会提前几站下车走到她单位楼下，再牵起她的手，一起享受一天中可怜巴巴却甜甜蜜蜜的相见。

这样奔波了好长一阵，终于，女孩成了男孩的新娘。没钱办婚礼，就省去了大摆筵席和浪漫蜜月；没钱买家具，他就自己动手捶打粘拼出桌台椅柜。他对她说，我一定不会让你一直这样困苦下去。那一年他们24岁。

25岁那年，他们有了一个女儿（就是我）……一个充斥了哭笑玩闹的幸福家庭诞生了。

于是，他成了我爸，她成了我妈。

到现在，爸妈还在为当初谁追的谁互相不屑。一个说自己当年文采飞扬，把多少包括她室友在内的女孩迷傻了；一个说，曾有过多么出色的男生喜欢她多久多久。但有一点可以肯定，结婚的事，是爸先提的。

爸酝酿了一场我所听说过最不靠谱、最短、最实际的求婚，至今我仍为他的想法大跌眼镜并五体投地。据说双双回到北京工作后的一天，他找到她问："我们单位要分房子，说结了婚的才给，结吗？""哦，那结吧！"没了。

没有戒指，没有鲜花，没有誓言，只是相视一笑间的默契和期许。接着领证，搬家，互访父母。这样有了婚姻，有了房子，有了花前月下转变成柴米油盐的别样温暖。

郭德纲说，从此以后王子与公主开始了没羞没臊的生活。

爸妈的婚姻并不刻意上演些小鸟依人或者英雄美人的戏码。妈年轻时曾骑车带着爸颠簸在乡下的土路上,乐呵呵的两个人丝毫不会感觉别扭。在他们眼里,这是只有两个人才懂的幸福游戏。后来妈曾对我说,那时候你爸瘦的啊,我骑车带他跟玩儿似的,哪像现在,往车里一坐,不管“捷达”“本田”,都得往下沉半边儿。

从那以后的几乎每个晚上,妈都会邀请或者被邀请和爸出门散步。楼下两三个红绿灯的距离,两人日复一日地绕啊绕绕啊绕。没有我在的时候他们拉着手,有我当灯泡的时候他们拉着我,但只要我出了这一排,他们又会不知不觉把手指勾起来。每每看得我大叹世风日下、伤风败俗、没羞没臊、成何体统,妈妈就会很骄纵地把脑袋往爸身上一歪,说:怎么着,我老公喜欢我不成啊?然后很自觉地把脑袋歪回来,以便她老公抖落满身鸡皮疙瘩,转身去吐,直到把吐鲁番盆地吐成喜马拉雅山。

散步回家每要看电视的时候,爸妈必会一同窝在沙发最舒服的拐角里争起来,爸说妈躺他地盘儿上了,妈说爸鸠占鹊巢,恶人先告状。结局通常是抢到宝地的一方嚣张地把脚搭在另一方腿上,然后被搭的一方叫道:谁的猪蹄儿,拿走拿走。

扬扬得意和垂头丧气的小小交替仿佛真的让他们持续了将近四分之一个世纪的婚姻不那么乏味,反叫我这个灯泡颇感羡慕嫉妒恨,而面对我偶尔欠扁的争风吃醋的行径,两人也会搂在一起,眯着眼对我笑,直到我浑身酥软,甘拜下风。小老头儿小老太太年纪一把了,我竟然不是对手。

从小女人到小老太太,妈妈的撒娇和小脾气远不及她对爸爸的好。爸是家里老大万事操心,妈是家里老末身集各种宠爱,妈妈嫁给爸爸却不是只享福不付出。逢年过节或哪怕只是去外地出差,她都会给爷爷奶奶买衣服和日常用品。她买的衣服,每回上了爷爷奶奶的身都是又合适又好看,爸从不用为给老人买东西而费心。妈会在某些漫不经心的时候对着爸算:下礼拜你哪个兄弟叔伯生日、你家谁谁托我的事办到了什么程度。妈还不许我把吃橙子剩下的皮扔掉,说你爷爷做中医的，晒干了陈皮给他留着。有时妈会在晚上爸爸睡着的时候，为他把衬衫、裤子熨烫平整，只为第二天爸爸上班或出差穿得体面。

一年多以前，妈妈做了眼部手术。手术完的当天晚上，爸爸匆忙赶去郊区开会。凌晨时分，爸爸老家打来电话说，他弟弟被落石砸伤，需要马上联系医院。妈妈黑灯瞎火顶着眼睛上尚未拆线的纱布连夜找人联系老家的好医院，又嘱咐我说："先别告诉你爸，他开会太累，我怕他一着急，开车时出事。"于是，所有这些大小事宜，手术完仅一天的妈妈一个人为爸爸扛了下来，第二天又马不停蹄地陪爸爸开车回山西老家打点照顾。妈妈在病床前一边心疼地流泪一边安慰悲伤的爷爷奶奶，却唯独没有想起她的眼睛是不能劳累不能哭的。

爸爸偷偷地对我说，你妈这种老婆，这年头是打着灯笼找不着了。

有朋友不解，爸妈柴米油盐二十几年，怎么还会有爱，怎么还会表达？

当爱不仅仅作为爱而存在，而是在付出与接受、骄纵与宽容、小脾气与大理性之间往复穿插的时候，这种看不见摸不着的叫作"爱"的东西才潜入生活，成了家长里短的非你不可。没有了她的他会为找不到熨平的西装而唠叨，会在无暇处理老家各种事情时分身乏术，会拿出染发膏才想起需要他帮忙染发的人原来不在这里；没有了他的她会装修不好房子、挑不好车，会找不到人听她叫一声"老公"，会想起他感冒时赖在被窝里拉住她说：老婆，想喝疙瘩汤，你做的……

争执和不愉快当然会有。妈妈怪爸爸太独裁，有事不和她商量，爸爸觉得妈妈不理解他遇事一人扛下来的苦心；妈妈心情不好的时候闹小脾气，爸爸怪她莫名其妙、不通情理。她说，我就是太爱你爸了才会什么都顺着他；他说，我对你妈的爱她看不到。哭过，红过脸，冷战过。

但是，他们就事论事，不翻旧账，不骂人、摔东西，不动手，动手也只是擦眼泪。印象中他们似乎并没有吵过架，说不和也只是一个里屋一个外屋各自待着。可是无论怎样不痛快，晚上他们必不会分床而睡。

爸爸说过，夫妻两口子，再吵不能吵出一间房，还是要睡在一起的，否则睁眼旁边少了一个人，会难过。冷战一会儿，通常就会有一方端着削好的水果硬生生一戳，嘴里喷出一句“吃”，等对方回喷一句“好好说”，就会顺手拿起一块水果堵住人家的嘴，两个人开始抢水果吃。待到抢完水果，心情也平复了大半，爸妈又会把适才的争论摆出来心平气和地分析一遍，有理辩理，有错认错，说通了，各自安心，相拥而眠，第二天醒来又是谁卷走了谁的被子谁枕麻了谁的胳膊。这一场下来，吃了水果、练了口才、发泄了情绪，也多了包容和理解。所谓无争不夫妻，小吵怡情是也。

爸妈是真正的自由恋爱，无父母之命、媒妁之言。印象中，他们经历了最为典型的从谈到恋到爱的全过程，单纯得令人向往。没有因性而爱、奉子成婚，没有许车要钱、山盟海誓，只是循序渐进，只是水到渠成，一句咱爸咱妈已是最为浪漫的表白。然而平淡中竟也能闪出星星点点的小情调。爸妈坚持每年结婚纪念日到照相馆照几张纪念照；偶尔会开车一起去看电影、听交响乐、转家具店、买小摆件；下班晚了回家会看见饭菜一口没动，两副碗筷安静地等候在那里。

他们的恩爱琐碎平凡，却持久和真挚。妈妈曾对我说，找男友和丈夫，一定要找一个像你爸这样有责任感又孝顺、有担当又对老婆专一的。然后，在爸爸刚好路过时，她突然改口嚷道：“别找那老头儿那样吃饱了就往那儿一窝不运动的主儿。”爸爸也对我说，以后要像你妈一样，善良贤惠，懂得将心比心，孝顺双方父母，我娶你妈不为了她漂亮不漂亮，就图她人好，对你爷爷奶奶用心。“要不然，”爸爸也会提高嗓门说，“一破老太太不漂亮不聪明的我能让她追上吗？”随后又是一场毫无技术含量的关于谁追谁的亘古不变、天荒地老的口水战。而我，只需在旁边安静地欣赏他们老黄瓜刷绿漆一般装嫩的爱情。

爸爸说，我还留着当年你妈给我织的毛裤，虽然已经穿不下了。

妈妈说，我还记得当年你爸喜欢的诗，虽然我根本没兴趣。

——选自《少年儿童研究》2011年第23期《谈·恋·爱》，作者：采蘩

第 三 章

父母心理健康最有利于培育孩子的心理健康

父母心理健康才会给孩子以积极的影响。不论在什么情况下，父母要在以身示范的前提下，引导孩子力求做到认识自己、悦纳自己、控制自己，而这正是心理健康的重要标志。这就要求父母有自知之明，由自知而自信而自强，不因成功而得意忘形，也不因失败而惊慌失措，始终保持乐观向上的稳定情绪，这将使孩子终身受益无穷。

一 心理健康的十二字秘诀

父母都希望孩子是一个健康的孩子。什么是健康呢？世界卫生组织对于健康的定义是，人的健康有三个指标：生理健康、心理健康和社会适应力正常。显然，心理健康是很重要的。

我给父母一个建议，孩子放学回家了，晚上见面了，你不能光问孩子的学习。有的父母因为非常忙，回来晚，跟孩子就三句话：吃饭了吗？作业写完了吗？睡觉！太简单了，孩子不是机器人，你不要看到孩子在家里坐着躺着你就放心了，你要特别关心孩子的心理状态，还要留意他的情绪。

不管回来得有多晚，只要孩子没有睡觉，父母都要跟孩子交流一下，摸摸脑袋："怎么样，宝贝，今天过得开心吗？有什么可乐的事？"你看孩子的情绪很好，跟孩子聊聊天，这是必要的。孩子一般来说不大会掩饰，孩子如果情绪有问题，或者情绪很低落，那你特别需要调整孩子的情绪，要了解发生了什么事，跟孩子聊一聊，卸去孩子心头的包袱。

心理健康的内容很多，用最简练的方式，我把它简化到十二个字，这十二个字的心理健康秘诀就是：认识自己、接纳自己、控制自己。

（一）认识自己

认识自己是心理健康的前提

认识自己，自知才能自信，自信才能自强，这是心理健康的前提。孩子很多的心理问题都是从不认识自己开始的。

有的孩子因为一次考试不及格，不敢回家，甚至有的孩子没考好就跳楼了。特别是中考高考前后，都是悲剧发生最多的时节。其实大家想想看，一次考试没考好算什么呀！但是他觉得自己完了。宁夏的13岁小学毕业生秀秀，就因为觉得自己没考好，上不了重点中学，想到她爸爸妈妈要为她花很多钱，就自杀了。上重点中学当然是好，上不了也绝不是末日来临，有的是机会，但是有的小孩就是想不开。

认识自己就是让孩子养成这样一种心理品质：当别人把你说得像一朵花的时候，你也知道自己还有毛病；当别人把你说得像豆腐渣的时候，你也会说："我也没那么差，我对我自己有数。"这就打不倒了。这一点是非常非常重要的。

考零分的准备都做好了，还紧张什么

看到自己的优点是很重要的。我们做父母的有时候会发现，孩子一到考试的时候就很紧张，越是大考越是紧张。北京有个老师跟我讲了个真实的故事，我觉得真是绝了。

有一次高考，有一个男孩子该考数学了，他前一天晚上无论如何都睡不着觉，害怕极了，跟他父母说："明天我不能去考试了，我现在脑子里什么都想不起来了，考也白考，考了我肯定受不了。"他父母一听急了，说："天哪，儿子，我们养兵千日，用兵一时啊。高考临头你不

考了，你是天才你也进不了大学啊！”儿子说：“真的不行了，我要一进考场，脑袋非炸了不可，不能考。”把他父母急的，连夜找老师来讨招。

老师到底很有主意，就给他们出了一招，父母一愣：“这能行吗？”老师说：“你们试试吧，到现在了，大概就这一招管用了。”然后父母回来了，跟儿子说：“儿子，这样吧，明天只要你能够进考场把题答完，你考零分也算完成任务，这样行不行？”儿子一愣，说：“考零分也行？”他爸妈说：“行啊，你只要把题答完了，我们觉得你尽力了就行了。”儿子说：“这可是你们说的啊，说话算话。”爸爸妈妈说：“说话算话。”儿子如释重负，说：“那行，考零分脑子好使。”考零分的准备都做好了，还紧张什么？不紧张了。

第二天，他轻松地进了考场，把题答完，考试成绩还不错。

一个人在高度紧张的时候，有可能连他姓什么都会想不起来，连他家都可能找不着。很多孩子考试时不是不会，是紧张。紧张就是因为他不能认识自己，他有这个水平他也不相信。所以说心理健康的第一条就是让孩子认识自己。

（二）接纳自己

心理不健康的一个显著的标志就是不接纳自己。

我们在调查中发现，现在40%的学生，不接纳自己的学习成绩；将近20%的孩子不接纳自己的相貌，太矮了、太胖了、单眼皮等等，都不能接纳。

一个人心理健康与否，其重要的标志就是看他能不能接纳自己。人都有缺陷，人都有遗憾，好多人很遗憾地说：“我为什么生活在一个贫民之家？为什么没生活在富豪之家？”进城务工的农民子女说：“我为什么不是城里人？我为什么是个农民工子女啊？”好多好多的遗憾。

索非娅·罗兰成功的秘诀

我到北京很有名的景山学校讲课，给中学生讲接纳自己。我说："我们要好好学一学意大利著名电影演员索非娅·罗兰。"她两次获得奥斯卡奖，演过《卡桑德拉大桥》《两妇人》等影片。我说："索非娅·罗兰之所以成功，我觉得最重要的心理素质就是接纳自己。"

索非娅·罗兰16岁的时候第一次拍电影，摄影师围着她转来转去，后来摇摇头、耸耸肩膀，说："太难看，没法拍。"他放下机器，跟导演发牢骚："导演，你找了个什么破演员？这么难看，怎么拍都拍不出美感啊！"

这个导演是意大利著名导演卡洛。卡洛一想：是啊，索非娅·罗兰长得是有点怪。嘴大鼻子高，眼睛也大，比较夸张，而且还有别的问题。后来这个导演就犹豫了，他把索非娅·罗兰找来谈话。这段谈话成为索非娅·罗兰的传记《生活与爱情》中的一个经典片段：

> 导演把我叫到他的办公室，说："亲爱的索非娅·罗兰，你很有表演才能，但是我的摄影师说没有办法把你拍得美艳动人，因为你的鼻子太高了，而且你的臀部过于发达，所以你得回去处理一下，这样就能拍了。"
>
> 我说："导演，我的鼻子是高一点，我的臀部是发达一些，这些都是我的特点，我不愿意为拍电影改变什么。世界上的美为什么非得一个样呢？"
>
> 他一听，觉得的确有道理，就向我道歉："对不起，对不起，我不该向你提刚才的问题。"

一个大导演对一个16岁的少女、第一次拍电影的少女提出这样的要求，实在让人难堪。那时候离现在五六十年，美容业不发达，鼻子高一点也许还有点办法，可是臀部发达怎么处理啊？

但是索非娅·罗兰是个心理素质非常好的人，所以才有了这样的对话。那句“世界上的美为什么非得一个样呢”很厉害，这是个美学见解，而这个导演也是很有悟性的。他当即表示，电影继续拍，摄影师抗议，我就另请高明。

最后电影拍成了，不但拍成了，而且一上映便红遍天，索非娅·罗兰一下成了明星。她很有才能，后来又拍了100多部影片，两次获奥斯卡奖，很少有演员可以获得两次的。2000年的时候，她还被评为“千年美人”，她还有自己的化妆品品牌。

美在自信、美在个性、美在自然

一个人美在哪里？美在自信、美在个性、美在自然。每一个孩子其实都有可爱之处，都有潜力，关键是你要接纳自己、接受自己。接纳自己之后，你才会发现，原来个子矮有个子矮的好处。

我们要让孩子慢慢接纳自己，比方说，我成绩不好，我也要接纳自己；我成绩不好，我一定有好的方面。学习成绩不好的孩子，他的体育可能就不错；歌唱得好的人，可能体育差一点。

人总会有某种不如意，一定要接纳它，而犯错误更不值得自卑。心理学家认为：孩子就是在犯错误中长大的。犯错误不可怕，每个人都会犯错误。其实我们想想，每个人都有很遗憾的事情，每个人都有想起来感到难以面对的事情，但是你完全不必去折磨自己。记住教训、引以为戒，这一页就翻过去了。心理不健康的人，这一页永远翻不过去。他出门前就会想：哎哟，我倒霉，我没脸见人。天天早晨想着没脸见人，那你就真的失败了。

（三）控制自己

心理出问题的人都出在不能控制自己。我们要特别培养孩子控制自己的情绪、控制自己行为的能力，这个跟认识自己、接纳自己是有关系的。

悲剧多在失控时发生

在法官妈妈尚秀云送我的著作《法官妈妈给父母的90个建议》中，有一个案例就是谈缺乏自制力导致的悲剧。

吴明和李军都在某中学读高中一年级，两个少年学习成绩都很优秀，他们都是家里的独生子，是父母的心肝宝贝。吴明身高1.79米，他天资聪明，爱好体育，集体荣誉感很强，是学校的足球队队长。李军学习成绩也很好，身高1.83米，是班干部，爱交朋友，重义气。老师们都说这两个学生都有希望考上重点大学。但是谁都不会想到他们竟会因为一点琐事酿成刑事案件。一个命丧黄泉，一个沦为阶下囚。

那天学校里正在上体育课。男生分为两组在操场上踢球，快下课的时候，吴明那一组不小心让对方踢进去一个球。吴明感到恼火，忍不住埋怨守门员："臭球，你真是个蠢货，怎么能让人家灌进去一个球呢？"

李军与守门员是好朋友，见朋友被埋怨，哥们儿义气一下子就上来了，他冲着吴明喊："进球也不是他的错，你骂人家干吗？有本事你自己守门！"

吴明一见李军帮腔，就冲李军说："又没说你！狗拿耗子多管闲事！"李军忍不住骂了吴明一句："瞧你那德行！"

吴明哪里肯咽下这口气："你骂谁？你再骂一句试试！"李军说："我就骂你了，怎么着？"吴明一听顿时火冒三丈，朝李军走了过去，挥起拳头就和李军打了起来。这时，体育老师来了，问发生了什么事，吴明告诉老师说李军多管闲事，老师规劝了他们，两个人都认了错。

本来事情到此就该结束了，可李军回到教室里越想越生气，自己身高体壮，竟然被吴明打了，还被告状说多管闲事，这是不是太窝囊了？李军实在坐不住了，从书包里翻出一把锋利的蒙古刀，别在腰里便冲出了教室。

走出教室，李军一眼看见正准备回教室的吴明，便一把上前抓住他，说："咱俩得把事说清楚。"吴明也不服软，说："说就说，你说到哪儿说，就到哪儿说。"李军说："你刚才打了我，要向我道歉，要不我就用刀扎你。"

吴明见李军抓住自己的衣领不放，急了，挥手又给了李军一拳："你有刀子，好大口气，你扎一个试试！"

李军见吴明不服，热血直往头上涌，禁不住拔出了刀。吴明见李军真的拔出了刀，转身就跑。李军在后面猛追，照着他后背就是三刀。看见血流出来，李军傻了眼。

吴明被送到医院抢救，但终因流血过多而死亡，李军因犯故意伤害致死罪被判重刑。活蹦乱跳的儿子就这么死了，吴明父母悲痛欲绝，提出民事赔偿要求。李军父母都是普通的知识分子，收入有限，但为了弥补孩子的过错，抚慰被害人父母，砸锅卖铁赔偿了十余万元。

经过对这两个家庭的调查，我们发现产生这样的悲剧也并非偶然，这两个孩子都是跟着爷爷奶奶长大的，爷爷奶奶平时都告诉自己的孩子："咱在外面可不能吃亏，谁要骂你，你就骂他，谁要打你，你就打他！"这两个孩子都养成了同样的习惯，都想争先，不会宽容对方，更不能受委屈。所以在发生口角后，他们互不相让，你说我一句，我骂你一声，都想占上风，发展到拳脚相向，持刀行凶。

其实，他们之间素无矛盾和冲突，有时还在一起玩儿，仅仅因为足球场上的一点小矛盾，就毁了自己和两个家庭，这种教训实在惨痛。

据了解，李军的蒙古刀是同学作为生日礼物送给他的，他非常喜欢，就放在书包里随身携带。而他的家长，根本就不知道自己的孩子上学的时候携带蒙古刀，更不知道这种刀属于管制刀具，不准随身携带。其实《中华人民共和国预防未成年人犯罪法》早有明文规定：未成年人的父母或者其他监护人和学校应当教育未成年人不得携带管制刀具。如果李军了解这项规定，如果家长和学校对孩子的了解更细一些，及时发现并予以劝阻，李军的书包里不带刀，就算是真的打架了，也不至于置人于死地。

不管发生了什么情况，孩子要有可以控制自己的能力，要对自己说："我能够闯过这个难关，我能够改正这个错误，我有希望好起来，我会一天天好起来，我再倒霉也能忍过去。"作为一个人，他是非常需要有这种心理的。

冬天到了，春天还会远吗

生活中谁都有倒霉的时候，倒霉的时候你就得忍耐，你就想：天黑到最黑的时候就快亮了。如诗人雪莱的名言：冬天到了，春天还会远吗？父母一定要让孩子有这种信念，这样他就不会出大的问题。

我讲了心理健康的十二字秘诀，大家想想看，这对谁有用呢？对每一个人都有用，其实首先是对父母有用。认识自己、接纳自己、控制自己，这对每个孩子都是一个护身符，对每个父母也是护身符，是心理健康的护身符。

父母特别要学会控制自己。有的时候是孩子的问题，但是父母控制不住自己的情绪，会滔滔不绝、劈头盖脸地把孩子说得信心崩溃。有的父母说话特狠：我看你将来就是扫大街的料了，我看你将来就是进监狱的料了，我看你将来就怎样了。其实没那么严重。我们要控制自己，控制自己的言行，要做到适当。只有让孩子充满信心，他才能闯过一个又一个坎。没有孩子不犯错误，这个时候父母怎么对待孩子就是一门很深的学问。

二 自信的孩子才能健康成长

如果有人问我儿童最需要培养的品质是什么，我会说自信心、兴趣和习惯，并认为这是最重要的儿童教育目标。没有浓厚的兴趣，就没有成长的动力；没有良好的习惯，就没有成长的保障；而兴趣与习惯都离不开自信心这个基础。或许可以说，孩子是否有自信心是教育成败的根本标志。

（一）父母的接纳才能让孩子心里充满阳光

儿童时代是最容易自卑的时代，因为孩子是那么弱小，对自己充满了怀疑，对大人充满了敬畏。比如，小学里绝大多数暂时落后的学生都是男生，他们却往往不知道这与自己比女生发育晚有关，可悲地认定自己永远没有希望了。更可悲的是，许多父母和教师也如此认为。

接纳犯错的孩子

如何让孩子自信自强？特别是当孩子学业失败或者品行出现问题时，怎么做才能让孩子迷途知返，恢复自信？这是心理健康教育的重要环节。我的好朋友蒋佩蓉是一位学贯中西的教育专家，也是一个充满爱心与智慧的母亲，曾经担任美国麻省理工学院中国总面试官。在她的《佩蓉的妈妈经》中，专门有一节谈接纳犯错的孩子。

有一天晚上，我做了一个梦，梦见凯文走在一条大水沟里，满脸疲惫，好像已经在水沟里走了很久，全身又湿又脏又臭。好在他很快就要走出水沟了，我看见水沟出口的顶上是一片蓝色的天空，太阳正冉冉升起。很快，画面一转，我又看见凯文坐在一片沙滩上，沙子像雪一样白，湛蓝的海面波平如镜。凯文闭着眼睛，神情安静。

第二天，我把这个梦告诉了我先生和凯文，我和先生就问凯文，最近是否觉得压力比较重，因为他快要申请大学了。凯文的反应让我们大吃一惊：他冲进房间，把门关上，倒在床上放声大哭！

哭完后，他终于出来了，和我们分享说，他已经在水沟里走了很久，也很累了。两年来，跟他一起玩音乐的朋友周五晚上常去三里屯酒吧街玩，而且每次都请凯文一起去，因为他在学校里带领了两个受欢迎的乐队。

凯文知道，我们不会支持他去酒吧，可是顶不住朋友的盛情邀请，就干脆不问我们。等我们都入睡后他从二楼的房间爬窗户出去，到三里屯找朋友，跟朋友喝完一杯烈酒后马上返回，趁我们还在睡觉的时候，从窗户爬进房间睡觉。

就这样，他这两年偷偷溜出去好多次，每次回来他都很内疚，决心再也不去了，可禁不住同学的多次邀请，又想办法去了。我们以为他平时学习很累，就让他周六早上多睡一会儿，从来没想过他有什么事瞒着我们，因为我们跟凯文的关系一直很好，无话不谈。有一年过完暑假，他问我们可不可以让他每隔几个星期去一次三里屯，和朋友们聚聚。因为他做事一向很有原则，我们相信他能够拒绝喝酒，就同意了。

听到这个消息，我失望透了。凯文曾跟我们说他怎样在聚会时拒绝喝啤酒，我一度为此感到欣慰，没想到，他虽然讨厌啤酒的味道，却喜欢喝威士忌！我觉得自己真是太失败了，哪有什么资格跟别人谈育儿经验！可与此同时，我心里又充满了感恩，想不到因为我做的梦，竟让凯文说出了心里埋藏很久的秘密。

我跟先生几乎同时上去拥抱凯文，让他在我们怀里痛快地哭。我问他："憋了这么久，终于可以说出来，是不是舒服多了？"他使劲点头，笑了。我叹了口气，说："全世界最可怜的人就是明知道不对，却抵挡不住诱惑的人，因为他知道是非，无法痛痛快快地享受做这事儿的快乐，他会一直受到良心的谴责，就像在水沟里挣扎却走不出来。"凯文告诉我们，他还是有自制力的，到酒吧就是为了跟朋友聚在一起，并且酒水很贵，他心疼自己赚来的辛苦钱，每次只喝半杯到一杯。

我问凯文还有什么事情我们不知道，他回到房间，拿出两瓶价格昂贵的烈酒，说是同学送他的生日礼物。我们问他想如何处理，他说，虽然心疼，但他乐意跟这两瓶酒告别。于是，他把它们全倒进了水槽。就这样，秘密都说开了，跟那两瓶酒一起被冲走了。

这时，先生再次跟凯文强调我们的原则："凡事我都可行，但不都有益处；凡事我都可行，但无论哪一件，我都不受它的辖制。"我们担心的是凯文把握不了喝酒的分寸，并且，最让我们失望的是他不信任我们，没有请求我们的允许。这已经伤害了我们和他的关系，因此，他需要花一些时间重建我们之间的信任。

一个人撒谎的根源是恐惧，因为他知道自己做错事情了。在良心的谴责下，他感到内疚和羞耻，因而想尽量掩盖这个错误，不让它曝光。如果他知道即使自己犯了错，身边的人还是会爱他、接纳他，他就会有勇气承认让他觉得羞耻的事情，并且愿意承担后果，重新再来。

接纳不等于纵容。家长在接纳孩子的同时，要告诉他是非的标准，引导他做正确的事情，哪怕他会因为此受到其他人的嘲笑。我们对是非标准绝不妥协，但我们也要让孩子知道，即使他犯了错，我们也仍然爱他，愿意给他改过的机会。

蒋佩蓉的教子故事令人感动！一个妈妈在梦里都能感觉到孩子可能

出现问题，这不是爱的奇迹吗？更为重要的是，她与老公以尊重的方式，理解和接纳了儿子的过错，从而清除了儿子久埋心中的“垃圾”，恢复了亲情与自信。可以说，只有当孩子充满自信时，一切才会充满希望。

（二）要让孩子相信自己是好人

让孩子相信自己是个好人，很多父母朋友看到这儿兴许会问：“这是怎么回事啊？还得相信自己是个好人？难道孩子会觉得自己不是好人吗？”的确如此。

在讲到心理健康的时候，我觉得最重要的是一个逻辑关系，教育的核心是培养健康人格，健康人格有一个核心概念叫作自我概念。用通俗的话说就是，你认为你是个什么样的人，你就会是什么样的人。你认为你是个好人，你就会像好人一样生活；你认为你是个坏人，你就会像坏人一样生活。所以父母和老师有一个神圣的责任，就是千方百计地让孩子相信自己是个好人、是个聪明的人、是个有希望的人，这是最重要的教育的基石。

但是很多父母一着急就忘了，说孩子的话特别刻薄，好像千方百计要让孩子相信自己是个笨蛋。父母说：“我看你这个样子将来就是扫大街的料，就是进监狱的料。”你说你是什么目的呢？孩子听了，真的相信自己是那样的料的话，你还有办法教育他吗？没办法了。所以说千万不能这么做，无论是父母还是老师，绝对不能对孩子这样。

一个出租车司机为何如此仇恨老师

一次，我到广州讲课，一个著名的小学校长陪我上街，我们俩聊起师生关系。这个校长说：“孙先生，我给你讲一件我特难忘的事吧。”

有天上街，我打出租车。一上车，出租车司机就斜着眼看我，看得我心里发毛。

那个司机就问了:“你是干什么的?”

我说:“我是老师啊。”

那个司机说:“我最恨老师了,今天我之所以只能开车,都是老师害的。”

我说:“不会吧!”

他说:“我那个老师当年说我笨,挖苦我。他挖苦我就完了吧,还说我爸爸妈妈爷爷奶奶,把他们都给扯到里边,所以害得我根本就没心思学习,后来我考试也考不好,最后只能当司机开车了。我现在开着车在广州到处找这个老师,找到他我就撞死他。”

我简直惊呆了,急切地说:“我看你快40岁了吧。那个老师肯定没有坏心眼,他是恨铁不成钢啊!他肯定早忘了,你怎么还这么大仇恨呢?”

他说:“不,我可不这么认为,我认为他就对我不好,他就恨我、瞧不起我。”

我经常跟老师和父母们讲这个问题,**我们一定要善待我们的孩子,因为老师和父母都处在权威地位,你的一句话就有可能改变孩子的命运。**你要让孩子相信自己是好人,一定要做到这一点。当然,对孩子不能没有批评,我的一个观点是:没有惩罚的教育是不完整的教育。作为老师,因为你处在权威地位,在孩子心目中,你太高大了、你太有权威了,这个时候,你的评判会影响他一生的发展。

我们一定要看到孩子身上的优点。明智的父母面对孩子的时候,首先是看到孩子的优点;不太明智的父母,满眼看到的都是缺点。明智的父母跟孩子说话,首先把孩子做对的事挑出来,先表扬他做对的事;不明智的父母一见孩子就说他做得不好的事。你想想看,你老说孩子的缺点,孩子见了你就条件反射,一见了你就知道你要训他,一见了你就产生一种抵触情绪,一见了你就产生戒备,这能有好的教育吗?不可能。所以说,我们特别要发现孩子身上的优点。

女作家毕淑敏的教育处方

与著名女作家毕淑敏聊天的时候，她给我讲过一个故事，特别令人感慨。

北京有一个五年级的男孩子回家说："我再也不上学了，老师不喜欢我，同学也不喜欢我，上学真受罪，我不想去了。"他妈妈一听："我的天哪，你才五年级就不上学了，那你干吗？"她劝，儿子不听。这个妈妈就到处找专家咨询："怎么办？我儿子不想上学，五年级就不想上学了。"最后她向毕淑敏求救。

毕淑敏听了这个情况后，说："这样吧，我给你开个处方。"因为毕淑敏当过军医，还读过心理学博士课程，她写了几笔递给这个妈妈。这个妈妈一看，哭笑不得，处方写："这个孩子有病，需要表扬，表扬一个星期。"这个妈妈说："这样的处方有什么用啊？"毕淑敏说："你试试吧，可能有用。"

这个妈妈就拿着处方给老师看，老师一看就皱起眉头了，说："这是什么意思？开的什么处方啊？"这个妈妈说："军医开的。"这个老师说："就你这儿子呀，有什么可表扬的？"这个妈妈说："老师啊，您就发发慈悲吧，我这孩子是一点信心都没有了，您要再不鼓励鼓励他，他这个学就上不下去了。"这个老师心肠不错，说："那好吧，我试试看。"

星期一，一上课老师就看那个男孩，看来看去也没看出什么优点。老师想：瞎表扬吧，反正一星期嘛，就说某某同学今天上课很认真。他一听，哎哟，老师表扬我了，立刻腰板挺直，两眼放光，上课真的很认真。第二天，老师上课时又看这个男孩，还是看不出什么优点。老师想：瞎表扬吧，还有几天嘛，就说某某同学作业有进步。他一听，哎哟，老师夸我作业有进步，写作业就特来劲。

五天下来，这孩子变了一个人，爱上学、爱写作业，特别喜欢他的这个老师。

孩子像需要阳光一样需要老师、父母的欣赏

对小学生来说，老师要是摸一摸孩子的脑袋，就像活佛摸了顶一样，孩子就会很兴奋，昂着头回家说："妈妈，今天老师摸我脑袋了。"老师一高兴再亲他一下，孩子回家能不洗脸，这就是小学生。

中学生就不能摸脑袋，中学生被摸脑袋，浑身起鸡皮疙瘩。但是中学生更渴望被欣赏、被肯定。孩子像需要阳光、需要氧气一样需要老师、父母的欣赏和肯定。你一定要反复地强化："你是一个好孩子，你是好学生。"

当你的孩子犯了错误的时候，或者考试考得不好的时候，你觉得应该怎么对他说话，怎么对待他呢？

母亲甲：我的孩子平时学习挺好的，但是偶尔也会考个90分，还没等我说他，他就说："妈妈，这次我英语考了90分，当时老师念完成绩我就哭了。"我说："是不是全班都考得不好啊？"他说："是，就我这成绩还第五名呢！"我说："你已经不错了，以后再努力吧。"他说："第一名97分，我和他差7分，差距很大。"他就觉得自己特别不怎么样。然后我就跟他说："比你成绩好的人可能都在外边上其他课了，而你没上，你还是不错的。"

如果你的孩子犯了一个很大的错误，你怎么办？

母亲甲：假如他犯了一个比较大的错误，我可能先不说他，先想想再说，我肯定当时先不处理，因为我的孩子不是那种特别活泼外向的，所以我还是尽量先看他的表现，然后找机会再说。

母亲乙：毕竟孩子比较小、比较幼稚，处理问题可能就不会特别得体，我可能会过几天跟她讲解一下，这个事应该怎么处理呀，犯错会造成什么结果呀。我可能提醒她，然后慢慢地引导她。一般的孩

子，像我们家是女儿，属于那种不是特别活跃，做事情、学习不是特别主动的类型。她信心不是特足，我就尽量鼓励她，多引导她。孩子现在做事、学习比较盲目，需要大人的正确引导。

这两个妈妈都比较注意保护孩子的心理，这是非常对的。当孩子犯了错误的时候，比方考试没考好，或者闯了祸，这都是可能的，孩子犯错误的时候是教育的黄金时刻。你发现没有，孩子一犯了错误，就变得特别乖。他自己觉得犯错误了，回来就帮你干活，和言顺语的，不惹你，乖乖的。所以说，孩子犯错误的时候就是教育的黄金时刻。

不管孩子犯了再大的错误，父母对孩子讲话，首先要灌输一个意识，就是说："爸爸妈妈相信你是个好孩子，你是一个好孩子，我们真的很喜欢你呀！但是今天这件事情，你做得不好，你伤害了别人。"你要让他知道：你是个这么好的孩子，怎么能做这样的事情呢？我们多么替你着急、替你难过啊！要灌输这样的思想。

当孩子考试没考好的时候，首先要强调的思想是："你能学习好，只要你努力，你是能学好的。但这次没考好要找找原因，要好好分析原因。"你这么说，孩子会有什么感觉呢？孩子会觉得很不好意思：我是个这么好的孩子，爸爸妈妈这么信任我，我还做了这样的事。他在反思中会有一种安慰，觉得我犯错误了，但我是好人犯错误。

不要给孩子贴标签

一定要相信自己的孩子是好人，真正的教育是唤醒孩子心中沉睡的巨人。我说相信孩子好，这不是虚情假意，是真的相信孩子好。孩子就算做坏事，他本质上也不坏，他也没有大人那么狡猾、那么恶劣。小孩的冲动是有限的，他就是做做恶作剧，或者不明事理等。所以一定要强化这个意识，你如果越让孩子相信自己是个好人，他就越有可能改正错误。千万不能让孩子破罐子破摔，你说他是坏蛋，他就给你当坏蛋。

我到辽宁葫芦岛去讲课，当地发生的一件事让我很难忘。一个男孩子，大概小学五、六年级的时候，上课时突然拿起同桌女孩子的手亲了一下。那个女生嚷了起来："老师，他要流氓。"老师就在班上说他了，说："你怎么这么流氓啊，大庭广众之下侮辱别人。"说得这个男孩子头一下子就低下了。然后同学就叫他流氓，他的外号就成"流氓"了。

这个人长大以后，到了二十多岁也找不到女朋友，他产生障碍了，很难跟女孩子正常地沟通交往，后来发展到拦路抢劫。他不能通过正当的渠道去表达他的感情，他就抢劫，后来被判刑了。

这种现象在心理学上叫"贴标签"，比如说，你说他是个流氓，这就给他贴了个标签，他心里就觉得自己是流氓，是流氓就不能跟女孩子保持像好人那样的关系。我是流氓，我就得用流氓的方式来满足我的需要。你说这对人伤害有多大啊！所以我们特别要警惕，不要给孩子贴标签。

前些年，中国的法律有了调整，孩子偷拿家里的钱，当然是个错误，但是如果数额不是特别巨大、情节不是特别恶劣，就不认为是犯罪。过去你偷东西、偷钱，超过1000元，判刑是很重的。我觉得我们国家的法律也开始以人为本了。孩子偷拿家里的钱当然是不对的，但他可能觉着反正是我家里的钱，不是别人的钱。

我反对在小学阶段孩子拿了同学什么东西就叫他小偷。拿别人的东西不对，拿别人的东西要经过别人同意，但是不能叫他小偷。孩子犯了错误，你要就事说事，千万不要说："是啊，我看你从小就不学好，你从小就是个坏孩子，我都记着哪，你去年怎么回事，前年怎么回事，你一向就是坏孩子。"这是给他贴标签，而且贴的不是一个，是一串标签。这孩子就会觉得：我完了。没有什么比孩子自己相信自己是个坏蛋更可怕的事情。所以说，孩子犯了再大的错误，你也要相信他是个好孩子。

没有信任就没有教育

一次，我在北京王府井做教育咨询，那天是北京市"首都综合治理宣传日"，我和法官妈妈尚秀云等专家在一起为市民服务。

有一个妈妈来问我："孙老师，我儿子学习不好，还偷拿家里的钱，我们夫妻两个真是伤透了心，我们准备不管他了，放弃了，他上初三，我们也不管了，他爱怎么着怎么着，反正我们是没法管他了。你说我们把他放弃好不好？”我说：“不好，你放弃，实际上最终你发现你放不掉。你怎么能放得掉呢？你越放弃，孩子的问题就越复杂、麻烦就越多。”

父母对孩子的爱是没有条件的，不是因为你考前15名我就爱你，你考得不好我就不爱你了，不是这样的。父母对孩子的爱是没有条件的，你考得好我爱你，考得不好我也爱你；你优点多我爱你，你缺点多我也爱你。只要父母的爱在那个地方，父母的信任在那个地方，你的孩子就不会坏得太厉害，孩子总是有不忍的。

我想起孟子说的话，他说：“恻隐之心，人皆有之；羞恶之心，人皆有之。”他又说：“恻隐之心，仁之端也；羞恶之心，义之端也。”人有恻隐之心，说明他有仁之心的萌芽；人有羞恶之心，说明他还有不好意思的事，他还有义之心的萌芽。而我们的孩子岂止有这些。

所以说，我们对孩子要坚定不移地爱、坚定不移地信任，最终你会发现，你越信任孩子，孩子越好；你越表扬孩子，孩子越好。没有信任就没有教育，没有爱也没有教育。

（三）好方法成就孩子的幸福

对孩子的心理健康应该怎么样进行关注和教育呢？

反复成功的孩子会越来越好

母亲甲：我的小孩刚上一年级。我从小没有带过他，去年才开始管他，也就是上学以后才管他。他跟他奶奶长大的，刚开始的时候，自信心不是特别强。我觉得，改变是从一点一滴开始的，所以在这一年多，我从各个方面来改变他、教育他，让他增强自信心。

以前，他没有信心去学好一件事。比如画画，他很喜欢文艺方面的东西，像画画啊、跳舞啊，但是他以前一点信心都没有，老是感觉到："妈妈，你看人家孩子都去画画，你能让我去画吗？"我说："你当然可以去画啊！""可是我特别没有信心能学好它。"他老跟我说，后来我就说："你一定要自己建立这方面的信心。"

经过这一年多，我从这方面去鼓励他，他自己也增强了这方面的信心，他的画在今年北京西城区的绘画比赛中，获得了一等奖。获奖以后，他就更喜欢画画了，而且特别迷恋这个东西。

所以我觉得，一方面是我增强了我的自信心；另一方面，对他来说，他也是信心十足。他说："妈妈，将来我能在画画方面有所成就。"我说："你要是能坚持下去，以后就肯定有成绩。"现在我的孩子在各个方面都挺好的，都发展起来了。

母亲乙：我的孩子是二年级的一个男孩，他平常做事比较规矩，自己的事能自己做，而且自己的事做得非常好。外人看来，这个孩子教育起来比较省事一点，但是我也发现他有一些问题，以前我就发现他有心理问题。

以前我跟他相处并不是那么融洽，可能因为我俩的年龄等原因吧，在一些事上有一些争执。后来经过这么多事情之后，我发现，这个孩子有些心理的发展对我也有一些影响。前阵子，我带他去洛阳玩。当时乘火车，回来的时候是白天，我就说："白天浪费时间，等于浪费那么多时间在路上。"可是他就跟我说："妈妈，虽然是白天，但是咱们还能看到好多美好的景色呢！"我就觉得，孩子从另一方面让我有所感悟。在他看来，好多事都是那么美好，我们大人看来就好像跟他想的不一样。所以对我来讲，孩子对我也是一种鼓励，我是这么认为的。

第一个妈妈做得非常好，孩子的心理健康是在体验中得来的，不是说你夸他"你真好，你真棒"就行了，你说这些话只是精神上的安慰，他真正相信的时候，一定是他看到自己的体验获得了成功。体验心理健康的重要方法是让孩子体验到成功，反复成功的孩子会越来越好。刘京海校长对我说，过去我们总讲“失败是成功之母”，实际上成功更是成功之母。

第二个妈妈感悟得很好。不要以为孩子心理天生就是有问题的。比方说，妈妈说：哎呀，白天浪费时间了。而儿子说的话就很接纳自己：白天还能看到美好的风景哪！他看到积极的一面，这就是一种接纳，觉得没关系，不浪费，我可以看很多风景。我们的父母要特别珍惜孩子身上这种健康的心理因素。这个孩子说得对，很乐观，乐观的人容易自信，乐观的人会不断地奋斗。

心理健康的目标是“三好”，即我好、你好、世界好

我们在家庭教育中，要把心理健康的十二字秘诀渗透进去，渗透在所有的教育中，它们不是孤立的。我们要贯彻让孩子有认识自己、接纳自己、控制自己的意识，越接纳自己越喜欢自己。中国有个全国“大学生心理健康日”，叫“5·25”，就是5月25日，“5·25”的意思就是“我爱我”。

心理健康的目标是“三好”：我好、你好、世界好。

第一步，心理健康就是使一个人欣赏自己。爸爸妈妈给了我这么健康的身体、这么可爱的形象，我很喜欢自己，我很好，我有能力，我有缺点，我能克服，我有希望。

第二步，看别人好。我好你好，看到谁都可爱、谁都有优点。你越善于发现别人的优点，心理越健康，你越能接纳别人。

第三步，世界好。你看我们小区多好，我们街道多好，全国多好，世界多可爱，世界这么美丽！现在许多城市的街上到处都开满了鲜花，连好多栅栏上都爬满了月季或者别的花，五颜六色、争奇斗艳。以前的城市不是这样的，现在你会感到井然有序、姹紫嫣红，多好啊！这世界越来越可爱了，我们举办过奥运会，还将举办冬奥会，我们还有很多很多美好的事情。

你要让你的孩子能够感到“我好、你好、世界好”，这样，你的孩子的心理就健康了。心理健康实际上等于在孩子心里筑起了一条安全线，这样他就不会出什么大问题。只有心理健康的人才能获得幸福，即使失败了他也能接纳自己，在心理上立于不败之地。

三 抗挫折教育不可或缺

好父母要敢于对孩子说“不”，这句话可能会让很多人一愣：怎么会对孩子说“不”呢？为什么要对孩子说“不”呢？

这就是说，在我们的教育中，不能对孩子只说“是、是、是”，也不能只是说“好、好、好”，这样的做法会让孩子任性、脆弱。目前的教育出现了一个值得注意的偏差，就是我们对孩子只有表扬不敢批评，对孩子只能说“好”，只能顺着毛捋，不敢说“不”。这样孩子就可能变得为所欲为，这样的孩子实际上是很危险的。

（一）无批评教育是伪教育

我的观点是，对孩子以表扬为主永远是对的，但是对孩子不能没有批评，没有批评的教育是不负责任的教育，是缺钙的教育，是危险的教育。我甚至认为，无批评教育是伪教育，表面上看着很现代，但是实际上对孩子是很不负责任的。

大家一定会发现，对孩子只有表扬没有批评的教育蕴含着很大的危机。我可以讲一个故事给大家听。我讲的故事都是新闻故事，都是真人真事，没有虚构。

14岁男生因为老师的一句话而自杀

我在呼和浩特讲课，讲到当地发生的一个悲剧。

一个14岁的男孩子上初二，他跟老师发生过冲突，对老师很有意见。上课的时候，老师在教室里边走边讲解课文，走过这个男孩子身边的时候，这个男孩子拿出钢笔对着老师的后背甩钢笔水。"啪"，甩了一滴，这个老师感觉到了，转过身来问他："你干吗？为什么往我身上甩钢笔水？"老师扯过衣服一看，说："还甩了四滴，你想干什么？"这孩子说："我就甩了一滴，那三滴不是我甩的。"这个老师特别生气："不是你甩的是谁甩的？做了坏事还不承认，我看你就像个人渣。"

这话说得很过分，说这种话的老师有违师德，会受到严肃的批评乃至处分。但这个14岁的男生就因为老师这么一句话自杀了。

这件事情教训太深刻了！一个孩子长到14岁多不容易呀，一个孩子自杀，给全家人、给全校学生带来了多大的伤害和痛苦啊！这个老师固然不对，但是中国是个大国家，有上千万的教师，你能要求每个教师都像圣人一样吗？教育部非常重视师德建设，但是再抓师德建设，也不能保证每一个老师都不说一句错话、不做一件错事。所以这就提出一个问题，如果我们的孩子如此脆弱，为了证明是一滴还是四滴就选择自杀，我们谁还能长大呀！谁的一生中不会受到委屈、冤枉、挫折呀！

这个孩子在他的遗书中这么写着："我要用我的死维护我的尊严，证明我就是甩了一滴，不是四滴。"这件事在《中国青年报》第一版被报道。

当我讲完课之后，一个老先生说："孙教授啊，你刚才讲的故事就发生在我们学校。"我说："是不是真事？"他说："是真事。"我说："这个老师有错误，但是这个学生也太脆弱了，这个学生因为太缺少批评所以变得脆弱。"这个老先生说："我们哪敢批评学生啊！"不敢批评学生，这正是今天教育的误区。

积极思维：酸甜苦辣都有营养

不要说现在的老师，就是孔子也说过很伤学生尊严的话。孔老夫子是我们中国的第一圣人，半部《论语》治天下啊，那是最经典的著作了吧。我翻开《论语》看，发现里边有的话也很过分。有个学生白天睡觉，孔老夫子就说："朽木不可雕也，粪土之墙不可圬也。"今天的老师说这种话也是不允许的。白天睡觉的孩子就是朽木了，就不可雕了，还是"粪土之墙不可圬也"，哪个学生能够接受？我认为孔老夫子这句话对学生也是不够尊重的，也值得商榷。

我想忠告天下的父母，你再爱你的孩子，也永远不要指望天下所有的人像你那样去爱你的孩子，一万年都不可能。我可以把话说得很实在，你的孩子早晚有一天会倒霉的，他早晚有一天会受到委屈、冤枉、打击的，这几乎是难以避免的。老师不委屈他，同学也可能会委屈他，老师、同学都不委屈他，社会上的某个人也可能会去委屈他。所以，从小实施抗挫折训练，才是对孩子真正的关爱。

（二）爱孩子就要敢于对孩子说"不"

人的一生必定是有挫折的。如果你的孩子没有做好经受挫折的准备，那他就是有危险的。但是我们这个准备恰恰没有做好，我们的教育有个不良传统，从小不让孩子承担责任，不敢对孩子说"不"。

我在北方长大，看到太多的北方老人怎么哄孩子的。他们带着孩子学走路，孩子"咚"摔倒了，"咚"撞墙了。小孩开始走路时都跌跌撞撞的，很多老人就赶快把孩子抱起来，用脚跺地，"这个地真讨厌，不平"，拍这个墙，拍那棵树，"怎么立在这个地方！"你说地有何罪、树有何罪啊。你自己不小心摔倒了，爬起来是你自己的事。

这些老人的逻辑是孩子是好的，孩子没有错误，有问题的都是别人，这样的教育让孩子不可能有抗挫折能力。从心理学上讲，人特别需要一种抗挫折能力，或者叫作压弹能力。有压力能够经得住，有一种弹性，不是一绷就断。

不承担责任很难有责任感

中国的孩子平时做了错事，父母的处理程序是怎样的呢？很多父母都是很通情达理的，把孩子叫过来，问："这是不是你干的事？"孩子说："是我干的。"父母就开始批评孩子："你怎么这么做呢？快跟人说对不起。"孩子就说："对不起，我错了，我向你道歉。"然后呢，要特别注意这个"然后"，然后中国的父母就对孩子说："走吧走吧，快回家写作业去，真讨厌，老给我闯祸。"孩子回家了，孩子只要回家写作业了，万事皆休，天大的麻烦跟孩子没关系了。我回家写作业了，我认错了，我回家了，没事了。

这样的教育能让孩子承担责任吗？能让孩子学会抗挫折吗？不可能。孩子是在体验中长大的，他没有体验如何去承担责任，他就不可能会有责任感。我们的教育就是对孩子太包办、太溺爱、太纵容。孩子犯了再大的错误，都是认个错就可以走人，甚至不认错也可以一走了之。我们的父母可真是天下第一父母了，赔礼啊、道歉啊、上医院啊、打官司啊，什么天大的麻烦，我们中国的父母都能扛着。你发现没有，你扛得越多，你的孩子越没有责任感。

我们做未成年人违法犯罪调查时会遇到以下案例：有些孩子拿刀子把别人捅伤了，都快把人捅死了，被警察抓走，经审理后，交代说：我们两个怎么回事，然后我捅了他两刀，他倒了，怎么怎么样。然后孩子说："叔叔，我都说完了，我可以回家了吗？"这还能回得了家吗？过了14岁就得承担法律责任了，走不了了，可是他不知道。这是我们教育上的一个误区，没让孩子承担责任。

2015年8月14日，中央电视台《今日说法》节目播出《女生群殴事件调查》，即对当年6月发生在江西省永新县一起女生群殴初三女生小燕（化名）的事件的调查。多么残忍的暴力手段！面对跪在地上求饶的小燕，在主谋小雯(化名)的指挥下,那些衣着时尚的青春期女孩子用脚踹、扇耳光(据小燕记忆,她可能被扇100多个耳光)的方式对待她,就像一群小狼一般凶狠。她们之所以如此暴力,据调查是因为一年前身为学生会干部的小燕当众批评过小雯。

可是,当案件被警方侦破时,那些打人孩子的父母纷纷带着慰问品赶到医院看望小燕,甚至鞠躬道歉,却不见一个打人的孩子前来道歉。当记者问及他们的孩子为何不来时,父母们都说孩子小,视频传播已经给孩子压力了,就不要让她们露面了。

最令这些父母困惑不解的是,他们的孩子并不认识小燕,更与小燕无冤无仇,都是群殴事件的主谋小雯叫来的,结果却出手凶狠。专家认为,这是一种从众心理的体现,她们似乎觉得越狠越英雄。

担任该节目嘉宾的北京工业大学张斌教授分析建议,作为积极的解决方式之一,可以在成年人在场协调指导的情况下,让受害者与打人者进行交流,让受害者谈谈自己的痛苦感受,让打人者表示忏悔与道歉。

然而,在中国何曾见过这种场面?

该节目最后说,作为群殴事件的主谋小雯及其父母一直没有露面,甚至不知道她去了何方,只知道她的父母离异,她属于性格叛逆的留守女童。

如此残暴的事件参与者,居然没受到惩戒,甚至不用道歉,毫无疑问会埋下深深的隐患。

越是好孩子越可能是脆弱的

不敢对孩子说“不”,孩子不仅不会吸取教训,而且可能变得任性和暴力,也可能会变得脆弱,没有能力,娇弱不堪。

大家有没有注意到,越是好孩子越可能是脆弱的,为什么呢?因为好孩子听的好话特别多,听的批评特别少。大家发现没发现有这样一个现象?老师上课发了火,如果是把一个调皮捣蛋的孩子叫起来,没有什么大问题。老师说:谁谁谁站起来。那个小孩子心想,站起来就站起来,老师发火了,让我站起来我就站起来。老师继续发火:“你怎么那么讨厌哪,出去，到外面站着去。”他便出去就出去，在外边站着。老师发火，老师今天不太高兴，老师让我站着就站着吧，等老师消了气，我就回去了。他还能理解点，他还能承受。你看好孩子，一向顺利的孩子被老师这么提溜一回，就可能受不了了。

有一个母亲就跟我说到这个事。老师说了她的女儿，话说得重了一点，她女儿就不来上课了，而且坚决不认错。有时候好孩子是危险的，这个危险是指好孩子可能是脆弱的。我们的父母一定要想一想，你让你的孩子做好承担责任的准备了吗？你敢于对你的孩子说“不”吗？这是很关键的一个问题。

（三）怎样对孩子说“不”

在筹备2015年家庭教育国际论坛的时候，我特别推荐以色列的优秀母亲沙拉来讲演，因为我读过她的书《特别狠心特别爱》，印象最深的就是她敢于对孩子说“不”。其实，沙拉是在中国长大的，后来回到以色列，这样她有可能做出最为真实的比较与启示。

特别狠心特别爱

沙拉在《特别狠心特别爱》中提到自己家教的真实案例，对父母如何对孩子说“不”进行了很好的解读：

> 在我的两个儿子成长的过程中，家里的经济条件不是很好，他们很能体会妈妈的艰辛。在我对孩子的生存教育和理财教育下，他们很早就懂得通过自己的智慧和劳动，帮助妈妈分担家庭责任。
>
> 在小女儿的成长过程中，家里已经过上了比较富裕的生活，但是对她的生存教育却让我感到纠结矛盾。
>
> 小女儿16岁生日时，我请她在上海的味千拉面馆吃生日面，因为

那里有她喜欢的骨汤拉面。我们点了两碗骨汤拉面，服务员给我们倒好了免费供应的大麦茶。然后，女儿伸出小手一招，叫来服务员，说："再给我来杯鲜榨橙汁。"我劝女儿说："妹妹，这里有免费的大麦茶，很好喝，妈妈认为不需要橙汁了。"

那时候，女儿也正处于青春期，她马上就生气了，站起来转身就要走。我喊住她，说："妹妹，如果你要走，你把妈妈给你准备的生日礼物一起带走。"

女儿想了想，又回来了，我把送给她的生日礼物和生日红包一起给了她。礼物是一件她向往已久的东西，红包里另外装了1600块钱，寄托着我这个做妈妈的祝福：一帆风顺。

等女儿的气消了，我慢慢地跟她讲道理："妹妹，一杯橙汁18元，妈妈不是买不起。但是如果你要的任何东西，妈妈都满足你，你会当成是一种习惯，习惯于想要什么就要什么。可是，社会上的每个人并不都是你妈妈呀，他们能给你所想要的一切吗？今天是你16岁的生日，妈妈专门挑了这一天，拒绝你，让你扫兴了，妈妈跟你说一声对不起。但是妈妈这样狠心，就是想要你记住，如果我无限地宽容你，你走向社会时就会吃大亏。妈妈今天如果帮你擦了这次眼泪，将来就要帮你擦一辈子的眼泪。"

父母爱孩子的心意是永恒的，但是这种爱的质量有没有考核标准呢？犹太父母对这个纠结的心理问题给出了一个明确的答案，高质量的父母之爱，就是特别狠心特别爱，是让孩子终身受益的爱。

在这个案例里，沙拉根据犹太民族的教育经验总结了如何正确爱孩子的经验，那就是"特别狠心特别爱"，要对孩子说"不"，而这背后蕴藏了高超的教育智慧。能够对孩子有效地说"不"，是建立在长期的深厚却节制的关爱之上的。

第一，在有偿生活机制中爱孩子。有偿生活机制是犹太生存教育的精华，取得了很好的实际效果，不仅使犹太子孙精明富有，而且还使得他们无论漂泊于世界的任何一个角落，都能如鱼得水地开展他们的事业。犹太父母抛却了很多浮华的东西，把生存教育列在教育的首位，目的在于让每个孩子长大后生活得更好。这对于十几岁的孩子教育效果更加明显。在有偿生活机制的运行下，每个孩子都比父母想象的更能干，更有时间意识、财富意识、自我管理意识和责任意识。

第二，延迟满足，适当不满足。延迟满足是以色列亲子教育的重要方法之一。人类欲望的满足可以分为几种：延迟满足、适当不满足、超前满足、即时满足、超量满足。好的教育总是提倡延迟满足和适当不满足，超前满足是愚蠢的行为，超量满足则是浪费的举动。

以色列父母常跟孩子沟通对话，听孩子们谈谈他们对延迟满足的理解。他们告诉孩子，如果你喜欢玩，就必须去赚取自由的时间，但这需要你获得良好的学校教育和优秀的学业成绩。此后，你可以找到很好的工作，赚到钱，等赚到钱以后，你就可以玩更长的时间、玩更贵的玩具了，但是如果你搞错了顺序，整个系统就不会正常工作，那你就只能玩很短的时间，最后只能拥有一些最终会坏掉的便宜玩具，然后一辈子就得更努力地工作，没有玩具、没有快乐。

著名犹太教育家弥赛亚早就鲜明地指出："在家教方面，教育孩子什么是不能做的非常重要。"延迟满足让孩子学会忍耐，让他知道这个世界不是为他一个人准备的，他要的东西并不能唾手可得。延迟满足增强了孩子被拒绝的心理承受能力，培养了其对成功至关重要的逆商。延迟满足还训练孩子在延后享受中磨炼意志，磨炼对人生的期许，从而变得更有弹性，在学习方面也会变得更有耐心。

第三，撤退一步，学会放手。犹太思想家朱特比有一句名言："让孩子自己的事自己解决，如果父母过分呵护孩子，反而会使孩子失去自信心，这样的孩子长大以后绝对没有独立的人格，更不可能有出色的成就。"

犹太家教法则告诫父母，这个世界上所有的爱都以聚合为最终目的，只有一种爱是以分离为目的的，那就是父母对孩子的爱。在犹太父母看来，不肯撤退，不肯放手把孩子培养成"超龄婴儿"，"播下的是龙种，收获的是跳蚤”，是父母对一个美好生命的辜负，是父母教育的失败。

藏起一半爱，不是丢失一半爱

因此，综上所述，沙拉所说的“特别狠心特别爱”是以让孩子长大后生活得更好为出发点，点燃了孩子生命深处的能量和素质。藏起一半爱，不是丢失一半爱，是爱得更理性、更科学、更艺术，而不是爱得越来越沉重，越来越迷茫。并且，这份爱不会破坏父母与儿女之间的血缘亲情，反而增加了家庭的凝聚力，增强了孩子的安全感。

比如，沙拉在家里实施有偿生活机制锻炼子女做家务的能力，但同时也用爱经营好家庭，她会跟女儿相约公主茶室，共度温馨美妙的母女时光。当孩子留着最甜的橘子给她吃时，当他们抢着把鸡翅放在她碗里时，当他们郑重地许愿要交给妈妈一个灿烂的明天时，百般滋味涌上沙拉心头；当沙拉拒绝孩子时，她会花费很多心血让孩子明白什么东西是真正值得拥有的，让他们体会到爱的浑厚与深沉、爱的绵长与体贴；尽管家里会与孩子保持爱的距离，但沙拉的家庭每个周末都召开家庭会议，以及一起晒太阳、聊聊烦恼等。

孩子是在体验中长大的

我为什么强调对孩子的抗挫折训练？因为孩子是在体验中长大的，我们不能代替孩子成长，就不能代替他体验。孩子能不能认识到责任、敢不敢承担责任、能不能扛得住挫折，不是说教出来的，是体验出来的。

我主张，要有惩罚教育，但是这个惩罚教育，或者叫惩戒教育，不是打骂，不是侮辱，越是批评惩罚越要对孩子尊重。要用唤醒孩子心中沉睡的巨人的方法，让孩子产生出一种力量，敢于对自己的过失承担责任，这是很重要的一个教育方法。

如果父母和老师不敢对孩子说“不”，这世界上大概就没有人对孩子说“不”了。孩子一定是在犯错误中长大的，你不对他说“不”，你光说“好好好，你很棒，你很行”，能行吗？那会害了他。你必须指出他的问题。当然，前提是你一定要认可他是一个好孩子，好孩子一定要敢于负责任。

美国父母如何对孩子说“不”

许多人都觉得美国人教育孩子一定是自由啊、放纵啊，美国不是讲民主嘛，美国的孩子一定是最自由的啦，其实这是我们的误解。

2003年，美国加利福尼亚大学洛杉矶分校父母培训学院副教授塞斯娅-怀斯写了一本书，要在中国出版，这本书名叫《别闹了孩子》，副标题叫“父母要敢于对孩子说‘不’并坚持到底”，里边写了大量父母如何惩罚孩子、批评孩子的方法。中国的南海出版社请我给这本书作序。这本书我一看就很喜欢，我就给她写了序言，题为《对孩子说“不”是成年人的责任》。

比方说，父母带孩子去逛商店，之前要规定好：“今天出去逛商店不能随便要东西，你只准买几美元之内的东西，超过的不能要，你如果要了，马上把你带回家，下次不带你来了。”包括和朋友约会，父母也跟他说好：“不能随便要东西，否则我们就会派一个人把你马上送回家。”

很多美国父母对孩子的要求都是很严格的。幼儿园的孩子不听话怎么办呢？强行隔离，强行拉开。跟别人争执，拉开，把他按在椅子上，坐着不许动，强行隔离。美国人有很多种方法。

在未开始购物前，美国父母就要给孩子打“预防针”。在汽车内或商店外，美国父母就会提醒孩子要记得规矩并执行规矩。比如，某天下午，爸爸决定买一件玩具给女儿，奖励她早餐做得很好，那么进商店前一定要讲清楚，这次的特殊待遇就是奖励她家务事做得好。下一次再采用同样的奖励方式，一定要等一段时间，免得让孩子认为这是本来就应该有的。

在购物开始后，如果孩子还是因为自己的要求没被满足而哭闹，美国父母会告诉孩子，自己不会理睬他的无理取闹，时不时问问他哪种苹果或者香蕉看起来更好，以转移其注意力。如果孩子还是哭闹不止，甚至大发雷霆，父母不会给予理睬，并有可能装出不认识这个不老实的家伙的样子。他们不会把孩子拉得太远，以免吓着他，而是不管孩子做什么，父母都安静地等孩子跟上来，只要真的做到了不予理睬，两三次后，孩子就会懂得父母不会让步。

如果孩子继续哭闹，而且时间也不早了，美国父母还会让孩子进行选择："我们要走了，你是想自己走，还是要我们带你走？"如果孩子还继续表示不满，父母一般会径直朝大门走去，但是步伐很慢，心中有自信，他们会确认孩子能够看到自己，自己也知道孩子的位置，但在这个过程中并没有目光的接触。孩子一般会极不情愿地跟上，在他跟上来后，美国父母会给他一个"欢迎回来"的表示，这个时候美国父母一般会给孩子留一点面子，比如，拥抱一下，或者邀请他评论一下刚买的货物。

如果孩子继续赖在地上大闹，美国父母会郑重地警告孩子，让他明白这样做的后果。比如，父母会说："如果你现在不跟我走，就没有时间去宠物店看小猫了。"用取消原定计划中孩子期盼的事情来对孩子进行相应惩罚，让他知道自己行为的不当。

尽管美国父母会对孩子说"不"并坚持到底，他们也会时刻准备表扬孩子。因为当没有人对孩子有所反应时，孩子会自感无聊，当他平静下来时，要给予他积极的关注，比如让他再次参与购物。可以给他布置一些特殊的任务，为孩子能够取得父母的关注创造条件。比如，让他在两罐番茄酱中选择一罐，或者让他按照你的需要挑选适量的橘子等。当孩子感受到父母的关注时，最终他会懂得，父母为什么要买这些商品，而不买另一些，也会明白并不是父母自私或小气，而是因为事先有购物计划和花钱的预算，这样孩子就会逐步建立明晰的行为界限和准则。

明智的父母一定会让孩子有规矩

负责任的并且明智的父母一定会让孩子有规矩，在这个规矩中要特别让孩子敢于承担责任，因为这个世界不是都由着你的性子来的，你做了错事一定要敢于承担责任，没有人替你去承担责任。不能是孩子做了错事，都是大人跑前跑后，孩子根本没事，这就把孩子给毁掉了。

其实孩子的本愿是有承担责任的一些萌芽的。比方说，孩子犯错误的时候为什么变得那么乖呀？甚至孩子说："打我吧，我错了，你打我吧。"

有个老师说，有个学生犯错了，非得找老师承认错误，老师不理他，这学生居然站在操场上，下着大雨还站在操场上淋着，自己在那儿淋雨反思。实际上他要求你惩罚他，就是他知道自己错了，是真的错了。

这个时候，父母和老师的责任是让孩子认识到：第一，你是个好孩子，我们相信你是好孩子，我们是爱你的；第二，你真错了，错在哪里；第三，你要对你的错误承担责任、对后果承担责任。这一切的目的是使他成为一个真正的巨人，让他不怕负责任。这是对教育者爱心与智慧的一种挑战。

孩子有个特点，一犯了错，一做了错事，第一句话就是："不是我，不是我，刚才把那个碗打碎的不是我。"为什么呢？是因为害怕，孩子年龄越小越害怕承担责任。所以我们要告诉他，敢于承担责任是一种做人的勇气，敢于承担责任才是一个好孩子的表现，敢于承担责任才是真正的勇敢，只有承担责任才能够改正错误、做一个真正的好人。

这就是我们说的要敢于并且善于对孩子说"不"，这是一个很深刻的命题，需要我们反复地实践。对孩子说"不"，才能让孩子养成敢于承担责任的习惯，这会让他终身受益。

四 父母的良好心态如阳光一般珍贵

许多父母或许认为，孩子最大的问题是不爱学习，而实际上，心理上出问题才是最大的危机。但是现在的问题是，孩子的心理问题往往来自父母的心理问题。

（一）梦想破灭最容易让孩子绝望

今天中国的父母望子成龙的愿望非常强烈。据调查，95%的父母希望孩子将来读大学，54%的父母希望孩子将来读博士。但是中国的国情告诉我们，这跟现实的可能性距离很大，可是父母们期望值又不降低，这就造成了供需矛盾。

有一次，我参加教育部的一个会议，会上，教育部的领导们提到大学扩招有些沮丧。为什么？原来以为大学扩招后可以缓解中国的高考压力，后来发现并没解决难题，因为大家想上的大都是名牌大学，那满足不了，压力依然很大。中国本来非常应该大力发展职业技术学院、职业高中、中专、技校，但是这些学校大大地萎缩，普通高校急剧地扩招，结果加重了大学生就业的困难。目前，虽然国家采取强力举措扭转这个局面，但广大青少年及其父母的心理并没有相应调整。

你看我们的孩子谈理想，一张口能把外国孩子吓得一愣一愣的。中国孩子的理想都是当博士、作家、科学家、艺术家、董事长、总经理，结果长大后才发现原来上高中都很困难，当个服务员都很不容易。好多人当了服务员为什么态度不好，为什么没礼貌啊？他有破灭的感觉，因为童年的理想破灭了！

我到日本去，感觉到日本的青少年理想非常平凡简单，男孩爱当警察、从事IT行业、当司机，女孩子爱开花店、做美容师、当老师，这是他们的理想。这些理想一般都比较容易实现。日本的父母对孩子的期望值不高，只要能有一份开心的工作，能够养活自己就行了。日本的父母让孩子做平凡的人，中国的父母让孩子做非凡的人，但是中国的现实不可能让大家都实现非凡之梦啊，这个差别很大。

中国的父母望子成龙的心理发展到了出国留学，大量的中学生甚至是小学生出国，好像出了国孩子就能发展好了。我觉得很多父母都拿着孩子赌博，这是命运之赌啊，其实许多孩子发展得并不好。

2015年8月13日，中央电视台《今日说法》栏目播出了一个留学问题调查，主要调查上海留日的一个汪姓男生为何刺杀亲生母亲。调查发现，小汪学习基础很差，在国内考不上好学校，在没有日语基础的情况下，被父母送到日本留学。后来，父母离异，小汪的学费和生活费难以保证，而压力下的小汪精神也出现异常。在一次向母亲讨要费用不得的情况下，小汪用刀刺伤了母亲。这个母亲在法庭上依然为儿子开脱，并且感慨说，如果不送儿子出国留学，就不会发生这一系列悲剧。

现在留学出现低龄化趋势。当然，如果孩子特别有自理能力，有勤奋学习的好习惯，到国外念高中勉强还可以。但是我觉得很多人实在是无知，这种事情我觉得是非常需要慎重考虑的。不要让小汪刺母的悲剧重演！

在对孩子的期望方面，我们确实需要很好地反思。我觉得最好的选择是让孩子走一条适合他的道路，这是非常重要的。

（二）亲近大自然是增长人生智慧的捷径

著名编辑、作家袁敏在其作品《蒜头的世界》里讲述了这样一个真实的故事：

> 她的儿子蒜头读高二的时候在学校里犯了错误，学校勒令蒜头停课一周，深刻反省。她强压怒火，在心里告诫自己：冷静，再冷静。她给一个在安吉县大山里闲云野鹤般度日的朋友打了电话，这个朋友便邀请蒜头去山里待一个星期。
>
> 她带着蒜头来到大山深处，找到了这个朋友。他给蒜头准备了两麻袋神秘礼物，来到河边，让蒜头打开袋子。蒜头发现一袋是青蛙，一袋是泥鳅。这个叔叔是要让他给它们放生，让它们回归大自然。接着，他又带着蒜头上山看采茶和炒制新茶，又来到一个茶馆品茶。
>
> 蒜头在茶馆里待了整整一个下午，细观茶道。走出茶馆时，他好像蝉蛹蜕皮般换了一副容颜，神气安泰。
>
> 一个星期以后，袁敏来接蒜头回家，蒜头拿出一份写给学校的检讨书交给妈妈。他说："这个社会有自己的游戏规则，我既然还不可能脱离，我就得先遵守。不过，妈妈，我这不是屈服，我是迂回。我还是会去找寻我自己喜欢的生活，我不会走别人给我安排好的道路。因为现在我还缺乏科学知识，还不具备在这个社会上竞争的能力，我还想上学，所以我让步。"
>
> 袁敏喜出望外。

袁敏与儿子的这番特殊经历给我们什么启示呢？尤其是母亲是如何渡过危机的？

（三）让孩子内心的郁闷有个释放的出口

2015年初夏，在杭州的江南文学会馆喝茶的时候，我与老朋友袁敏仔细讨论了这个关键环节。

当时，紧张忙碌的袁敏不得不去遥远的学校接儿子，并且在校方提供的监控录像里看到了儿子犯错误的经过，那场面就像破案记录。所以，她在归途的出租车上一言不发，回到家里劈头盖脸地训斥儿子。这可能是许多父母都会做的事情。与众不同的地方在于，袁敏注意观察儿子的反应，她发现儿子虽然没有反驳，却眼睛血红，嘴角发抖，两只手紧握成拳头。

“怎么，想打人？”袁敏正在气头上，口无遮拦，不依不饶。

没想到儿子接下来说出的话让袁敏吓出一身冷汗：

“妈妈，我已经很受侮辱了，你要是再这么不问青红皂白地说我，我只有去死！”

袁敏刚想说“吓唬谁呢”，话到嘴边，在舌头上打了一个滚又被咽回了肚里。因为她看到儿子铁青的脸色和凶神恶煞的眼神，这表情太陌生了，它让做母亲的不寒而栗。

面前分明是一盆岩浆，不能碰，否则轻则两败俱伤，重则恐怕真会火山爆发！所以，袁敏在心里告诫自己：冷静、冷静，再冷静。她深深地吸了一口气，丢下儿子，走进自己的房间。她在床上躺下来，两眼望着天花板，一动不动，足足躺了一小时，心情才慢慢平复下来。

何为健康的心态？何为智者的选择？袁敏的做法就是楷模，即为了控制冲突升级首先学会控制自己。更为智慧的是，袁敏没有选择如何压迫儿子就范，而是与朋友联系，选择了去大自然中释放的绝佳方案。

当袁敏走出房间的时候，发现儿子依然站在原地，面无表情，目光空洞。袁敏猛拍一下儿子的肩膀，大声说：“发什么呆呀？赶快准备钓鱼竿、照相机，泳裤泳帽都别忘了。”突然袭来的幸福让儿子莫名其妙，当他明白了之后，眼里一下子放出亮光，整个人像上了发条一样，身上的每块肌肉都跳动起来。

从袁敏举重若轻的应对策略中，可以感受到什么是父母的好心态与大智慧，可以充分感受到家庭教育的独特魅力。

袁敏说，在孩子遇到困难、受到批评的时候，父母应该冷静下来，陪孩子一起做个短期的“出走”，让孩子内心的郁闷有个释放的出口，这样孩子自己就能明白一些道理。

因此，父母的心理健康很重要。比方说，面对孩子的“成功”或是“失败”，孩子若是“成功”了，父母要“胜不骄”，孩子若在“失败”时，父母要“败不馁”，更不要因为自己在工作或生活上的挫折而在家里垂头丧气，给孩子脸色看。

（四）不要做情绪失控的父母

中国农业大学心理素质教育中心主任施钢老师在接受《少年儿童研究》杂志专访时，专门谈到了“不要做情绪失控的父母”。

施钢老师给出了以下的观点，他认为：“孩子出现状况，第一，要弄清楚我们为了谁。孩子被老师批评了，我们去批评孩子，这时候，就不完全是为了孩子，是大人的面子受到损伤之后去发泄自己的情绪。实际上这时候父母往往是为了自己。这时候父母就很容易情绪失控，使自己越发生气，使孩子受到惊吓。孩子的问题并不见得有多严重，却给父母本人带来了困扰。所以父母要意识到这种情况，不要被情绪所控制。

第二，就是我们不要以大人之心度孩子之腹。其实很多孩子的错误，是大人加上成人的道德评判才使这个错误变得严重起来。孩子犯错误，其实就两个原因：一是好奇，没有尝试过某个行为，他想去尝试一下，再一个就是模仿，他看到别人这么做了，他觉得好玩。而成人想得可能比较多，会想这个错误给孩子成长带来什么弊端。想得多，就可能觉得问题严重，因此会出现情绪失控、大发雷霆的情形。”

施钢老师还讲到了他亲身经历的一个例子：

“我儿子在小学二年级的时候，做一道题，是十以内的看图写算式。图上有水波纹，岸上画了两只鸭子，水上画了三只鸭子。我儿子写的算术式是：5－2＝3。老师给画了一个叉。儿子回来问我：这道题为什么是错的呀？我一看就明白了，肯定是和答案不一样。果然，答案是5－3＝2。我问儿子：‘你是怎么想的呀？’他解释说有五只鸭子在水里游泳，有两只怕冷，就到岸上去了，所以‘5－2＝3’。多么有男孩特征的一个解释啊！我心想出题者的意思是五只鸭子都在岸上，有三只跳下水里了，所以‘5－3＝2’。这种情况其实在小学教育中是经常出现的。

“我就对孩子讲：咱们家就你一个孩子，但是你们班里有多少人啊？她说：有39个人。我说班里这么多人，老师在改作业的时候不可能跟每个人都沟通。他就按照标准答案改了。书上答案又是哪里来的呢？可能给出答案的人年纪比较大了，所以他们比较怕冷，就让鸭子都在岸上。这样说孩子就能理解了。

“还有一次，儿子考试考得不太好。我太太就对我发脾气。我说，你发脾气有可能是在送孩子的时候遇到同事，知道了同事孩子的成绩。人家孩子的成绩好，你觉得面子上挂不住了。后来一问，果然是这种情况。所以在小学阶段，不要太关注分数和答案，而是要让孩子养成好的学习习惯。不要总是盯着成绩是第几或者是错了多少题，要主动和孩子沟通，不要太在意自己的面子。”

施钢老师就是从父母要有良好健康的心理状态的角度，去阐释孩子在成长过程中的问题，冷静分析和客观理解比大吼大叫的教育效果肯定要好，因为孩子一旦感受到父母心理的焦虑和紧张，往往就不再关注问题本身，转而会更关心父母的情绪，这样对孩子成长为一个成熟的人是不利的。做父母的在情绪失控时，过激的语言和过激的行为及大声的争吵，会让孩子受到惊吓，影响到孩子的安全感。

父母的性格有外向有内向，并且在这两个维度下还可以细分，外向型性格中又区分为活泼型性格特征和急躁型性格特征。急躁型性格特征的人就容易情绪失控。而内向型性格类型的人中也分为敏感型和平和型。敏感型性格特质的人也容易出现情绪问题。这种类型的人对人际关系、情绪体验很敏感，容易苛求完美。这种人也很容易情绪失控。

总体来讲，急躁型和敏感型的人在情绪管理方面的能力可能会弱一些。当父母认识到自己的不良情绪导致了心理方面的一些问题时，要积极寻求心理上的援助，并向家人求助，不要以“我本来就是这样的人”搪塞或者放任自流，父母的心理健康状况会直接影响到孩子的心理成长，父母一定要注意这个问题。（部分内容来源于《少年儿童研究》2014年第2期《保持情绪稳定，帮助孩子建立安全感——访施钢》，采写：张纯颖）

第　四　章

良好的生活方式是成长的摇篮

良好的生活方式是保证孩子健康成长的基石。人是环境的产物，近朱者赤，近墨者黑，一切都是从童年开始的。例如，父母读书多，孩子读书也多；父母爱运动，孩子也容易喜欢运动；父母合理膳食，孩子也会深受其益。良好的生活方式是孩子形成健全人格的摇篮。当然，生活方式不仅仅是吃饭、睡觉和运动，还应当包括人际交往和发展兴趣爱好等内容。

一 好习惯成就幸福人生

说到良好的生活方式对孩子成长的价值，有一个相关的问题值得探究。我在1993年写过一篇震惊全国的文章，叫《夏令营中的较量》，写的是中日两国孩子在内蒙古大草原上的探险活动。没想到这篇文章会引起极为强烈的反响，真是一石激起千层浪，教育界在讨论，几百家媒体在讨论，党和国家最高领导人都发表多次谈话谈这篇文章，《人民日报》、中央电视台和《中国教育报》都有很多报道、讨论和评论，影响非常大。

（一）爱运动的孩子身心更健康

在中日夏令营中，很多中国孩子表现出来的是脆弱、忍耐力不行、野外生存能力比较低等问题。当然，这不是说中国孩子不行，而是反映了中国教育的危机。现在，情况怎么样呢？新华社曾做过一个系列报道，叫《中国学生胖而无力　危及国家竞争力》。

中国学生胖而无力影响国家竞争力

国家教育部对18万名中小学生的调查发现，现在肥胖的孩子越来越多，体质下降成为一个趋势，近视的也很多。孩子看上去胖胖的、高高的、壮壮的，其实没劲儿。这个问题已经影响到我们国家的竞争力了。

大家是不是有一点危机感了呢？我长期研究青少年教育问题，很有危机感。我的危机感不是笼统的，不是虚泛的，而是非常具体的。

我到长野参加过日本的夏令营，当时也有些中国中学生参与其中。到了日本夏令营之后，我一看，这是750人的大夏令营。这个夏令营很自由，给营员一个清单，内含十四项活动内容。第一项是登山探险，还有很多很多野外活动。我就选了登山探险，希望亲身体验一下日本的野外锻炼模式。

日本的工作人员就劝我："孙先生，您年龄比较大了，登山探险很辛苦，您就不要去了。"我说："开什么玩笑，你们连小学五年级的学生都可以报名。我经常登香山，爬山没问题。"他说："很辛苦的！"我说："没问题，放心吧！"

第二天去爬山，我一爬山才知道什么叫日本的探险。早晨五点钟出发，爬到晚上七点钟回来，爬十四个小时啊！每个人带了两顿饭。我开始还想：这不就只能满足基本需要嘛，到山上还不得找个饭店吃顿饭，水喝完了在那儿续续水？

一上路，我明白了，这座海拔两千多米的山上一间房子都没有，没有人烟，是荒山，没地方可以续水，更没有地方可以吃饭。队伍一上路就是三个小时，饿得我们就盼着坐下吃饭。北京有几个中学生和我一块儿，都很饿，我都能听到我的肚子咕咕叫。

不到目的地水绝不能喝光

终于盼到休息了，大家坐下后赶快就吃啊喝呀。中国孩子抱着水壶咕噜咕噜地喝水。我因为参加中日活动比较多，就说："你们喝水悠着点，看看日本人怎么喝水的。"日本孩子带的水壶比中国孩子的大，他们知道登山太需要水了，喝水则要慢慢喝。因为日本的学生有一个经验，不到目的地水绝不能喝光，只要有水就有希望。中国孩子没这概念，咕噜咕噜喝了一半。所以中国孩子爬山爬到一半的时候，水基本上都没了。我看到日本孩子咕噜咕噜喝水，我们中国孩子没水喝，好难受啊！

上山之后，发现山上居然没有路，我们经常要四肢着地，抓住裸露的树根往上爬，结果我摔了十二跤。有的时候下着小雨，得爬上那个馒头一样的石头再往下跳。我本来就累得站不住了，往下一跳更站不住了，咚地就滚下去了，一头撞在大树上，“嘣”的一声，我都听见好响。我起来后两眼冒金星，还很庆幸。为什么？那个山上很多大松树的根部都枝枝杈杈，脑袋要撞到杈上，还能回得来吗？回不来了！

就是这么艰苦，中国的孩子真走不动了，我都走不动了。但是中国的孩子也有他可爱的地方，你别看他走不动了，他还开玩笑、还唱歌，从流行歌曲唱到革命歌曲。但是日本孩子不唱歌，就是走路，保存体力。

在我45岁的人生经历中，从来没爬过这么久的山路，我爬到第十个小时的时候，感觉绝对走不动了。有的中国孩子就问日本领队：“什么时候能到啊？”日本领队说：“你们快点走，加把劲，还有四个小时。”但就是这样的探险，我发现日本孩子很适应，居然还跑还跳。最后下山的时候，山很陡，我们都站不住，他们却轻松自如地跑来跑去。

中日教育差异在于国民共识和法律保障机制的不同

下山之后，在与日本老师的座谈中，我问：“这么危险的活动你们也敢组织啊？”他们说：“不危险，登山是登上人生旅途，很平常的事情。”我说：“我都摔了十二跤，还不知道危险不危险？出了事怎么办？如在中国要出了事，父母会打官司把学校告上法庭。”他们说：“我们不会，我们这儿出了事，会认为是自己给集体添了麻烦，会找保险公司解决问题。”这就是两国的差异，是国民共识的不同和法律保障机制的不同。

现在中国的孩子有什么锻炼呢？不要说爬十四个小时的山，就是到郊外去家长都不放心呢！他们野外活动很少，体育活动也很少。我们的孩子这样下去能行吗？这样下去是很危险的。在这样的背景下，我们的家庭教育就面临一个选择。好的家庭教育离不开良好的生活方式。良好的生活方式才能养成良好的习惯，养成良好习惯才有幸福人生。

小时候不爱运动的人，长大了也很难热爱运动

真正关心孩子的父母们，要以良好的生活方式，逐渐帮助孩子养成文明的习惯。良好的生活方式有许多内容，其中户外教育是不可缺少的一项内容。研究表明，小时候不爱运动的人，长大了也很难热爱运动。而不爱运动的人，生命质量自然会下降。更高更快更强，是人类面对新挑战时在体质与精神上的迫切需求，也是各民族为生存而竞争与合作的崭新尺度。

鲁迅先生认为“野牛成为家牛，野猪成为家猪，狼成为狗，野性是消失了，但只是使敌人喜欢，于本身并无好处”。说到人，鲁迅说“我以为还不如带些兽性”。

其实，父母越是担心孩子的安全，可能结果越是不安全。德国的一份重要报告《给儿童更多安全》指出，在德国每年有180万儿童发生事故，而发生事故的大多是那些不经常运动的儿童。因为经常不运动的儿童缺少经验、力量和技巧，而这些正是日常生活中从事最基本的运动时必不可少的能力，如果缺少的话，一碰到什么东西当然就容易受伤。

（二）改变网络成瘾的生活方式

2015年8月14日，清华大学新媒体指数平台等机构在“2015南国书香节中山分会场”发布最新研究报告，即中国城市阅读指数研究报告，认为网民阅读的第一途径是手机，青少年及儿童书籍占据半壁江山。手机阅读之所以受捧，主要是因为它的低成本和便利性，能够利用碎片化时间进行。从阅读特点来看，“浅阅读”取代“深阅读”趋势明显，手机海量“阅读”多为点赞关注。

清华大学新闻与传播学院教授沈阳分析认为，我国人均阅读量走低，原因之一是从小培养的不是阅读习惯而是学习习惯；原因之二是应试教

育让孩子们没有时间和精力去读课外书。

据《日本经济新闻》2014年7月9日的报道，一项最新的调查结果显示，42.8%的中小学生表示对于无法直接说出口的话，更倾向于用手机或邮件的方式表达。在受调查者的2000人中，39.2%的小学生回答说，对于无法直接说出口的话，更愿意用手机或邮件表达；初中生的比例则更高，占46.9%。另外，这种倾向在女生中表现得更为明显。

这个数据对了解中国的孩子也有值得借鉴的意义，因为中国青少年也面临着面对面交流减少而网络交往日益增多的问题。据中国青年出版社2014年3月出版的《新媒介与新儿童——新媒体与少年儿童社会化研究报告》介绍，中国青少年研究中心2013年进行了“新媒体与少年儿童社会化”课题研究，分别在北京、上海、南京、大连、重庆、厦门、西安、贵阳等八个城市，对中小学生发放并且回收5928份问卷。发现中小学生95.3%上过网，首次触网的年龄在10岁以前的比例累计为68.3%。

新媒体对少年儿童社会化有八大影响

一是九成多的少年儿童上过网，小学是少年儿童触网的第一个高发年龄段，家庭和学校是少年儿童上网的主要地点，多数少年儿童上网时长和频率适宜。少年儿童上网的主要目的是休闲娱乐，放松心情是最大收获。近七成少年儿童认为有必要上网。近半数认为影响视力是上网的最大害处，其次是与外界接触减少，不太担心结交不良朋友、受到欺骗。

二是少年儿童具有一定的网络法律意识和责任意识，将新媒体作为了解时事热点的第二大渠道，对新媒体热点事件报道的信任度超过父母和老师，把新媒体作为发表意见的首选渠道。

三是部分少年儿童对网络负面信息比较感兴趣；超过半数少年儿童认为诚信的人容易被欺骗；六成多少年儿童更喜欢外国影视作品；八成少年儿童对社会印象比较消极。

四是方便快捷、交互合作、内容丰富、途径多样是新媒体时代少年儿童网络学习的重要特点，同时存在知识碎片化、阅读标题化、思考表面化等不良学习行为。

五是半数以上少年儿童喜欢数字化阅读，使用手机阅读最多，近三成少年儿童曾付费阅读。阅读内容以休闲娱乐为主，获取知识、满足好奇心与打发时间、提升自我修养、解决问题是数字化阅读的主要目的。但碎片化阅读易导致少年儿童注意力不集中、缺乏想象力、逻辑思维能力下降。

六是多数少年儿童对网络消费比较认可，质量、网络评价、价格是少年儿童特别关注的消费因素。参与网络消费的少年儿童网络活跃度较高，能够获得积极的心理体验，但金钱观念淡化，存在非理性消费。

七是半数以上少年儿童在网络上的人际交往仍以现实伙伴为主体，仅有8.1%的少年儿童认为上网使原有的朋友交往减少。另外，有10%的少年儿童愿意跟网友诉说心里话，7.5%的少年儿童与网友经常见面。

八是男生更喜欢用台式机上网，更喜欢到网吧上网；男生更喜欢玩网络游戏，女生更喜欢更新微博和空间。多数少年儿童能够接受网络上多元化的性别表达，半数以上少年儿童反对网恋。但网络不良信息和刻板印象，对少年儿童的性别社会化有一定影响。

近六成青少年沉迷手机网络

据《中国青年报》2014年1月的报道，共青团浙江省委2013年发起了对浙江青少年手机网络使用有关情况的调查，在被调查的2384名青少年中，近六成青少年沉迷于手机网络。

这一方面说明智能手机已经基本普及低年龄层的孩子，另一方面也说明智能手机的发展，正在改变青少年的交流方式，越来越多的孩子选择窝在家里通过手机网络交流，而非与他人直接交谈和沟通，这不利于孩子开阔自己的视野和培养自己的交际能力。

如何让孩子走出家门，进行更真实、更丰富多彩的人际交往和日常生活呢？父母们可以从培养孩子的广泛兴趣和增强孩子的自信心两方面入手。

研究发现，越是对生活感到单调乏味的孩子，越容易沉迷于网络。父母如果只关注孩子的学习成绩，一心想让孩子把所有精力都放到学习上，一旦孩子无法承受学习的压力，或者对学习失去兴趣，生活中缺乏其他兴趣的支撑，很容易产生厌世的心理和退缩的行为，而不愿再走出家门，更不愿与人交流。另一方面，内向、自卑的孩子更缺乏直接与人交往的勇气和能力；而过多依赖网络来表达自己的想法，又会使其丧失更多的正面交往的锻炼机会，陷入更为自闭的恶性循环。

所以，父母需要发现孩子的特长，培养孩子在学习之外的兴趣，当孩子拥有广泛的兴趣后，对生活会有更多美好的体验。拥有良好兴趣的孩子也会拥有更好的自信心，而且兴趣也能帮助他找到志同道合的朋友，从而培养其交际能力。

三种孩子最容易网络成瘾

说到上网，这也是一种生活方式。但为什么有些孩子容易网络成瘾，这就需要着重分析了。我认为三种孩子最容易网络成瘾：第一种是厌学的孩子，第二种是没有朋友的孩子，第三种是好奇心很重、管不住自己的孩子。

有人说："孙老师，你说孩子网络成瘾怎么办呢？"我给他们出招，我出的最关键的招是什么呢？就是对网络成瘾的孩子最有效的方法是替代，不是禁止。禁而不绝，禁止不了所以要替代，用丰富的生活来替代，包括户外运动、阅读等，要用各种各样有趣的活动来替代。

为什么中国孩子网络成瘾的多呢？原因之一是在学业高压力之下，中国很多孩子的生活很单调。西方很多国家网络成瘾的孩子很少，他们的互联网比我们发达，怎么他们就不成瘾呢？因为他们的生活比较丰富，学习压力没那么大。而我们中国的孩子生活很单调，生活越单调越容易网络成瘾。

大家想想看，学习学得很累了还想动吗？就懒了，靠在沙发上，要么看电视，要么就玩这个玩那个，都是些靠手指运动来玩的游戏，所以他能够坐在那儿玩，既好玩，身体还可以不动。结果他很容易产生一种麻醉效应，觉得这样挺舒服，慢慢地就会产生一种依赖，就跟药物依赖一样，所以要用丰富的生活去替代。如果孩子觉得运动很好玩，滚轴、打球、游泳、下棋很好玩，那他坐在电脑前的时间肯定就少了。

除了用丰富的生活去替代，还需要用成功的体验去替代。最有效的方法是什么呢？对于广大的幼儿、小学生的父母来说，你的孩子小，要从小打下一个好的基础，养成一个良好的生活方式。爱运动、爱读书、爱和朋友们在一起，这样的孩子就不容易网络成瘾，他不舍得花那么多工夫在网络上和虚拟世界打交道。

智者之家：全家快乐无网日

下面个案中的家庭就设置了全家快乐无网日，家里人用共同的活动消除了对网络的强烈需求。

手机和网络不知从何时起侵入了我们的生活，几乎无孔不入，渗透进了我们的生命：醒来第一件事，摸手机看一眼朋友圈；睡前最后一件事，摸手机扫一眼微博；坐在车里，抽空看一眼QQ；出去玩的间隙，也不忘瞄一眼淘宝；我们就像吸食毒品一样，总是处于一种欲罢不能的状态。

"妈妈，为什么你不让我们小孩子玩手机、玩电脑，你自己却玩，难道你们大人的眼睛不需要保护吗？"终于有一天儿子的大声抗议让我警醒了。是啊，难道我们的眼睛不需要保护吗？视力一天天下降，腰背成天僵直，脖子也时常酸痛……网络像无形的杀手啃噬着我们的健康、透支着我们的生命，我们却傻傻地不重视。更悲惨的是还形成了严重的依赖，以致有一天停电，大家竟然面面相觑，没了电脑没了网络，好像什么事情都没法做了。

"戒手机！戒网络！"我神经质般地郑重宣布，并拿出纸笔"唰唰"地写下戒网保证书。

"你啊，别从一个极端走向另一个极端。"老公在一边笑曰，"我看咱们定个切实可行的，周末定为无网日，如何？”

“周末？两天？”我歪头想了一下，说道，“嗯，可行。这样，周末两天，我们没有特殊事情不开电脑，手机只用来接听、拨打电话……”

未等我说完，行动力向来比我强的老公已把淘汰掉的两个非智能手机拿了过来：“为了更好地执行新规，从源头上切断网瘾，周末咱们不用智能手机，用这种最原始的。”老公笑着自己先换回了旧手机，“我以身作则，你断智能手机两天，我断七天。为了不把你憋死，周末晚上孩子睡后可以开电脑上一小时网。”

这家伙，他平时就极少用手机上网，这一招明着是对自己严厉，实际是做给我看。既然话说出来了，我也不好再反驳，只能执行。

周末来了，一大早醒来，我就伸手到枕头下摸手机。

“妈妈，今天是咱们家的无网日。”儿子笑嘻嘻地说，“你今天要换回原来的不能上网的手机。”

“噢，我知道是无网日，我只是想看一下时间。”我边抠出卡来换到旧手机上边说。

“妈妈，爸爸送你的手表。”儿子不知从哪里拿出来一块手表，“手表上有时间，旧手机上也有时间。”

这孩子一看就是被培训过了，我瞪了一眼在边上得意笑着的老公。

“妈妈，爸爸说，以后周末改成咱们家的亲子健身日。”吃饭的时候，孩子说，“今天是无网第一天，我和爸爸陪你到附近的大学去散步……”

说到必须要做到。吃好饭，阳光很好，空气也很清新，我们一家三口抱着球去了隔壁的大学。操场上几个学生在打篮球。我和老公把厚重的棉衣脱下，用儿子的小篮球试了下身手，很久不运动，身子像锈住了一样。几个回合下来，已是气喘吁吁，身体却很舒服。脖子好像也没了僵硬的感觉，眼睛也清爽了好多……儿子骑着单车在边上一圈圈地转着，骑到我们近前就喊一声“加油”，笑容格外灿烂。

“妈妈，我喜欢咱们三个一起玩，无网日真好！”晚上临睡前，儿子趴在我耳朵边说，“妈妈，咱们的无网日以后还有吗？”

“有，妈妈保证。”我亲了一下儿子的小脸，真诚地说。

网络在带给人们诸多方便的同时，确实也影响到了我们的生活，我以后要努力争取更多的时间陪伴一天天长大起来的孩子，慢慢戒掉网瘾，养成良好的生活习惯。

那天晚上我没开电脑，睡前虽然下意识地摸了一下手机，后来又放下了。无网的日子，更多的时间用来养护生活，爱和健康将会像花儿一样盛开。

——选自《少年儿童研究》2015年第3期《我家的无网日》，作者：葛鑫

此外，养成良好的上网习惯需要制定严格的规则，父母与孩子都要认真遵守。电子产品对于当今生活的渗透程度之高是我们想象不到的。但父母可以介入的就是为孩子和自己设置界限，网络和电子产品只是工具，是一种中介，关键还是要看人是怎样使用它们的。

美国妈妈的手机使用合同

请看下面的案例，这个妈妈就很有尺度地让孩子和自己与电子产品及无休止的网瘾划清了界限。

美国的一个妈妈詹妮尔·伯利·霍夫曼给自己的儿子买了一部iPhone手机，伴随这部手机交给儿子的还有一份文件，用来保证自己13岁的孩子格雷戈里在使用智能手机的同时学会节制和承担责任。有意思的是这份文件并不是几个简单的原则，而是一个写满了18条规定的“合约”。以下是“合约”全文：

亲爱的格雷戈里：

节日快乐！相信你现在肯定会为拥有一部自己的iPhone手机而

倍感兴奋。你现在已经是一个13岁的男孩了，而且是一个负责任的男孩，所以妈妈认为你完全有能力用好这部手机。但是想要接受这个礼物，你必须接受合同里面规定的约束。我希望你能够理解，只有这样，妈妈才能把你抚养成为一个全面发展而且能和先进科技“和平共处”的男子汉。希望你能自觉遵守而不是被动地受约束。如果你不能做到以下18条规定的话，我只能将这部手机收回。

1. 首先要声明的一点是，这部手机是我的，是我买的这部手机。现在我将这部手机借给你使用。妈妈是不是很伟大？

2. 我在任何时候都有权知道这部手机的密码。

3. 如果手机响了就要接听，这毕竟是一部手机。接听电话时要注意礼貌。如果来电显示是妈妈或者爸爸，你更要接电话。不可以忽略妈妈和爸爸打来的电话，绝对不允许这种情况发生。

4. 在有课的时候，每晚7点半要及时将手机交给妈妈或者爸爸，在周末的时候可以在晚上9点交。晚上我们会将手机关机，在第二天早上7点半开机。在给你的同学打电话时一定要尊重别人家的生活方式。如果你希望身边的同学或者朋友尊重我们的家庭，那你首先要从自身做起。

5. 不准带手机去学校。如果你需要和别人通过手机联系，能打电话就别发短信，这是生活的基本技巧。

6. 如果手机掉马桶里了、掉地上了或者丢了，你必须对因此而产生的维修或者购买新手机的费用负责。你可以用修草坪、照顾小孩来挣钱，也可以将父母给你过生日的钱攒起来。上面我说到的情况发生的概率很大，所以你要提前做好准备。

7. 不允许使用科技伎俩来撒谎或者欺骗别人。不准用手机说一些伤害别人的话。

8. 如果有些话你不想当面或者在电话上和别人说清楚，不准通过手机以短信、电子邮件等方式来表达。

9. 如果有你不能在家里和父母说的话，更不许通过手机以短信、邮件等方式向别人表达。首先要从自身找原因。

10. 不准用手机浏览色情信息。只能搜索那些你可以在父母面前拿得出手的问题和信息。如果你有什么问题的话，最好当面向人请教，尤其是向妈妈或者爸爸。

11. 在公共场合要么关机，要么调成静音，把手机放起来。特别是在餐馆、影院或者和别人说话的时候。孩子，你是一个非常懂礼貌的人，不要因为这部iPhone而改变自己。

12. 不能发送或者接收带有你(或者他人)身体隐私部位的图片，更不能以此为乐。虽然你很聪明，但是有时候会有人诱惑你这么做，我相信聪明的儿子知道如何拒绝这种人。一旦你这么做了，你很有可能会毁掉自己的大好年华，甚至自己未来的大学生活。网络实际上要比你想象的复杂，有些事情一旦发生了就很难去挽救，尤其是那种能败坏人名声的事情。

13. 不能用iPhone手机录制特别多的图片或者视频资料，其实你根本没有必要把生活中的每一件事情都记录下来。好好过自己的生活，这些都会存在你的记忆当中。

14. 外出的时候把手机留在家里是一种安全而又明智的决定。这毕竟是一部手机，不是你生活的全部，学着过一种不带手机的生活。这样你就会比那些社交控、微博控更强大，因为你能够坦然地过一种没有手机和网络的生活。

15. 尽量下载一些新鲜的或者经典的音乐，不要和你的同龄人一样都听相同的歌曲。你们这一代人对音乐的接触要比人类历史上任何一代都方便，所以妈妈希望你能够利用这个机会来拓宽自己的视野。

16. 时不时地玩一些单词游戏或者脑筋急转弯等益智游戏，这对提高你的智力有帮助。

17. 要对现实生活充满兴趣，注意身边发生的事情，倾听小鸟的叫声，时常出去散步或者和陌生人谈话，要对现实世界充满好奇。

18. 如果你因为这部手机而将自己的学习或者生活搞得一团糟的话，我会将手机收回。我们会就这个问题坐下来好好谈谈，然后我们再重新开始。请你记住，我亲爱的孩子，妈妈和你都在学习，我是你团队的一员，我们会永远在一起。

我希望以上的这些条款你能够同意。实际上这份合同里面所列的注意事项不仅仅适用于这部iPhone手机，也适用于我们的日常生活。现在你生活在一个快速发展而且充满变革的世界。妈妈相信你有着强大的意志力，相信你不会沉迷于这部手机。爱你，我亲爱的儿子。节日快乐！希望你能喜欢这款很棒的手机。

在孩子成长的过程中，父母和孩子签订合约并不是一件坏事。我们已经注意到智能手机给青少年带来的一些社会问题了。这也再次印证了科技发展是一把双刃剑。

问题的关键是不能羞辱孩子，要让他们学会思考。虽然这个“合同”执行起来对孩子而言并不容易，但是他在使用手机的时候肯定会思考，学着去承担责任。这也是“合同”最大的价值所在。

——选自《少年儿童研究》2013年第13期《想用iPhone，得先签“合同”》

看到这份合同的人或许会惊叹，做母亲的何等细心周到！也有人会担心孩子是否能够接受。是的，青春期的孩子不容易接受如此繁多的约束。但是，这个母亲的智慧在于，她在字里行间充满了对孩子的尊重与信任，甚至赞美有加。如韩国首尔大学教授文龙麟所说，对青春期孩子的教育，最重要的原则就是理解和尊重。

妈妈，请您抬起头来，看看我

父母在上网问题上，更多的是需要注意自己的言行。父母要传递给孩子正确的上网方式，很重要的一点就是不要时时刻刻都成为手机控或者网络人，要淡化网络的娱乐性，让孩子能够根据父母的上网行为判断网络的是非。如果父母长期沉浸于网络，孩子也会有所不满。

“妈妈，请您抬起头来，看看我。”

老二方德说这话时，我们一家子正坐在冰岛的一家餐馆里，我一面吃着烧烤鱼串，一面用手机为远方的朋友发送“鲸鱼戏浪”的照片。

“妈妈，请您抬起头来，看看我。”

当方德的声音再次响起时，我飞快地扫了他一眼，漫不经心地问：“怎么了？”话一说完，又继续发照片。

“妈妈，抬头，看着我的眼睛！”

这一回，他略微懊恼的声音里有着不容漠视的坚持。

我终于抬头了，看着他的眼睛。他语调坚定地说：

“妈妈，请您放下手机。”

我依言把手机搁在桌面上，可是，目光还恋恋地与它纠缠不清。

“妈妈，我们一起到冰岛旅行的这段日子，请您想想，有多少时间您和我们好好谈过心？”

“咦，我天天都和你说话呀！”我心不在焉地回应。

“我指的是谈心，不是说话！”方德语调严肃地说道，“您一回到旅馆，不是忙着上网读报纸，就是不停地给朋友写电邮、发短信；现在，情况更恶化了，连吃顿饭都对着手机忙个不休！”

顿了顿，方德又说：“妈妈，难道您忘记了，过去，在家里，您一直强调一家人共同欢度美好时光的重要性？每回一到吃饭时间，您便坚持‘两关’（关电脑、关电视），‘两开’（开口说话、开心用餐）。我们一家人在没有任何干扰的情况下，一边吃饭一边谈天，多么美好呀！但是现在……”

他越说，我越惭愧。

当我沉湎于手机缤纷多彩的世界时，无意间把亲情晾在了一边。

从冰岛返回新加坡后，老二自伦敦发来了一篇文章，郑重地嘱咐我:“您一定要好好读啊!”

这是美国作家凯蒂亚·赫特(Katia Hetter)发自内心的“忏悔录”。

全文大意是说,她怀孕8个月时,丈夫买了一部手机给她。她通过手机收发电邮,阅读书报,进网上聊天室,她发现手机能帮助她逃离现实世界里那一堆堆永远也洗不完的杯盘碗盏和尿布衣物。当孩子依偎着她时,她却忙着检查电邮;当她烹煮晚餐时,一只眼睛却盯着手机。她没有心情和孩子玩拼图游戏,她甚至无法专心聆听孩子说话。在孩子看来,手机就是她的一切。

终于,有一天,年仅3岁的孩子在仰头看她时,发出了令人心碎的哀求:“妈妈,你可以放下手机吗?”孩子彷徨无助的眼神和那不自觉地透着谴责意味的语气使她悚然而惊,啊,在长达3年的漫长岁月里,她竟然因为手机而让孩子的心房长满荒芜的杂草!

把手机“放下”后,适逢母亲节来临,她和心爱的女儿一起用粘满颜料的手指绘制美丽的指画。她说:“当女儿发现蓝色和黄色混合在一起竟然能够变成她最喜爱的绿色时,那种顿悟的智慧亮光,化成了她脸上璀璨的笑容。而这,着实给我带来了极大的满足感。”

这个曾经迷失在手机世界里的妈妈,悬崖勒马,她幽默地说:“我不需要利用冻火鸡治疗法来戒除手机瘾,但是现在,我已学会在和家人亲密共处时关掉所有的电子设备,彼此脸对脸、眼对眼地谈心。”

——选自《读者》2011年第20期《妈妈,请放下手机吧》,作者:尤今

父母在预防孩子沉浸网络的同时,同样要认识到网络对于现今孩子的意义,并且要开发有益孩子成长的网络功能和网络内容,帮助孩子们健康成长。

比如现在流行的电子游戏教育和网络课堂教育,都会让孩子从更加健康的角度通过网络进行学习和探究世界。对这一点,在世界范围内也已经有诸多研究进行了论证,如对于“好”的电子游戏对玩家个人素质的

积极影响。在《计算机游戏如何帮助儿童们学习》一书中，威斯康星大学麦迪逊分校的戴维·威廉森·谢弗（David Williamson Shaffer）博士提出，电子游戏能帮助儿童像专业人士那样思维。

他指出，当前学校教育存在的问题是过于关注书本知识及相应的标准化考试，而忽略了学生在学习过程中解决实际问题（做中学）的重要性，而当孩子们玩诸如《模拟城市》或者《俄勒冈之旅》的电子游戏时，他们可以了解城市规划或者美国西部，这些游戏让孩子们有机会创造性地操纵虚拟世界，可以培养学生的创造力和创新能力，这些能力在当今竞争激烈的全球经济中比以往更加重要。

开发手机功能的正能量

英国学者安吉拉·麦克法兰（Angela McFarlane）等人对800名学生的一项问卷调查表明：小学三至六年级的学生（约48％的男生和48％的女生）和中学一至三年级的学生（约75％的男生和55％的女生）认为，玩电子游戏能发展他们的团队协作技能；中学四至五年级的学生则认为玩电子游戏不仅能培养他们的决策技能，还能发展他们的团队计划和协作的技能。

除了个人可进行操作的网络功能外，如网络社交媒体也对孩子的成长和家庭的建设有更加长远的意义。新的时代具备了新的沟通方式，如何将网络作为新的家庭互动方式，很多父母都在尝试的过程中，并且取得了较好的成效。

在这个大家都忙的年月里，我和我的亲人们也是如此。虽然都在一个城市，但是除了逢年过节，大家平时走动也比较少。即便是过年，人们也只是轮流到某个亲戚家一起吃顿饭，坐在一起聊聊天、看电视，没有更多新颖的方式。孩子也曾经跟我说：“每年过节，就是吃饭，给家里的大人拜年，然后收红包这几步，我都能想得到。哥哥姐姐们平时从来都不给我打电话，我怎么知道跟他们聊什么？除了学习就是学习……没意思。”

眼瞅着家里人对于过年聚会越来越不重视，我心里有点着急。每次让孩子给姑姑、姨妈家打电话都让她犯难。虽然这不怪孩子，不过这也说明了一个问题。现代联络的方式多了也方便了，亲人之间的联系倒少了，连打个电话都要有个过年的理由，好像平时就不会主动表达感情一样。

有一次去孩子舅舅家做客，我一眼瞟到正在上初三的侄子电脑上打开的微博页面。原来这小子这么忙也上微博啊！转念一想，我都有微博，这些赶时髦的孩子们更不会落空了。我当即叫来侄子，问他能不能加上我。刚开始的时候他还挺犹豫的，因为毕竟这属于相对隐私的空间，他有点不想加家里人，怕别人向他爸妈“泄密”。我说：“你为什么怕这些呢？你看，你觉得爸妈不理解你，其实是因为他们不了解你的真实想法，如果在这里他们能够知道你的心愿，那不是给你们平时聊天多了一个机会吗？如果你有不方便说的话，咱俩要是互相关注了，我不是正好能替你说话吗？”侄子估计是想到了其中的“甜头”，就把我加上了。

从那以后，我们会经常转发喜欢的信息，也会@对方，交流一些家里的情况。比如，我家做了好吃的，我发了个图片出来，@侄子，说：“想吃的话周末来！”可能这样的方式让他觉得他与作为长辈的我并没有那么大的代沟吧，他逐渐开始跟我热情交流起来。

后来，我突然想到，我们几乎每家亲戚都有十来岁或者上大学的孩子，他们可能都会有微博，所以我挨个把电话打了一遍，把能加上的都加上了。大人之间那么忙，不能让孩子也就这么生疏了，正是因为他们是独生子女，就更要加强联系。我在微博上设置了一个亲友组，这样有什么只能给家里人看的信息，就直接点“分组可见”就好了，起码这样保护了一部分隐私。

在最近一次的通电话中，侄子又跟我提到了春节聚会的事情。他说想着大家见面说那些不疼不痒的话就有点排斥，他想换个新的方法过年。我知道他已经有了主意，就鼓励他说了出来。侄子说：

“我们同学过年聚会都在KTV唱歌，一到这个地方后大家好像就都没那么拘束了，玩得都很开心。所以，今年春节的聚会，我能组织家里人和哥哥姐姐们去唱歌吗？那里有免费的吃的！”我一下就乐了，到底是孩子，还将“有免费的吃的”作为附加条件了。我同意了，孩子坚决要求自己组织，我特别怕他占用学习时间，不过他说他有办法。

第二天，我就发现侄子在微博上发起了一个投票活动，将自己想举办春节家庭KTV的愿望写了下来，底下写了支持与不支持的选项，分别@了我和其他几个家庭的孩子们。很快，孩子有了回应，在投票的选项里，他们都点了“支持”，并且在其他的选项说明里表示父母也很支持。

接下来就是定地方了。没过两天，侄子又发起了一个投票活动。我看他先写了长微博，列数了周边的KTV地点和特色，然后让大家对这几个选项投票。当然，大家也可以提出其他的意见，少数服从多数。这样大家既看得到投票的过程也能了解投票的结果，最重要的是避免了通电话，来回沟通的麻烦。

现在我们春节唱歌的地方已经定下来了，选了个地方离腿脚不方便的亲戚最近的一家，而且还有自助餐。据说家里人都在跃跃欲试地准备歌单了，没想到大家还是很积极的嘛。

微博给我们的生活带来的变化是细微的，可能只是让我们多做了一些事，或少做了一些选择，不过我想既然它能这么受欢迎，肯定还是有它受欢迎的道理。我们家对它的看法就是微博方便了我们的生活，给我们增添了一些机会。

——选自《少年儿童研究》2013年第5期《微博在我家》，作者：王迅

（三）睡得好才能学得好

讲生活方式自然要讲到睡眠。

一次，我到山西某县讲课，一个妈妈领着孩子来找我，说："孙教授，您快看看，我这儿子都10岁了，怎么长得这么小啊？您说是什么原因呢？"我一看她那10岁的儿子，就像8岁的孩子，的确长得小。我就问："您儿子每天睡多少觉啊？"这个妈妈说："八小时啊！"我说："您知道孩子什么时候长个儿吗？"妈妈说："不知道，吃饭的时候长个儿吧。"我说："吃饭的时候不长个儿，睡觉的时候长个儿。睡得很香甜的时候分泌的生长激素决定他的发育。您每天让孩子少睡两个小时，而且还成了习惯，怎么能不影响他的发育呢？您的儿子是否有其他原因影响发育需要检查，但是睡眠不足肯定是一个重要因素，需要改进。"

许多中学生更是逃不开晚睡的"宿命"。让他们点灯熬油的不是电视、网络，而是那些似乎写不完的作业。孩子们要承担父母、老师恨铁不成钢的督导，作业和各种课外班吞噬了他们太多的时间和精力。

一个妈妈曾经这样反映：

> 元旦假期三天，他（儿子）就写了三天作业，昨天晚上也差不多是12点才睡。这之前有一天晚上我陪着他写作业写到凌晨1点，第二天上班都没有精神。我就琢磨着孩子在课堂上怎么能专心听讲？
>
> 孩子的作业基本上都来自数学、英语和语文三科。每天放学回家一般在5点半到6点之间。作业少的时候，我会让他先去睡一会儿，醒了再吃饭；作业多的时候，就是我让孩子休息，他也不肯，到家就开始写。
>
> 晚上从7点半到11点半，肯定是我们娘儿俩的写作业时间。数学老师每天都给留不少额外的试题卷子，同样的题有时还要求用不

同的方程来解，这种思维转换对孩子来说难度不小。英语作业的时间则主要花在完形填空和阅读理解上，这两种题是我儿子的学习难点，每天都得花至少一个小时。

另外，语文作业有时候是真难。我曾经当过语文老师，对这个还算有点发言权。可很多阅读题我都回答不上来，何况孩子？有时候，费半天劲琢磨出来的答案，孩子第二天拿回来说不对，我又得给孩子解释。我没面子事小，限制孩子的思路才真的很让人头疼。

父母虽然面对难题和压力，但需要有长远考虑，要想孩子长得好，首先就要睡好觉。一要睡好觉，二要运动好，这才能为孩子一生的学习、一生的发展奠定良好的基础。

二 爱做家务的孩子成才率高

（一）多一些家务实践有助于孩子自理自立

2015年8月27日，教育部网站公布了最新修订的《中小学生守则》。次日，《北京晚报》第五版头条以“主动分担家务　不比吃喝穿戴”为题进行了报道。《中小学生守则》共九条，其中第三条规定：“勤劳笃行乐奉献。自己事自己做，主动分担家务，参与劳动实践，热心志愿服务。”

许多父母心里最清楚，如今的孩子做家务极少，生活能力比较弱，长大后能否适应社会令人担心。

美国哈佛大学的一些社会学家、行为学家和儿童教育专家，对波士顿地区456名少年儿童所做的长达20年的跟踪调查发现，爱做家务的孩子与不爱做家务的孩子比较，长大后的失业率为1∶15，犯罪率为1∶10，平均收入要高出20%左右。此外，爱做家务的人离异率、心理疾病患病率也较低。

专家们分析说，让孩子从小做些家务，可培养他们吃苦耐劳、珍惜劳动成果、珍重家庭亲情、尊重他人等品质，长大以后他们自然比那些“四体不勤”的孩子更有出息。这一调查结果证实了家务劳动与孩子成才有着极其密切的关系，也启发我们反思中国家庭的劳动教育是否有利于孩子成才。

要引导孩子关注星空，也要关注大地

2015年“五四”青年节这一天，成都二十中又开始了停课三天、打扫校园卫生的活动，这是这个学校延续了20年的传统。不过这个传统活动引来不少父母的不满甚至反对，特别是对于高二、高三学生的父母而言，他们觉得停掉文化课去进行劳动，是一种时间的浪费，会影响孩子的学习成绩。但对于学生父母的这种抱怨，校长胡铃冬给出了有力的回复：“我们要引导孩子关注星空，也要关注大地。”言外之意就是教育也要让孩子学会劳动实践，培养其书本之外的优秀品质。

首先，父母需要理解学校的这种做法。对于学校而言，这种把培养孩子劳动技能和责任意识放到如此重要位置的勇气实在难能可贵。著名心理学家斯滕伯格曾经提出过成功智能的三元理论，他认为人的成功智能可分为三个方面：一是分析力，二是创新力，三是实践力。而知识学习只是分析能力培养的一部分，孩子更需要创新力和实践能力的培养，但现在孩子所经历的教育，往往缺乏实践的机会。

让孩子最受益的实践活动就是劳动

许多父母和老师一听到孩子的社会实践就会想到一些“高大上”的活动，像一些社会公益、科学宣传、献爱心等活动，事实上离孩子最近、让孩子最受益的实践活动就是劳动。特别是家务劳动，比如做饭、洗衣、打扫卫生、处理家具和电器等，这种生活自理能力的培养，更有利于提升孩子的责任感、独立意识和自信心，因为劳动后的成就感和快乐体验会成为孩子生活幸福的来源。

同时，父母要让孩子体验到，劳动实际上也是一种很好的放松方式。下面这个父亲的放松方式就是带着女儿一起做家务。

这套自创的放松计划会让一些父母觉得很“奇葩”。女儿也曾经不解地问我：“老爸，这些针线活为什么你要自己做呢？”我以前会跟她说这是为了让妈妈轻松一些，现在我会说："手部在运动中会承受很大的压力，但是这种精细的劳动会让手部的肌肉慢慢放松，并且达到不一样的角度，又恰好做了家务，不是一举两得吗？且不说缝个边边角角，像钉子母扣这种'高难度'的工作，其实真的需要双手好好配合，长期受力压迫的手腕会因此得到放松，这甚至比一些拉伸动作效果更好。"

除了做手工活，厨房也是我放松的好地方。我的主要任务很多人都想不到，就是剥蒜。有过剥蒜经历的人都会对这件事情"深恶痛绝"，但我却甘之如饴。不说别的，要想成功剥开一瓣蒜，需要集中注意力，双手配合好，这对小动作的发展是有好处的，手部和腕部在这个过程中慢慢地放松了下来。我带领女儿一起剥蒜，想想对于身体正在发育的她而言也是很好的；对于妻子而言，更是省了她的大麻烦。

当然，我也会用其他的方式来放松。比如和女儿共同洗晒床单。很多父母会觉得，手洗床单不是太费力气了吗？我不这样认为，用搓板洗衣服动用了上半身的很多肌肉，尤其是胳膊、腰腹和后背，而我与女儿最热衷的项目是双人拧床单和抻床单。女儿有时候拧床单甚至会跟着床单转一个圈，而把很大的床单拉平，需要双人的动作配合，这让刚刚因洗床单而酸累的胳膊得到了拉伸，这个活动也很好玩，两个人对折床单的时候总让人想到童年的乐趣。

我还跟女儿发明了多动型"人肉"擦地板。因为家里铺了木地板，擦地在所难免。我在网上购买了那种能套在手脚上的木地板拖布套，我们或蹚着走，或者学小猴子手脚着地走，或者学蚕宝宝一撅一撅地走。总之，我们穿着旧衣服，用各种姿势来回滚爬着。我家的地面就像我们的按摩毯，我们在劳动的过程中也逐渐放松了全身。我喜欢和孩子一起劳动，我希望通过和孩子一起劳动，将劳动是有趣又有用的观念传递给孩子。

——选自《少年儿童研究》2014年第11期《欢乐度过"欺骗日"》，作者：青山父母和孩子在一起劳动的过程中，不断进行身体或言语的交流，并且父母与孩子共同完成一项工作对于孩子来说也是成长过程中不可或缺的重要内容。

（二）国外怎么培养孩子的劳动能力

中国城市儿童劳动太少成为成长的软肋

2012年，由中国教育发展战略学会和国家教育发展研究中心组成的“中国独生子女问题研究”课题组，对辽宁、江苏、甘肃、天津、河北、湖南、深圳等7省市（在北京、天津两地也做了部分补充专题调查）的334所中小学校、85795名学生、9545名教师、12155名父母进行了问卷调查。

通过问卷调查分析，在“自己整理床铺、书本、衣物”“洗自己的小衣物”“帮助家里洗衣物、打扫卫生”“帮助做饭、洗碗”等4项指标上可以看出，在小学阶段，独生子女与非独生子女差异不大；在初中阶段，独生子女至少低于非独生子女8个百分点；在高中阶段，独生子女至少低于非独生子女15个百分点。由此可以看出，在初、高中阶段，独生子女在承担家务方面弱于非独生子女。

在学生问卷中有一道题：“如果家里没有人给你做饭，你会怎样选择？”问卷调查显示，大部分学生选择“自己做饭”，但是独生子女选择“自己做饭”的比例明显低于非独生子女。高中阶段学生的差异最大，独生子女中仅有44.9%的学生选择“自己做饭”，而非独生子女的这项比例为63.7%。此外，小学生中的独生子女选择“出去吃”的比例比非独生子女高12个百分点，初中和高中学生的选择也与此类似。

而在发达国家的家庭里，父母普遍重视从小培养孩子的劳动能力和吃苦精神，因为发达的市场经济社会要求每一个社会成员必须具备这种能力和精神。媒体曾就各国小学生每日家务劳动时间披露过这样一组数据：美国1.2小时，韩国0.7小时，英国0.6小时，法国0.5小时，日本0.4小时；而中国0.2小时，即每天仅12分钟，城市里的孩子家务劳动的时间更是少之又少。

在美国，父母从孩子小时候起就让他们认识劳动的价值。在美国的各个幼儿园，都设有美劳角、木工角等，经常对孩子们讲述节约和保护森林、海洋等资源的重要性。据国际儿童机构的统计，世界各国儿童中，美国儿童干家务活最多，时间也最长。

会做饭的孩子走到哪里都能活下去

在日本有一个叫安武千惠的年轻妈妈，她在得知自己身患癌症将不久于人世后，担心自己4岁的女儿将来可能会忍饥挨饿，便抢时间教会女儿做饭。在她去世之前，5岁的女孩已经完全可以自己照顾自己了。这种母爱才是真正的伟大和理智。最后，这个妈妈教育孩子的经历被写成一本《会做饭的孩子走到哪里都能活下去》的书而被广泛传播，感动了许多读者。

千惠在这本书里有很多珍贵的观点值得现在的父母借鉴，她认为劳动实际上是把生存的技能传递给孩子，而这才是孩子安身立命之本，这也是父母最重要的养育职责。

由于病情不断加重，千惠会在博客中写下自己对于疾病、生死的思考，她没有让自己因病沉沦，疾病反而激发了她的生活智慧和育儿潜能。对于阿花的教育，千惠一直贯彻着自己的原则：

——她是这样教育我们的独生女阿花的——与物质的丰盛相比，精神上的富有才更加宝贵。她希望阿花对过度消费提出质疑，生活上不一味依赖方便的东西，掌握顽强生活的本领。

——让阿花做家务，实际上是把生存的本领传授给了她。

——我们比孩子先来到这个世上，同样也会比孩子先离开这个世界。我们走了，把孩子留在世上……孩子总有一天要独自生活，这种顺理成章的事情，我们在平时的生活中却很少意识到……不论父母是生病还是去世，孩子都能一个人活下去——父母要以此为己任，来教育子女。

以上的想法是很“老百姓式”的，平实之间道出了广大父母的心声。其实对于已为父母的人而言，“活在当下”往往显得言不由衷。我们总会不由自主地去为孩子设计将来，为他们扫清周围的障碍，防止他们受伤害。

有时我们也会抱着“将来万一只有孩子一个人可怎么办”的想法，于是竭尽所能地让他们吃好穿暖，敦促他们好好学习，还会为他们选择职业。这些都没有严重过错，只是父母需要反省一下：如果没有我们做这些，孩子还能生活吗？他们怎么生活？

千惠在临近死亡时，更加坚定了“自己死后，也不能让阿花成为没娘的可怜孩子”的想法，要让女儿保证生活质量，不是在还活着的时候让她享受更多，而是“只要是阿花力所能及的，我都想让她自己来，这样有一天我不在了也没关系。衣服翻着脱下来，我就翻着还给她，让她自己整理好。去保育园前的准备工作，我丝毫不帮忙。家务活也尽可能让她打下手。我希望女儿一个人也能顽强而茁壮地活下去。”

千惠是这样想的，也是这样行动的。进行生存教育，也是紧紧围绕餐桌和吃开始的。“填饱肚子是最基本的嘛”——相信千惠那时也坚定了这样的信念。在日本，妈妈们允许小孩开碗柜门，并且也很鼓励孩子们使用厨具或者用儿童厨房用具，让孩子学习切一些柔软的物品。

阿花四岁时，千惠送给阿花的生日礼物是一条围裙。

今天是女儿四岁的生日。

我还不想死，所以没有为死亡做准备。

不过，只要时间允许，我想尽力帮助她开辟自己的人生之路。

因为孩子是上天赐予我的礼物。

而她迟早会松开我的手踏上旅程。

虽然早了点儿，但我想在今年，也就是她四岁的时候一点点教她做饭。

礼物是一条围裙，

还有一个用爱心和阔叶山麦冬编制的心形花篮。

……

阿花是上天赐给我的宝贝，我要用心把她养大，十几年后让她好好地回馈社会。

我不禁再次这样想。

功课和体育都无所谓，就算她什么都不会也不要紧。只要别给人添麻烦，能够健康幸福地生活，我就满足了。

阿花五岁了。从前天开始，我把准备早饭的工作交给她了。我也会帮忙。

尽管阿花用刀的样子看上去相当吓人，可我还是忍住没出声，也没伸手。

"阿花，不拿菜刀的那只手要像猫爪子那样收起来哟！手指伸出来很危险哟！""这回咱们来磨磨米。小心点儿哟，一粒米里可有七个神仙哪！"

味觉养成的过程很神奇，它不仅将母亲对孩子的感情融入到食物中，更是将母亲的人生观、价值观传递给了孩子：对于一道菜如若很在意、很用心，做出的饭菜就会吃着很香，而做饭的人最享受的时刻，其实就是看着吃饭的人喜欢吃自己做的食物等。这种利他、回馈的品格在做饭、品尝中慢慢传递给孩子，与此同时，"有生活能力，能做很多家务是了不起的"的观念，千惠也在临终前让阿花理解到位了。

丈夫信吾作为旁观者，更加清晰地看到千惠对阿花细致入微的技能训练。

2008年2月一个寒冷的早晨，阿花的身影出现在厨房里。

千惠在教刚满五岁的阿花如何用菜刀。阿花正用刀切着放在她小手掌上的豆腐。听保育园的西园长说，要让宝宝知道刀刃和手掌接触时的感觉，还要注意不要让刀切到手，这些都是很重要的。

阿花踩着脚凳，切好砧板上的蔬菜，然后把萝卜和生姜擦成丝。

熟练一些后，阿花也开始用火了。千惠做酱汤时先把火关上，然后教阿花如何放入大酱，还告诉她蔬菜的皮和根也可以吃。

“妈妈，要放多少大酱呢？”

“你自己尝尝看。”

不发言，不帮忙。“教孩子做事情时，最重要的就是尽量让孩子独立思考和体会，自己把事情做完。”千惠总是这样说。这看起来简单，对父母来说却是相当难的。

虽然要求严格，但阿花做错了，千惠也绝不批评她，而是让她再反复做上几遍。有时饭做砸了，她就和阿花一起找原因。

我由此不禁想到很多妈妈都提过的问题：我的孩子不踏实。千惠给了这个问题很好的注解：安静、沉稳地过好日常生活，就能让孩子踏实下来。“为了孩子，我们这些大人应该给他们留下些什么？如何才能消除他们心中对未来隐隐的不安？……我觉得线索似乎就在每天的生活中。”当孩子会做一道菜，自然、不计报酬地共同参与家庭事务时，他们小小的心其实是高兴并且安稳的。

——选自《少年儿童研究》2014年第7期《传授给孩子生存的能力——推荐〈会做饭的孩子走到哪里都能活下去〉》，作者：孔洁行

《会做饭的孩子走到哪里都能活下去》这本书很薄，我读了却感到内容极其厚重，因为它涉及家庭教育一个根本的问题，即如何让孩子学会做人。如果不会做饭，怎么可能理解生活的艰辛与乐趣？又怎么可能从容地过此一生？对儿童来说，终身受益的教育一定是生活教育。

在瑞士，父母为了不让孩子成为无能之辈，从小就培养孩子自食其力的精神。譬如，十六七岁的姑娘，初中一毕业就被送到一家有教养的人家当一年女用人，上午劳动，下午上学。这样做，一方面锻炼了劳动能力，另一方面还有利于学习语言。因为瑞士有讲德语的地区，也有讲法语的地区，所以这个语言地区的姑娘通常到另外一个语言地区当用人。

所以，明智的父母要积极引导孩子参加各种劳动，并通过劳动实践培养孩子的自理能力、独立意识和责任感。

三 让身体好成为教育的起点

在教育中为什么要特别重视体育？因为这是育人最重要的基础，也是最有效的途径。我曾经写过一篇文章，题为《让身体好成为教育的起点》，专门探讨这个问题。过去许多人说起体育来都是嘲笑，什么四肢发达、头脑简单，其实细想一想，这是很片面很肤浅的看法。体育是强心之育、意志之育、规则之育，在和平时期没有比体育更能磨炼人的意志的了。

（一）不爱运动的孩子没有竞争力

有些父母可能会说："孙老师，你还不知道吗？现在功课负担这么重，竞争这么激烈，孩子哪有时间运动？"这些我都知道、我都承认，但是越是在这样的情况下，我觉得作为今天的父母和教师，越是要做出自己的选择。在儿童教育中有一个原则，叫儿童利益优先、儿童利益最大化。这就是说，我们要为儿童更为重要、更为长远的利益考虑，而身心强健就是核心目标。

姚明：根基不打牢，人的身体就是豆腐渣工程

2014年的某一天，我应邀参加教育部一个加强学校体育工作的座谈

会，篮球明星姚明的发言给我留下最深刻的印象。姚明认为，体育有三大功能，一是不惧怕任何挑战；二是学会遵守规则，知道生活中有红绿灯；三是敢于迎接最真实的体验，而不是作秀。听到这位世界著名的体育明星如此透彻的分析，谁还会说体育是四肢发达、头脑简单的事情？

2014年8月2日，《中国教育报》发表禹跃昆对姚明的专访。

记者：我国学生的体质健康状况在近几年有所改善，但是，继续下降的总趋势并没有得到根本扭转。有人认为学生体质健康下降，长期看不是问题，因为人的寿命事实上在延长而不是缩短。你认为近些年学生体质健康状况如何？

姚明：我认为数据是科学的。我曾经看过一份中、日、韩三国青少年体质对比的报告，认为近20年来，尽管中国青少年学生的身高、体重、胸围等形态发育指标持续增长，但肺活量、速度、力量等体能素质却持续下降。“视力最低、体重最大，身材最高、体质最差”成为我国青少年的典型特征。

虽然现在人的寿命在延长，但是质量如何呢？我记得中国疾病预防控制中心有一个调查显示，中国糖尿病患者有9700万，是世界糖尿病发病第一重灾区，并且糖尿病发病呈现低龄化、加速化发展趋势。每年世界上都会有大量的人，因为运动不足而引发各种疾病甚至死亡。

楼可以造得很高，但是根基不打牢、偷工减料，那可能就是一个豆腐渣工程，就是一个“楼脆脆”。一个人活得再长，如果身体素质不行，天天往医院跑，那样的长寿又有多大意义呢？我认为完全可以通过增强身体素质，提高人生命的质量，拓宽生命的意义。

记者：那么，你认为学生体质状况下降有哪些危害呢？

姚明：最大的危害，肯定是健康。这个我们要分层来看，一种危害是让人染上致命性疾病，另一种危害是出现影响生活质量的亚健康状态。

致命性疾病的危害，不用说了，至于人数有多少，数据会说明问题。很多研究性报告都指出，癌症等疾病患病率在增加。相比于前一种危害，亚健康状态的人群更大、危害更普遍、影响更长远，但更不易受到重视。尤其是对于学生而言，在学生时代，他就处于亚健康状态，这种影响会伴随他的一生，会影响到社会甚至国家的方方面面，因为学生的健康是国民整体体质水平的基础。

再有，体质下降对于意志的影响更值得注意。一名肥胖的青少年，耐力弱、肌肉不发达，不仅易得病、易受伤，还会造成自信心下降，容易受到同伴的歧视，长久来看，会造成性格孤僻、与人沟通能力下降等问题。这样的孩子在意志力方面令人担忧，同样的情况发生在很多类似的亚健康状态的孩子身上。

现在的学生面对困难和挫折时，缺乏那么一种"咬咬牙就挺过去"的能力，根源就在于体质健康上。我不相信，一个坚强的意志，会建立在一个虚弱的躯壳上。

不运动的孩子是孱弱的、不堪一击的。我们现在好多孩子未老先衰，整天无精打采、昏昏欲睡，还迷恋喝可乐、吃肯德基，吃得自己的腿都跟鸡腿似的，孩子这样的体质不是危机四伏吗？

2011年年末，《中国青年报》和全国亿万学生阳光体育运动领导小组办公室做的"阳光体育公众调查"显示，87.0%的父母愿意自己的孩子参加阳光体育运动，其中64.9%的父母表示"非常愿意"。但调查也发现，当锻炼时间和学习时间发生冲突时，65.6%的父母仍希望孩子以学习为先。可见，广大父母仍未真正认识到体育运动的价值。

做父母需要有一种战略思维，不要总说这次考多少分、那次第几名，这个事没那么重要，重要的是他有后劲。一定要让孩子成为身体锻炼得棒棒的、热爱生活、热爱学习的人，这样他才是一个和谐发展并且可以持续发展的人。

（二）认识体育运动的真正价值

体育绝非头脑发达、四肢简单，而是强心强志之育。毛泽东在1917年写过一篇很深刻的文章《体育之研究》，他在文中写道：“体者，载知识之车，而寓道德之舍也。”“无体者，则无德智也。”车都没有，你载什么知识，你载什么道德啊？所以毛泽东倡导：“文明其精神，野蛮其体魄。”

儿童教育要从体育开始

有研究发现，孩子小的时候如果养不成运动的习惯，长大了就很难热爱运动，对生命的质量显然会有不利的影响。他长大了再运动，就是理智性地要运动，他没有一种热爱的情感。所以说，儿童体育运动的锻炼价值在于养成运动的习惯，儿童教育要从体育开始。我认为特别在小学阶段更要多些运动。小学阶段的功课没有那么沉重，就算你很重视高考，可是小学阶段离高考还很远。从小打下一个好的身体底子，使他精力充沛，学什么都能学好。

基于对体育的重视，我特意采访了北京师范大学体育运动学院院长毛振明教授，他这样告诉我：

“人类的认知有三大类，一是概念认知。比如，水在化学老师那里叫H_2O。H_2O在哪里？谁也无法用肉眼看出来。很多学科就是用概念的方式来解释和认识世界的。第二种叫感官认知。假如你让盲人提出一个概念：什么叫红色？那简直是不可能的。红色有概念吗？人们一个字也说不出来，只有感官才能了解。这类的学科包括音乐、美术，是靠敏锐的感官去体会的。在体育中，我们有和以上两类完全不同的认知，这就是第三类认知，即运动认知。

比如，教练说“出手要快”“用力点”，到底要快到什么程度呢？很难确切地解释，只有经常训练的运动员才有体会。还比如，运动员离得很远就能将球投进篮筐，而且，他一出手就能知道球是否能够进去。这就是运动员的身体认知。

怎么理解“四肢发达，头脑简单”的说法呢？其实，运动员的头脑不简单，就是文化课学得少了。参加体育训练后，运动员会特别累，第二天还要接着训练，很难再有精力学更多的文化课了。有人质疑：“刘翔到底有没有文化。”我想要是有那么多一般意义上的文化知识，他就不是刘翔了，也不可能拿冠军了。人们要刘翔拿体育冠军，就不要拿文化的标准来衡量他，每个人的才能是不同的。傻子是当不了运动员的，更当不了冠军。

在孩子成长的过程中，明智的父母无不把体育放在首位。鲁迅先生就是这样做的。鲁迅唯一的儿子海婴“健康、活泼、顽皮，丝毫没有被压迫得瘟头瘟脑”。“九一八”事变后，海婴因为身体强壮被误认为日本孩子挨了揍。可以说，鲁迅教育其独生子亦遵循“先兽其身，后养人心”的原则。所以对于父母来说，最重要的是让孩子从小养成一种爱运动的习惯，这就是他成功人生、幸福人生的开端。

在快乐的体验中养成喜欢运动的习惯

我的教育建议是：**要敢于放手锻炼孩子，让孩子从小就接触各种各样的运动，在快乐的体验中养成喜欢运动的习惯。**不要总想着把孩子包裹得严严实实的，唯恐孩子摔了、碰了、哭了，动不动就命令孩子：别动！别跑！小心点！其实孩子天性是好动的，父母不要总是担心孩子出事而不让孩子多运动，相反地，父母应该要“袖手旁观”，“狠”点心。

随着年龄的增长、学业压力的增加，许多孩子容易变得焦虑不安，特别是进入青春期之后，孩子更容易出现情绪波动和烦躁的问题。而让孩子养成运动的好习惯，可以有效避免孩子焦虑的问题。

运动一直被心理学界认为是最有效的情绪管理方法，而根据普林斯顿大学的研究，**锻炼能够促使大脑的海马体中生成新的神经细胞，也能促进新的兴奋性细胞生成，运动是调剂情绪的好方法。**

在通过运动来缓解压力和调节情绪方面，爱因斯坦无疑是很好的榜样。爱因斯坦是一位成就辉煌的科学家。他从小喜欢运动，一生坚持不懈，他在学习或工作十分紧张的情况下，仍抽空参加多种文体活动，尤其喜欢爬山、骑车、赛艇、散步等体育活动。爱因斯坦充沛的精力，正是来自他的合理休息和经常锻炼的结果。爱因斯坦考取瑞士苏黎世工业大学后，尽管每天学习任务紧张，仍抽出一定时间散步，节假日还要外出旅游或划船。

有一次，他去比利时访问，国王和王后特地成立了一个接待委员会。那一天，火车站上张灯结彩，鼓乐齐鸣，许多官员身穿笔挺的礼服，准备隆重地欢迎这位杰出的科学家。爱因斯坦却避开了那些欢迎的人，由小车站步行走向王宫。负责招待的人没有迎来贵宾，正在焦急地向王后报告，爱因斯坦风尘仆仆地赶到了。王后问他："为什么不乘我派去的车子，偏偏徒步而行呢？"他笑着回答说："王后，请不要见怪，我平生喜欢步行，运动带给我无穷的乐趣。"

树立"运动第一，学习第二"的观念

父母要明白运动对于孩子调节情绪的重要性，要树立"运动第一，学习第二"的观念，让身体好成为教育的起点。身体不健康可能导致心理的不健康，孩子缺乏运动带来的伤害不仅是体质下降，更是一系列的心理问题。比如焦虑、抑郁、恐慌，甚至精神分裂，等等，生命都可能受到威胁。

父母还要注意哪些运动更适合孩子。随着年龄的增长，孩子的心理特点会逐渐复杂，情感需求增强，情绪波动增多，兴趣特点逐渐明确。在进行适宜的户外活动的选择时需要注重增长见识、学习技能和培养合作意识等方面，如武术、舞蹈、游泳、划船、越野等。

父母还要认识到，运动的过程实际上是自我不断挑战、不断成长的过程。运动带给孩子的不仅是自身情绪的调节，运动还可以让孩子认识到与周围人的关系，变得更加理解他人。

如果孩子没有养成运动的习惯，与父亲的失职有关，因为在孩子的体育方面，父亲具有特别重要的责任。我衷心希望广大父亲勇于担负起自

己的职责，成为孩子最好的教练，教育孩子从体育开始。

据专家介绍，每周至少锻炼三次，每次锻炼不少于30分钟的人，才算得上体育人口。作为父亲应以身作则，并培养孩子成为体育人口。

父亲是孩子最好的教练

什么样的父亲是孩子最好的教练？请看一个父亲如何通过运动的方式让女儿得到了心灵的成长。

用现在网上的流行语来讲，经过一年的运动，女儿从原来的体育弱势群体中的一员“成功逆袭”，成了班里的运动佼佼者。这时候就出现了这样的情况：可能是“积怨已久”了吧，女儿对以前笑话过她、现在不如她的同学表现出了运动上的优越感。

初中这个年龄段的孩子对于体育是很看重的，有时候，一个运动条件很好的孩子甚至要比学习好的孩子更受欢迎。女儿的确得到了包括老师、其他班同学的认可，也拥有了更多的好朋友，但是她还是对以前自己胖的时候“受过的伤”无法释怀，表现就是在体育课上，她会拼命去超越那些曾经笑话过她的小朋友，并且在超过后会抛给人家一个不屑的眼神。哪怕下场后满脸通红、上气不接下气，她也不在乎。争强好胜的小种子就这样慢慢地在她心里发了芽。

我承认，一个优秀的运动员必须要有竞争意识和好胜心。但孩子毕竟不是运动员，这种心态带到生活中并不是明智的事情，想想当初我就是因为争强好胜，造成了女儿受伤的情况。现在我不能让女儿继续这种不理智的竞争。我需要找个法子让她意识到这件事。

我决定跟女儿比一场。我跟女儿说了之后女儿很兴奋，她认为通过这么长时间的锻炼，尽管她可能比不过我，但是挑战我绝对没问题，她说她一定要尽最大努力赢我。

我们最后决定以围着大湖长跑一圈为比赛方式。其实这对于我跟孩子而言都有点难度，长跑是需要长时间训练的，环湖跑一圈起码有3000米。但是女儿仍旧像“打了鸡血”一样跃跃欲试。于是，周末时我们来到公园，在各种准备运动做好后，我跟女儿说：“来吧，孩子！”

在女儿说了开始后，她箭一样地冲了出去，不一会儿就把我远远地甩在了后面。她也知道这犯了长跑的忌讳，但是为了胜利她拼了。但是疲惫很快就会袭来，后来我慢慢赶上了她，在中途，我保持原有速度就能稳赢已经过早消耗体力的女儿。

我停在了女儿身边，用与她同样的速度跑着，女儿很吃惊地看着我，想说什么，被我用手势制止了，我让她保持呼吸的频率和步伐，不然在疲惫中非常容易岔气和摔倒。我们就这样慢慢跑到了终点。

经过休息后，女儿问我：“爸爸，明明你能稳赢的，为什么不超过我？难道你在可怜我吗？”我说：“姑娘，你觉得这个世界上，除了赢别人，我们还能有其他事情可以做吗？”女儿说：“起码在比赛中，我要赢。”我说：“如果我刚才超过你，你认为这是耻辱吗？”女儿说：“有点吧，我知道自己还差得太多。”我说：“女儿，早晚有一天，你的身体会超越爸爸，会比爸爸跑更长的时间，跑得更快，但是在现在我们还能并肩跑步的时候，爸爸想跟你一路同行。毕竟，不是每一次锻炼都是比赛。超过了别人也不一定就意味着你会获得长久的快乐。”

女儿显然陷入了对自己行为的思考。我没再说什么，我依旧会陪她锻炼，在她摔倒的时候拉起她，在她运动前叮嘱她，在运动后关照她。之所以这样坚持不懈，是因为我认为终有一天，女儿会明白，身体强健能够超越他人，也可以保护他人。与之同样重要的，是在心理上能够给人以温暖而非压制，这同样是我对女儿运动的一种保护，相信这也是她在和伙伴们一起运动时需要逐步拥有的心理支撑。

——选自《少年儿童研究》2013年第23期《我与女儿共成长的运动之路》，作者：青山

运动是青少年社会化和培养健康人格最有效的途径

2013年，我曾经受《中国教育报》的邀请，为读者展望新一年教育的面貌。我集中表达了对青少年进行运动的思考。我说，我最不希望再见到的教育新闻是取消长跑。北京师范大学等高校取消3000米以上长跑，据说是为了避免危险，实际上是一个更加危险的信号，甚至可以说透露出民族危机的冰山一角。之所以如此说，是因为大学出现如此尴尬的新闻与中小学体育长期落后密切相关。

改革开放30多年来，中国的经济飞速发展，青少年体质的许多指标却不断下降，原因何在？众所周知，决定体质健康的三个关键指标是睡眠、营养和运动。中国青少年研究中心自1999年以来的十多年跟踪对比调查发现，全国中小学生睡眠不足的比例已经由近五成上升为近八成。营养不均衡和运动不足也是显而易见的事实。更为可怕的是，重智轻体已经成为家庭、学校和社会的普遍心理倾向。

我关心教育，我最希望出现的教育体制改革突破是完善意外伤害的预防和保险制度。为什么中国许多学校不敢组织体育活动和社会实践？为什么许多国家却敢于频繁开展体育活动和社会实践？一个根本的区别，就是看是否具备完善的意外伤害的预防和保险制度，以及素质教育的国民共识。

目前的现实状况是，学生参加运动难免发生意外，意外一旦发生就与学校没完没了地打官司，几乎没有胜算的学校怎么敢继续加强体育运动？最简单有效的改革，就是把教育部《学生意外伤害处理办法》修改完善，上升为国家法律；同时，制定完备的意外伤害的预防和保险制度，这是解放学校教育的根本措施。

我最盼望学校出现的变化是运动第一，学习第二。何为运动？运动绝非仅仅是增强体质，而是青少年社会化和培养健康人格最有效的途径。看体育比赛可以发现，运动者最需要遵守规则、最需要团队精神、最需要忠于职守、最需要顽强拼搏。所以，运动第一就是做人第一。运动第

一、学习第二之所以成为欧美国家许多学校的办学宗旨，原因即在于此。因此，学生每天校园运动一小时是办学底线，如果做不到这一点，校长应当被免职。不仅仅是运动，我希望中国孩子能够获得解放，解放的标志是学校普遍敢于组织春游、秋游、夏令营，研学旅行在中国蔚然成风。

（三）选择适合孩子的运动方式

在孩子成长的过程中，体育应该是一切教育的前提，是一切教育的基础。国家有义务出台刚性的措施，如“中小学生在校期间每天锻炼一小时”来保证孩子在校的运动。不过，孩子的体育锻炼情况在很大程度上取决于父母的态度。

父母如何重视孩子的体育锻炼，选择适合孩子的运动方式？请参考专家的如下建议：

如果您发现孩子不太合群，不习惯和同伴交往，您可以建议孩子选择足球、篮球、排球，以及接力跑等集体项目进行锻炼。这些活动可以帮助孩子逐步改变孤僻的习性，适应周围的群体交往。

如果您发现孩子有些胆小、做事怕风险、容易害羞，可以建议孩子选择一些具有挑战性的项目进行锻炼，如游泳、轮滑、摔跤、单双杠、跳马、跳箱、平衡木等活动。这些活动大多要求人不断克服害羞、胆小等心理障碍，战胜困难。

如果您发现孩子经常犹豫不决、优柔寡断，可经常带孩子参加一些例如乒乓球、羽毛球、网球、跨栏、跳远、跳高、击剑等活动。这些项目的活动，对于锻炼人的果断性具有很大作用。

如果您发现孩子性情急躁，爱冲动，最好能多带孩子参加下棋、打太极拳、慢骑自行车、射击等需要考验控制力的活动。这些活动有益于人稳定情绪。

如果您发现孩子的自信心不够强，可以带孩子参加一些如跳绳、俯卧撑、做广播体操等活动。坚持锻炼一段时间以后，您会发现，孩子的自信心得到了增强。

如果您发现孩子做事不能正常发挥，容易紧张，就多带孩子参加一些公开的、激烈的体育比赛，锻炼孩子冷静沉着地应对比赛的能力。

如果您发觉孩子好逞强、自负，可以选择一些难度较大、动作较复杂的如跳水、体操、马拉松等项目进行锻炼，也可以给孩子找几个对手，让孩子懂得“天外有天”的道理。

（四）制订合理的家庭运动计划

父母需要为孩子和自己制订合适的运动计划，适合孩子的运动计划既能让孩子爱上运动，又能让孩子持之以恒地保持运动习惯，而父母的参与和陪伴也能让孩子增加被关注的喜悦感。

2011年，国务院印发《全民健身计划（2011—2015年）》，要求切实加强青少年体育锻炼，其中提到：广泛深入开展“全国亿万学生阳光体育运动”，保证学生在校期间每天至少参加一小时的体育锻炼活动；积极开展课余体育训练，倡导科学、健康的体育健身和生活理念；建立和完善学校、社区、家庭相结合的青少年体育网络和联动机制。

从《全民健身计划》中可以看出，除去在校期间的课堂教学，课余体育训练也是阳光运动的组成部分。家庭应该是树立青少年正确健身理念、生活方式的直接场所。如何在家庭中实施青少年运动计划，父母如何制定适合自己孩子的运动方案成为重要问题。

核心目标是“增进健康，愉悦身心，和谐生活”

家庭运动计划的核心目标是“增进健康，愉悦身心，和谐生活”。

毋庸置疑，在儿童和青少年时期，家庭是最重要的成长环境，研究表明，0～7岁是儿童身体发育的“突增期”，12～14岁以后开始的青春期对青少年身体素质的发展来说也是重要的“敏感期”。体育锻炼是健康的四大基石之一，适宜的家庭运动对促进儿童的生长发育有着重要的促进作用。

运动能够让大脑保持最佳状态

“愉悦身心”指的是通过家庭运动形式，达到放松身心的目的。运动能够帮助我们释放压力，减轻肌肉张力，对人的认知能力与心理健康有着极其深远的影响。著名学者约翰·瑞迪和埃里克·哈格曼提出“运动能够减轻并预防认知障碍”“运动能够治疗自闭症障碍以及各类学习问题”“运动在治疗轻度和中度抑郁与无助感方面的效果与药物治疗效果一样好”“运动是治疗情绪障碍的有效方法之一”等理念。这些观点都印证了运动能够让大脑保持最佳状态，是唯一能够促进身心和谐发展的手段。

“和谐生活”是通过家庭成员共同参与体育运动，达到增进感情，加深了解的目的，让家庭成员之间的感情更加融洽、深厚，家庭生活更加和谐、美满。

此外，运动计划尤其要注重孩子的兴趣选择。孩子的兴趣几乎是与生俱来的，有着明显的人格特征。有的孩子从小就不喜欢激烈对抗的运动，比如不喜欢打篮球这种“人挨着人的较量”；有的孩子天生胆小，不愿意去挑战；有的孩子则对什么事情都只有“三分钟热度”，热度过去了再也提不起兴趣。

在培养运动兴趣的时候，一种是“取长”，即了解孩子的个性特点，按照他的性格安排运动的项目。如果孩子不喜欢近身对抗，就安排些隔网对抗的项目，比如网球、乒乓球、羽毛球等。另一种就是“补短”，比如对付孩子的“三分钟热度”，可以在每次运动之前设定好运动目标，必须在一分钟之内完成多少次跳绳，或者是必须参加多长时间的有氧操等。

对于孩子而言，良好的运动观念应该建立在以下几点的基础上：第一，运动是充满乐趣的，运动产生的脑啡肽可以帮助人体获得“快乐、幸福的感觉”，运动过后的大汗淋漓能够给予人最大的乐趣；第二，运动是“痛并快乐着”的体验，运动中的坚持是培养意志品质的有效手段，“坚持”是人生经受历练和考验时的人生格言；第三，体会胜利的喜悦，品味失败的沮丧，在运动与竞争中培养“抗挫折”的能力，是对个性发展的最大帮助；第四，运动是健康的基石，科学的运动是促进健康、养成终身体育习惯的重要手段，良好的运动习惯是健康人生的重要组成部分。

母亲与孩子一起运动、共同成长

下面这个妈妈做得就很好。

我是一名全职妈妈，虽然不用外出工作，但是家中琐事也让我每天精疲力竭。随着年纪的增长，“力不从心”这个词越来越显示了它的含义。

屋漏偏逢连夜雨。孩子因为体育没有达标而深感着急，非要在功课结束后拉着我出去锻炼。我从来都是体育困难户，现在居然还要去锻炼？但是孩子很坚决地跟我说：“也许练练你就喜欢了呢！”我找不着拒绝的理由，“运动大菜鸟”带着“小菜鸟”战战兢兢地开始了锻炼之旅。

究竟要练什么？这个问题差点儿让我和女儿吵起来。我认为女儿已经是小学高年级学生，等进入初中后，体育中考这座大山就足以压得她喘不过气来，所以锻炼项目自然要围绕着现有的考试项目进行。400米跑，折返跑，跳绳，足球，篮球……说真的，想起来我都头大。我跟女儿说：“要不就围绕着这些项目练吧。”女儿一下火了：“我在学校就因为这些科目没考好沮丧透了，回家还要面对它们？”我也嗓门提高了八度：“那你说不练这些练什么？”

我们俩一下都没了声音。是啊，除了考试项目还有什么可练的呢？这时候女儿嗫嚅：“我就是觉得这些特别没意思……”我跟女儿说：“丫头，你觉得什么有意思？”女儿一下打开了话匣子：“我喜欢跳皮筋，也爱跳房子！跟你们玩过一次的追人游戏我也特别喜欢！轮滑和大摇绳我也喜欢!"

本以为体育不佳的女儿没有喜欢的运动项目,没想到她居然有这么多感兴趣的内容。于是我跟女儿商量:"我们讲和吧,把你的考试项目和你喜欢的游戏穿插在一起锻炼好了。"女儿表示谈判成功。

我们算了算时间,大概每天能有不到一小时去锻炼。在有限的时间里,既要顾及我这个"菜鸟"妈妈,也要想到孩子能承受的强度,所以我们决定,除了周六和周日,每天练20分钟考试项目,玩20分钟游戏,剩下的10分钟作为热身和放松使用,这样有了难度又照顾了兴趣。想到自己的体力,我觉得这样也可行,毕竟我们还处于"很菜"的水平,目标太高我想想都后怕。

在计划开始的那个周一晚上,我在心里严肃地想着:真的要开始了!回头看到女儿绷得像小铁饼一样的脸,相视无语后我们捧腹大笑。是啊,这么紧张做什么?我们不是说好了要用好玩的心态去面对这件事吗?我跟女儿手拉手来到了小区旁边的公园里。

按照原定计划,我们先开始热身,在这方面,我完全听从女儿的指导。她毕竟上过体育课,比较有发言权。之后,我们要开始锻炼啦!我们都认为,做完困难的再玩游戏吧!于是我们按照女儿课堂的标准,开始跑步。我只能说,好久不运动,刚刚起步时真是费劲死了。我觉得我跑了很久,也不知道跑了多远,也不知道跑得多快,就知道跑得有多累。

女儿也有同样的感觉,因此,我们在第一天结束后,开始反思究竟怎么办。女儿说,老师一直是用秒表给他们计时的,但是那么专业的东西我们买了也没用啊!而且我们两人一起运动没法同时测。问题一个个出现了。

我想到了上网求助。我"混迹"于各大健身网站、名博,得知运动爱好者们会使用运动APP来实时测量自己的心率、运动的强度等。而且我最看好的,是他们晒出来的一张张由软件自动生成的运动统计表。统计表将一段时间内的运动按照不同的指标绘制成图像,一目了然。我跟女儿都有智能手机，我们分别装上了运动APP，这样我们两个人的运动记录就生成了。每天，我们都会查看属于自己的“运动图像”，看着很“高大上”的图像，我们也觉得信心就那么一点点地膨胀起来，脱离“菜鸟”梯队指日可待了。

经历了一个半月的锻炼后，我觉得我和女儿都有了不同程度的进步，看着软件统计出的数据，志得意满到爆棚。女儿虽说仍然不喜欢考试项目，但是终于不再畏惧它们了，我认为这就已经很好了。而我也从一个跑200米都喘得不行的人逐渐练习到跑10分钟不费劲的妈妈。虽说对于健身达人而言，我们的成绩不算什么，但是我们对自己这段时间的坚持感到很高兴，也认为我们的计划制订得很合理，现在都有点儿“不够玩”了。

女儿提出了向公园的运动器械“进军”，我有点儿拿不定主意。女儿说：“我们试试不就得了嘛！”说罢就蹦向了那个需要往上推举的器械。我看着那个大器械，心里一阵犯毛。女儿觉得自己身强力壮，加上前一阵跟大树玩摇绳（把长绳的一头系在粗一些的树上，另一头自己摇），她认为臂力提高了不少，现在已经不把这个器械放在眼里了。

我眼瞅着她推了几下后就脸红脖子粗了，立刻喊住了她：“你别逞强！”且不说女儿的姿势是否正确，经过这么长时间在健身论坛的潜水，我知道如果没有专业人士的协助，这些大器械不适合没有经验的人，尤其是小孩。憋气、让脊柱强行承受过重的负担，都会对孩子的身体造成伤害，让尚未发育好的骨骼、神经和肌肉承受过重的压力。这种冒进的心理势必会造成运动损伤。

女儿停下后，我跟她及时总结了她的鲁莽行为。我们回顾了锻炼以来的身体变化和内心变化：身体适应能力增强，体力变好，动作也灵活了，这些都是好的方面。我们的内心对运动的恐惧、推诿和消极也因体力的改善而逐渐转变成自信、阳光的心态，甚至有一种“打了鸡血似的兴奋”。这种兴奋很多健身达人都说过，中等强度、深呼吸运动产生的内啡肽会让人产生愉悦感，觉得很high（兴奋）。这种感觉我在一次程度相对激烈的锻炼中微微体会到过，觉得自己就快飘起来了，觉得运动不够似的。但是那次我停下来了，因为借着这种兴奋继续运动后，我感到了前所未有的疲惫。所以当女儿也有这样的身心变化时，我特别关注起来，因为这个时候最容易受伤，必须要有人冷静、克制地去约束。

坚韧、热情、稳定、冷静的心态是运动计划长期进行的重要保证，我跟女儿在刚开始运动的时候都忽略了这一点，认为这只是运动的副产品，可以不予关心。但是经过这段时间后，我逐渐体会到，父母在与孩子一起运动时，除了对共同做什么需要有规划，要写下来或者制作成电子版不打折扣地打卡进行，对于孩子在运动中的心理变化也要及时关注：运动到哪一步了？孩子是什么感受？这种感受是否与当前的身体情况相吻合？这项“隐形计划”是运动计划中不可或缺的一部分，父母一定要心里有数。

——选自《少年儿童研究》2014年第11期《“菜鸟之家”不怕不怕！》，作者：卢云

我真为这个母亲点赞！她勇敢克服心理障碍，陪伴女儿坚持运动，尽了一个母亲的职责。同时，她也养成了运动的习惯，使自己的身体越来越好。实际上，好的教育往往都是父母与孩子一起成长，这也是教育的魅力所在。

体育是强体之育，更是强心之育。体育不能只是局限在个人发展的某个阶段的活动，而应是贯穿人的一生的生活内容。作为现代人生活方式的重要组成部分，体育应伴随人的一生。但在中国的现实是，很多父母重视孩子的营养、重视孩子的学习，却唯独不够重视孩子的体育。为此，毛振明教授的告诫值得我们谨记：体育是关系到一个人幸福生活一辈子的事情，一定要让运动成为终身的好习惯。

四 阅读提升生命质量

有人说:阅读不能改变人生的长度,但它可以改变人生的宽度。阅读不能改变人生的起点,但它可以改变人生的终点。阅读的意义在于,它在超越世俗生活的层面上,建立起精神生活的世界。一个人的阅读史,即是他的心灵发育史。我说,阅读是拯救灵魂的必修课,让孩子养成读书习惯等于在他心里装了一台成长的发动机。

(一)爱读书的孩子易成功

由于做过记者,又是儿童文学作家,我采访过许多青少年,有的甚至跟踪采访长达30多年。我有一个规律性的发现,真正走向成功和幸福的青少年几乎都是爱读书、爱思考、爱实践的孩子。

《参考消息》2009年2月1日刊登了一名成功少女的故事。

这名少女叫邹奇奇,只有11岁,她在8岁时就出版了12万字的故事集《飞扬的手指》,一举成名,被美国媒体推上《奥普拉脱口秀》,上了美国广播公司的《早安美国》,被主持人称为“美国文坛小巨人”。

奇奇所撰写的逾300篇故事,多以中世纪为背景。从古埃及写到文艺复兴,文中透露着独特的关于政治、宗教、教育的见解,思想内涵深刻,文思严谨，令人难以相信是由8岁的孩子一手撰写的。

问到女儿的成功原因，邹奇奇的母亲说：和她住在一起，就像生活在大学里，因为，她每时每刻都在教别人“新”的知识。她妈妈“经常给予女儿赞许与鼓励”。家里的哲学就是：“学习与吃饭、喝水一样自然，永远不要放弃学习。”

对于自己的成功原因，奇奇认为要归功于涉猎书目广泛。她说她的藏书包括天文、地理、文史、传记，而最爱的莫过于历史和小说。奇奇读书的速度也令人咋舌，一本700页的“哈利·波特”系列小说，她花8个小时就能读完。

邹奇奇现在的生活是充实的，她要创作散文、小说、诗歌及撰写博客，她要应邀到学校、企业、国际研讨会上发表有关写作和社会研究的演讲。她有自己的梦想：希望长大后当一名教授，或者尝试做记者工作，并继续写书。

奇奇的成功就在于她从小养成的良好的读书习惯，“学习与吃饭、喝水一样自然”，这不正是我们每个父母从小就应该给予孩子的最好的“礼物”吗？

（二）读书要讲究方法

有的父母说，现在的孩子学业越来越重，根本没有时间去阅读。我觉得，让孩子阅读是最好的教育，比参加各类补习班要有价值得多。

当然，如果我们能教给孩子一些方法，让孩子既能感受到阅读的乐趣，又能扩大知识面，正可谓一举多得。

在孩子小的时候，读书大多是随意的行为，随着年龄增大，的确需要父母给孩子提供一些指导，教孩子一些技巧，重要的是培养孩子良好的读书习惯。

首先，父母要学会让孩子改变一些观念，如现在你的阅读速度实在是太慢了，要改变并不难；如果你渴望读快一点，你真的就能够读快；阅读速度可以成倍、成十倍提高，一目数行并不是天才的专利；阅读速度的提高与理解文章内容没有根本上的矛盾。

另外，及时纠正孩子的一些不良阅读习惯，是十分重要的。如眼睛距离书本很近；默读的时候总是轻声地读出声来，或者虽然没有声音，但是感觉到喉结在动；歪着脑袋，躺着或是伏在桌子上阅读；喜欢一口气读几个小时等。这些习惯都不利于孩子的身心健康。

眼睛距离书本很近，一是损害视力；二是极大地妨碍了读书速度——眼睛应该距离书本远一些，33厘米左右为宜。因为眼睛离页面远，眼睛看到的视野就越宽阔，视网膜成像的文字就越多。这样一来，一次摄入的文字不再是一个字、一个词语或几个词组，而是一大块、整段甚至几段。只要养成习惯，一目数行是非常容易的事情。

朗读出声音是阅读速度慢的另外一个阅读障碍。我们比较看电视和看报纸就知道，听一分钟的电视新闻，其播报的文字量大大少于我们一分钟阅读报纸的文字量。如果在阅读的时候出声（喉结在动，表明也是在发声），理解速度就大打折扣。因为如果发声，大脑接收信息时通过声音这个不必要的环节，即“文字→声音→大脑”；如果不发声，就是“文字→大脑”，少了一个发声环节。当然，读出声对记忆是有好处的，因为这是一种多重刺激。但是记忆和理解是有区别的，少了一种记忆手段并不意味着理解能力会下降。

让孩子爱读书，我们要学习犹太人。据说犹太人在孩子1岁的时候就将蜂蜜涂抹到《圣经》上让孩子舔，意在告诉孩子读书是甜蜜的事情。这个饱经苦难的民族拯救自己的秘密就是读书。

（三）帮助孩子爱上阅读

培养阅读习惯的方法和建议

培养孩子良好的阅读习惯，需要注意很多方面，我的建议是：

1. 为不同年龄的孩子选择不同的书。中国社会科学院新闻传播研究所的研究员卜卫在研究儿童与媒介的关系时，有很多重要的发现，我很赞成她的一些观点。不同的年龄有不同的心理特点，认知水平是不一样的，所以卜卫认为：在小学一、二年级，学生读的书可以以图为主，标有拼音，这样的书，情节简单；幽默、童话、生活故事、卡通、动画片等，比较适合一、二年级的学生。小学三、四年级的学生，可以读一些深刻的童话、有情趣的诗、科学童话与故事、伟人故事与历史，还有儿童报刊。小学五、六年级的学生，可以读一些漫画、寓言、儿童小说、儿童诗歌、科幻小说、探险故事、少儿的百科全书等。初中学生可以读少年小说、少年诗歌、中外名著、科普类书籍、青春期教育类的书籍等。父母要注意让不同年龄的孩子读不同的书，这利于孩子循序渐进，打牢阅读的基础，让他终身受益。

2. 全家安排固定的读书时间。父母每周应该安排一次或数次专门用于阅读的时间，全家人聚在一起，可以共同读一本书，也可以各自读自己喜欢看的书，读书时大家要尽量保持安静。

阅读，可以不拘泥于形式和内容，也可以随时随地进行分享，但是一段固定的亲子阅读时间却是不可或缺的。我相信有很多父母朋友会在孩子入学之后，觉得可以长出一口气——终于可以放下"给孩子讲故事"这样的包袱了。学校里有老师，回家他也可以自己看书，可是，孩子仍然是需要和爸爸妈妈一起阅读的！

一家三口窝在舒适的沙发里，人手一本喜欢的书，屋里播放着柔和的钢琴曲，面前摆着切好还顾不上吃的水果……每当谁读到出彩的段落时，都会迫不及待地想和对方分享，"哈哈哈哈，儿子，你听这段，我觉得这个你一定喜欢……""妈，这个词是成语吗？你给我讲讲是什么意思吧！"有的时候，甚至感觉不是我们在陪孩子看书，而是他在陪我们看书。不过，这有什么区别呢？

我们会因为读到一本《新月集》，而兴致勃勃地召开"朗诵会"：

"假如我变了一朵金色花，只是为了好玩，长在那棵树的高枝上，笑哈哈地在风中摇摆，又在新生的树叶上跳舞，妈妈，你会认识我吗？你要是叫道：'孩子，你在哪里呀？'我暗暗地在那里偷笑，却一声儿不响。我要悄悄地开放花瓣儿，看着你工作……"

多么简单却有童趣的诗句！当儿子稚嫩的朗诵声响起时，我的笑眼已经忍不住要湿润了。对爱书人来说，这简直是天堂般的瞬间！

有的时候，可以选对话丰富的小故事，尝试与孩子一起做角色扮演，或者说通过复述书中的内容，进行一场故事体验。欧·亨利的《麦琪的礼物》里，一连串的对话展现出剪短了美丽长发的黛拉和卖掉了金表的詹姆斯的情感。我们从那些为难和遗憾里，体会到了深深的爱。

很多父母忧心忡忡于电视、游戏机和网络给孩子带来的冲击，对我来说，它们不是洪水猛兽，只是孩子成长中的一种兴趣选择。当孩子拥有了更具诱惑力的选择时，这些碎片化的信息光影是不能与读一本好书带来的充实与满足相提并论的。

——选自《少年儿童研究》2014年第6期《我家阅读"五个一"》，作者：田佳

如何养成良好的阅读习惯呢？以下几个细节值得注意。

1. 注意孩子的读书姿势。聪明的父母一定要意识到正确的阅读姿势对孩子成长的重要性。要经常观察、提醒孩子，帮助孩子正确阅读。理想的阅读姿势是双腿与地面保持平行，背部直立。椅面不能太硬也不能太软，椅子应该有一个直的而不是斜的靠背，椅面的高度应该足以让大腿与

地板平行或比平行稍高一点。

2. 定期借书。教给孩子利用图书馆的技能，如图书馆是怎么对图书进行分类的，怎么能找到他最想看的书等。最好让孩子申请借书证，帮助孩子有效利用图书馆。

3. 爱护图书。大作家钱锺书先生很爱惜书，和他交往的记者发现，他买的一些书都包上了书皮，这个习惯直到年纪大了也没有改变。要教孩子爱惜图书，要告诉孩子：手很脏时不能看书，一定要先把手洗干净；手上有汗，一定要擦干净；书不能折页，要学会使用书签；要给刚买的书包上书皮，把它放在一个干净、好保存的位置；保持图书整洁，给书加注时要工整、清晰，画一些重点的标记时用波浪的符号或者横线，一定要画得很规范；鼓励孩子保存看过的图书。

4. 引导孩子做读书笔记。对于孩子来说，看书尤其要做读书笔记。因为孩子看书有个特点，喜欢看热闹，很快地翻，哪儿热闹我看看，没热闹就过去。这样他对书的理解是不够的。毛泽东在回忆他的老师徐特立先生时，就总结了一个读书的经验：不动笔墨不动书。毛泽东读过的一些书，有很多加了眉批，就是在书的边上加了批注。我们可以要求孩子读书时，顺手记点什么，慢慢地，孩子就会形成记读书笔记的习惯。

一般说来，读书要记住作者，记住年代，弄清背景，读出它的精华奥妙所在。而且在动笔记录的过程中，也会逐渐养成动脑筋的习惯。作者生活在什么样的时代，作者主要表达什么主题，孩子会一边记一边思考。

我建议让孩子准备一本读书笔记，也不要贪多求快，当然首先要选择比较适合的、有价值的书读。我自己读书的时候也是这样的，因为我每天写日记，我读过的书，我都会记下作者、书名、主要内容以及我的感悟，甚至我还把在阅读中发现的一些生僻字记下来。

总之，让孩子养成读书的好习惯，我想他不仅会成为一个会读书、爱读书的人，而且还会成为一个热爱学习、热爱生活的人。

做好读书笔记让阅读往事并不如烟

读书生涯五十年，我有一个切实体验：即不做读书笔记，多少年后许多书明明看过却似乎没有看过，因为往事如烟；而做好读书笔记，读书不忘，往事历历在目。

以下这个案例值得父母借鉴：

我为孩子准备了一本厚厚的阅读记录本。我们并不会强求他每读一本书，都要写三段式的读书笔记，但任何阅读的快乐都值得记录。里面的内容几乎包罗万象：一周的读书计划；读到一本好书的心得或疑惑；终于学会使用的成语；抄录的喜欢的段落，甚或兴之所至，再画一幅插图；偷偷许愿生日时可以得到一套价格不菲的全彩百科全书做礼物……

当然，这个本子不是儿子的专利，我也会时不时地翻看，在儿子的奇思妙想边写写画画，为他“点赞”。能和儿子写“交换日记”，还真让人感觉仿佛回到和同学偷偷交换夹着小字条的“违禁”课外书的青葱岁月！

当孩子学会使用工具书之后，一本《新华字典》，或者大部头的辞典就是手边的必需了。

在从阅读简易的图文童书到文字量较大的书籍的过渡过程中，父母不要过分担心孩子认字量还少，阅读长篇文字会有难度。对渴求了解书中世界的孩子来说，即使是囫囵吞枣也是幸福的。对于生字量大的新书，我一般会先给孩子绘声绘色地朗读一遍。如果他对故事感兴趣，就会想自己翻着看。这时我会要求他看到不认识的生字词，就用字典查出拼音，用铅笔标注在书上或者记在本子上。

有一次，儿子读到一篇科普童话，想当然地把“绦虫”读成了“条虫”。如果不是我在一旁听着，还真让他做了一回“白字先生”呢！这就要提及新书“朗读”的必要性了。尽管默读可以让人更迅速地了解故事，但对小孩子来说，如果遇到不认识的字，经常就会直接跳过去或者随意读个半边。如果是出声朗读，自然逃不过去。通顺的朗读，对他的语言表达能力是极好的训练。

——选自《少年儿童研究》2014年第6期《我家阅读“五个一”》，作者：田佳

我的深切体会是，不喜欢阅读的人经常会不知所措，喜欢阅读的人一辈子都不寂寞。父母培养孩子的好习惯一定要有耐心，要鼓励孩子多接触书籍，经常带孩子逛书店，给孩子一点钱，让他好好挑一本书。另外，家里要摆放很多书籍，选择一个固定的时间让孩子看书，比如，每天在固定时间读书半个小时，坚持不懈，孩子就很容易养成读书的好习惯。

第 五 章

幸福源自平等和谐的关系

平等和谐的关系是家庭幸福和家庭教育成功的必备条件。没有平等,培养不出现代儿童;没有和谐,建设不成民主家庭。因此,父母不仅应尊重儿童的权利,还要善于发现孩子的独特个性,真诚地学习孩子身上的优点,使教育过程充满理智之爱。

当前,家庭教育的突出问题不是教育而是关系,父母的误区往往在于过于关注教育,却忽略了良好亲子关系的培育。教育的规律告诉我们,亲其师才能信其道。学校教育是这样,家庭教育更是这样。亲子关系好,家庭教育才能成功;亲子关系糟糕,家庭教育一定失败。关系的好坏决定教育的成败。良好的亲子关系是相互尊重、相互理解、相互信任、相互帮助和相互学习的关系。衡量亲子关系好坏的底线是当孩子遇到麻烦或危险的事情时,看他是否敢于对父母说。衡量亲子关系好坏的高线是当孩子犯下严重错误时,看父母是否敢于惩戒孩子,以及孩子能否承担责任。

一 夫妻关系第一，亲子关系第二

我第一次见到蒋佩蓉全家是在北京四中，最难忘的是他们全家组成一个乐队登台演出，这使那天的活动达到了高潮。她的先生林为千、大儿子林凯文、二儿子林凯恩、三儿子林凯安各司一种乐器，作为母亲和唯一的女性，蒋佩蓉负责弹琴兼指挥。

我感受到了前所未有的震撼，这是爱的震撼，是美的震撼，是和谐的震撼。我知道，蒋佩蓉是美国麻省理工学院中国总面试官，可是事业的成功未必会有家庭幸福相伴相随。试想，有几个家庭可以组建一支乐队？又有几个家庭可以进行旋律美妙而又气势磅礴的演出？

不久后的一天，我和蒋佩蓉在钓鱼台相逢，我们共同出席国务院参事室举办的教育研讨会，并且被安排坐在一起。那天傍晚，会议就要结束的时候，她悄悄地与我告别。我问她不在这里出席晚宴吗，她粲然一笑，说要回家做晚餐。

望着蒋佩蓉渐行渐远的背影，我有些感动。也许，正是因为她如此热爱与奉献于自己的家人，才会有那么一个童话般的美好家庭。她所持的教育观点给我留下的第一印象就是在家庭教育中夫妻关系第一。所以，在公共场合，她总是维护自己先生的形象，夸林为千是“我们家的大英雄”！

我知道，蒋佩蓉的母亲是反对她与林的婚姻的，认为林配不上女儿，主张女儿离婚。在《佩蓉的妈妈经》一书中可以看到，蒋佩蓉不但忠于与林的爱情，还为维护自己的婚姻总结出七个守则，即斩断旧情、避免父母介入、不在外人面前批评丈夫、只能改变自己、成为丈夫的帮手而不是竞争者、警惕危险信号、面对孩子时与丈夫站在同一阵线等。

蒋佩蓉的老公林为千写道：

“从孩子们很小的时候起，为了更好地经营和维护我们的婚姻，我们两人会找时间外出约会。”“通过约会，我们讨论彼此的差异，解决彼此的冲突，使夫妻关系日益紧密。我们深知，充分的沟通能让男人懂得如何宠爱他的妻子、女人学会如何尊重她的丈夫，而坚固的婚姻正是健康家庭的基石。”

在我2014年出版的《用心教养》一书中，我记录了与11位中美心理学家的对话，其中与美国脑神经科学家约翰·梅迪纳教授的对话，因为在2014年4月2日的《中国教育报》整版刊出，引发了广泛的关注。

梅迪纳教授有一个出乎许多人意料的观点：要想让孩子考上名牌大学，男人就要回家好好疼爱老婆。其实这句话的本意就是强调夫妻关系会对孩子的智力发展和学业成绩产生重要的影响，呼吁父母认识到夫妻关系的重要性。

事实上夫妻关系的重要性，不仅体现在对孩子学业成绩的影响上，更可能影响孩子的人格健全。可以说，良好的夫妻关系是孩子幸福一生的基石。这里从以下三个方面来深入解读，为什么建立良好的夫妻关系是家庭教育的第一要务。

（一）良好的夫妻关系培育孩子的安全感

安全感是孩子对客观世界的一种心理体验，和父母建立了安全的依恋关系，拥有充足安全感的孩子，敢于积极地探索外部世界，而缺乏安全感的孩子很容易出现心理上的问题。

根据《美国社会学评论》发布的一项研究，夫妻之间如果关系紧张，经常争吵，则会影响孩子的阅读、理解、计算和逻辑思维能力，孩子的数学成绩和社交能力就会比同龄人要差，而且更容易出现焦虑、自卑、压力大等心理问题，还会出现社交障碍，甚至有暴力倾向。

“蓝极速”网吧悲剧不可忘却

2002年6月16日凌晨2时40分左右，北京市海淀区学院路20号院内一家名为“蓝极速”的网吧燃起熊熊大火。

25条鲜活的生命在大火中丧生，多人受伤，重伤者数人，这些死者和伤者中，半数以上是附近几所大学的大学生，他们的生活刚刚掀开生命中最美好的一页，如夏花般灿烂，便戛然而止……

案件的来龙去脉是这样的：

2002年6月14日，宋某（男，14岁）和张某（男，13岁）在网吧里与网管发生了纠纷。由于两人曾被发现在网吧里抢劫他人钱财，网管以“未成年人不得入内”为由，拒绝他们进入网吧。这两个孩子恼羞成怒，又遇上另外一个同样被网吧赶出来的刘某（男，14岁）。在“姐姐”张某（女，17岁，初中毕业，无业）家里，四人商量如何报复这个网吧。

6月15日晚，宋某、张某（男）经刘某同意后，携带汽油、打火机等作案工具，来到了网吧门口……

震惊全国的“蓝极速”网吧悲剧就这样发生了！这是北京市自新中国成立以来在公共场所发生的最为严重的、因一场大火造成群死群伤的特大案件之一。

事后，四名少年都被法院给予重判或追究相关责任。

任何事情的发生都不是无缘无故的，详细分析了所有能找到的相关资料和报道后发现：这四个涉案孩子中有三个孩子早早就家庭破裂，而另外一个也因为父亲吸毒而导致夫妻关系极为恶劣。

夫妻关系恶劣，孩子就像残巢将破的小鸟一样

孩子内心安全感的建立必须要以与父母或抚养人建立良好的安全依

恋关系为基础，而这种依恋关系要求父母能够感受、理解孩子的内心需求并做出积极回应。但如果夫妻关系不好，家庭缺乏安全温暖的氛围，孩子就会像残巢将破的小鸟一样，整日惊恐不安，很难表达自己的内心需求；而父母又因为夫妻关系的障碍也很难对孩子做到共情和理解。恶劣的夫妻关系，最终会成为孩子安全感建立的障碍。

2014年9月26日，《合肥晚报》报道了5岁女孩小雅（化名）因为父母离婚而被遗弃在棋牌室里的新闻。小雅父母都是安庆人，带女儿来合肥打工，但他们的夫妻关系很不好。在事发前的一个星期，小雅的父母再次发生激烈争吵，双方都声称要离婚。争吵过后，小雅的父母相继离家出走，却把女儿丢在附近的一个棋牌室里。棋牌室老板在之后的连续五天里都联系不上他们，最后无奈报警。警方虽然联系上了小雅的父母，但他们都表示不愿抚养小雅，双方都不肯出面接孩子。小雅最终只得被救助站送到合肥老家由邻居收养。

因为父母关系的破裂，小雅开始了孤独飘零的生活，这无疑会摧毁她内心的安全感。

在和睦家庭中成长起来的孩子，有稳定的安全感、归属感，性格乐观、自信、诚实，遇到困难，多采取积极的应对方式。而父母关系紧张、家庭矛盾多，甚至家庭破裂的孩子，因为缺乏温暖、温馨、快乐、幸福等内心的需要，就会在家庭之外寻求慰藉，很可能出现早恋或染上网瘾。

缺乏安全感的孩子不仅心智很难健康地成长，甚至连生理发展都会受到负面影响。国外的研究发现，在夫妻关系不好、冲突频繁的家庭环境里的女孩初潮时间往往会提前，出现生理早熟。专家们分析这是物种进化的原因，因为当女性处于危险的环境时，较早的生育可以更有利于种族的延续。所以，缺乏安全感的女孩更容易性早熟。而相对于正常发育的女孩，早熟的女孩更容易出现自卑、退缩、易焦虑、社会关系弱、酗酒和过早有性行为等问题。

（二）良好的夫妻关系是孩子未来家庭生活的榜样

夫妻关系是孩子将来婚姻模式的启蒙

家庭中夫妻关系的状态，会在孩子的大脑中留下印记，影响到他将来对待异性的方式，以及对待婚姻的态度。如果父母的关系给孩子留下的是“战争”“冷暴力”的记忆，也许他会再次延续父母的不良模式，这就是原生家庭对婚姻的影响。

2007年7月，美国《婚姻与家庭》杂志上介绍的一项研究显示，一个人离婚的倾向主要由父母的婚姻状况决定。从一定程度上讲，子女常常会“复制”父母的婚姻状况。

研究人员对2300对双胞胎及他们的配偶和成年子女进行了调查，结果发现，家庭环境是离婚背后的重要原因。父母离异的人，其婚姻失败率是来自稳定家庭子女的两倍。领导该研究的美国印第安纳大学心理学家布赖恩·诺费奥表示：“一个人离婚概率之所以增大，约66%应归咎于其父母离异这一事实。人们对待婚姻的态度往往来源于父母对待婚姻的观念。”

父亲是孩子认识的第一个男人，母亲是孩子熟悉的第一个女人，爸爸妈妈作为夫妻让孩子最深地感受到什么叫爱情和婚姻。所以说夫妻关系是最深刻、最持久的性教育，也是孩子最重要的两性生活的榜样，这会对孩子未来是否能拥有幸福的家庭生活产生巨大的影响。

中国两位文坛巨匠钱锺书和杨绛，也是一对相濡以沫、相敬如宾的模范伉俪，他们的情感被人喻为可遇不可求的旷世情缘。1932年早春，他们俩在清华大学古月堂门口一见钟情，此后便不离不舍，相伴终生。钱锺书曾谆谆嘱咐杨绛：“我不要儿子，我要女儿，只要一个，像你的。”他们相亲相爱的夫妻关系，无疑也给了自己的女儿钱瑗很好的榜样。

1962年的一天，钱锺书带杨绛和爱女一起到饭店吃饭。在饭桌上，杨绛发现女儿一直在观察其他饭桌上吃客的言谈举止，并且像看戏一样很是着迷。杨绛奇怪地问："你这是干吗啊？"钱瑗说："观察生活是件很有趣的事，你看那一桌上的两个人是夫妻，在吵架，那一桌是在宴请亲戚……"杨绛明白了，孩子无时无刻不在感受着生活的细节，她也庆幸给了女儿幸福而快乐的家庭氛围。

恩爱的父母是钱瑗最好的榜样。虽然钱瑗一生坎坷，在两段婚姻中却也都是夫妻恩爱，特别是与第二任丈夫杨伟成组建新家庭时，杨伟成的一个儿子已经18岁了。当上了继母的钱瑗用自己的爱心赢得了杨伟成两个孩子的爱。她的继女、继子都分别撰文深情回忆与母亲钱瑗在一起度过的20多年的幸福生活，表达着对继母的思念和感激。

我曾经在著作里多次提到，孩子是看着父母的背影长大的，父母给孩子最深刻的影响之一就是夫妻关系。

我给你们最好的礼物就是永远爱你们的妈妈

青岛市妇联曾经评选出27个优秀母亲，并把她们的事迹编成书，请我为之作序。我仔细阅读书稿，被一个美国母亲在书中回忆父母对自己的影响的段落吸引住了。

这个美国母亲说："我小的时候曾经问我爸爸：爸爸，你给我的最好的礼物是什么？"当时她就坐在地板上，和爸爸坐在一起。爸爸想了想说："我给你们最好的礼物就是永远爱你们的妈妈。"她开始不太理解，因为这句话很让孩子费解，后来她在长期的生活体验中发现，父母相亲相爱真是给孩子最好的礼物，因为爸爸爱妈妈，妈妈爱爸爸，是这个家庭得到稳定和温暖最重要的原因。孩子就像小鸟，窝都不存在了，还有安全吗？

夫妻和睦是给孩子最好的礼物，父母的首要任务就是为孩子做出榜样。孩子从对父母关系的观察中去思考什么是爱情和婚姻，什么是生活和社会，这远比一般的说教重要。因此，父母如果给孩子做出好的榜样，孩子会终身受益；父母如果给孩子做出坏的榜样，孩子会终身受害。

（三）夫妻关系对教育子女的态度和方法会产生巨大的影响

良好的家庭教育需要现代的教育理念和科学的教育方法，但是如果家庭缺乏良好的夫妻关系，这两个重要的家庭教育元素也将不复存在，因为夫妻关系对父母教育子女的态度和方法会产生决定性的影响。

恶劣的夫妻关系必然摧残孩子的身心健康

2014年10月15日，一段最初被取名为“如果这个是你老婆你会怎么做”的视频，出现在国内多个知名网站上，最后又在微博上广为流传。在这段5分钟的视频里，一个四五岁大的孩子站在墙边，一个女子拿着一根小竹条边骂边抽打孩子，伴随着啪啪啪的响声，女子进行了一系列骇人的行为：竹条抽身、用巴掌打脸、脚踹头……在微博上，大家都在谴责该女子虐打孩子的行为，同时怀疑这样凶狠的行为怎么可能出自孩子的母亲，呼吁警方尽快找到并解救这个孩子。

这段视频也引起了警方的重视，后来无锡警方在某街道的租住屋内找到了这个女子和被打的孩子。让人吃惊的是，被打的孩子正是这个女子王晴（化名）的大女儿。

王晴是云南人，20多岁，跟丈夫一起来无锡，丈夫在外打工，她在家中看孩子。视频中被打的是大女儿，今年才4岁，而那天她被妈妈暴打，就是因为不小心把大便粘到了裤子上，而女儿这样被妈妈打已经不是第一次了。

根据邻居的介绍，王晴的家里经常传来尖叫声，还有砸东西的声音，时常夹杂着小孩子的哭闹声。后来人们才知道，王晴的丈夫经常对她施行家庭暴力，而且下手很重。而在白天丈夫上班后，王晴独自带着三个女儿时，也同样会对女儿大打出手。

“留你有什么用，还不如打死算了。”这是妈妈打女儿时经常说的话。

其实在这个事件中，这个年轻的妈妈既是施暴者同时也是受害者，因为其长期被丈夫施暴，使她在教育孩子的过程中，逐渐失去理智，将自己的怒气和负面情绪不自觉地发泄到了孩子身上。恶劣的夫妻关系最终使她对孩子的教育方式走向畸形，这样的教育无疑是在摧残孩子的身心健康。

夫妻关系融洽最有利于孩子成长

家庭的最本质含义就是建立和谐的夫妻关系，一旦失去了融洽和睦的关系，孩子也就失去了最可靠的保障。爱情与婚姻之所以神圣，是因为它们是人类生命链条中最关键的环节，只有爱才能给自己带来心灵的幸福，也只有爱才能给孩子真正的天堂。

既然夫妻关系会对孩子的教育产生如此重要的影响，父母应该怎么去做呢？

1. 把建立和谐的夫妻关系作为家庭的核心来精心维护。一个家庭先有夫妻关系，其次才有亲子关系，所以父母要明白夫妻关系的重要性，在处理夫妻关系的过程中，以理服人，以情感人，使家庭成员之间建立融洽的关系。

2. 父母要相互理解和尊重，为孩子做出榜样。只有懂得尊重的父母才能教出懂得尊重的孩子，所以父母要想培养孩子尊重的好习惯，就要以身示范，教会孩子如何去做。父母间的相互尊重对于在孩子面前树立权威性也至关重要，在孩子面前相互贬低的父母很难赢得孩子内心真正的尊重，父母要想在孩子面前树立权威形象，需要夫妻彼此的相互支持。

3. 父母间如果发生冲突，要让孩子看到和解的过程。许多夫妻当着孩子的面争吵却背着孩子亲热，许多孩子只记住了父母争吵时的场景，而不知道父母间的矛盾是何时解决的，而内心一直保留着恐惧和不安。因此，夫妻之间彼此要形成共识，不在孩子面前吵架，给孩子创造一个温馨的、安全的成长环境；如果发生争吵，就要让孩子看到两人合理解决的过程和结果。

4. 父母要做到自我的不断成长。父母在童年时被教养的经历会对自己以后教育子女的方式产生深远影响，许多人不会处理夫妻关系，很可能是自己的童年也缺少父母恩爱的榜样或者经历过父母关系恶劣的创伤，这就需要父母在教育孩子的过程中做到自我成长。心理学家认为，孩子是父母最好的心理咨询师，因为在教育孩子的过程中，父母都会带着自己童年的影子，很多复杂经历和心理创伤可能会无意识地流露出来，所以父母就需要不断地反思和觉察自己的不足，不断地做到自我成长。

夫妻关系是家庭中最重要的关系，自然也是孩子健康成长的最重要的保障。夫妻的行为和彼此之间的关系，成了每一个孩子必读的第一本书，以至于影响深远，终身难以改变。正如约翰·梅迪纳所说："爱老婆，就是爱孩子。"父母要先学会如何爱彼此，才能正确地爱孩子。

二 没有秘密的孩子长不大

没有秘密的孩子长不大，这是我的一个教育观点，许多人听了眼睛都瞪大了，似乎很害怕。为什么呢？其实我非常理解，做父母的有一个共同的心理，都希望自己的孩子像个水晶人似的，一看是透明的就放心。但是孩子越大越不透明，越大秘密越多。这下大人就急了，就怕自己不了解孩子，所以好多爸爸妈妈偷看孩子的日记、偷听孩子的电话。

有一个妈妈悄悄地跟我说，她女儿都上大学了，她还是不放心，就花钱雇了侦探，天天报告侦探结果。我说："你这样做，你女儿一旦知道了，那你们之间的关系就完了。"我是不主张父母要掌握孩子所有的秘密，那是不可能的，也是不必要的。

（一）隐藏秘密是孩子的天性

孩子进入青春期后，很多父母就非常紧张。如果家里的孩子是个女儿，一个男孩子来家里找你女儿，父母一看：我的天哪，狼来了。很紧张啊！心里一百个不愿意，嘴上不好说，只好说："来吧，来吧。"让人进屋了，给人家倒茶水。然后妈妈就在屋里擦桌子，永远擦不完。干吗呢？不放心啊，守着，怕出事。

其实，这样的父母非常不明智，你在这个地方擦桌子，孩子心里跟明镜似的，她知道你不信任他们。父母在这儿转来转去，孩子怎么说话呀？那孩子就会想找个地方藏起来，孩子一旦找个地方藏起来，那才容易出问题呢。

聪明的父母不会这么做，聪明的父母会这样，他们说："来了，太好了，来，你们同学难得坐一块儿，你们好好聊聊天。"父母可以送个水果、端个茶水。说句"你们聊吧"，然后父母就离开。离开了之后，孩子觉得，老妈真给我面子，老妈这么信任我，我也不能让老妈担心呢。

真正的教育是自我教育，真正的控制是自我控制

我们要特别小心翼翼地对待孩子的秘密，我的观点是，孩子的秘密是孩子长大的营养品。秘密就意味着孩子要独立地面对、意味着一种责任，它并不都是那些危险、可怕，或者不好的事情，所以父母要给予理解。

有的孩子跟我说："孙老师，你知道吗？我们家都是爸爸妈妈的领土，我没有地方可以藏身。你知道我的日记放在哪儿吗？我的日记都藏在褥子底下，每天上学揪一根头发丝放在日记本中的一页里，放学回来我就看头发丝动了没有。"

有的孩子说："孙老师，你知道吗，我妈妈可贼呢，老偷看我的日记。我爱写日记，她却偷看我的日记，怎么办呢？我就写两本日记，一本日记专门写豪言壮语，那就放在比较好找的地方，妈妈一看满意了。妈妈会认为：我的孩子很上进，我的孩子很阳光，我的孩子很高兴。其实我还有另外一本日记呢！"这孩子多累啊，本来现在负担就重，还要写两本日记。当然，现在的孩子已经开始改变手段了，升级换代了。现在在网上写日记，加个密码，让父母打不开。

不良的家庭教育会变成捉迷藏，猫捉老鼠，而老鼠则藏来藏去，父母对孩子很不信任。我建议父母朋友要允许孩子有一些秘密。有的父母不理解，说：有什么秘密？有什么见不得人的？我是他妈（我是他爸），还不能知道吗？还不应该知道吗？其实每一个人长大的时候都伴随着很多秘

密，现在看来很多秘密根本就不是秘密。

面对女儿的秘密，妈妈为何心酸

你发现没有？孩子一上小学，特别是到了中学，放学后回到家就把自己房间的门关上了，不出来了，而且还要求父母进来时要敲门，有时候，你一敲门他还很紧张。其实那里边没有多少秘密，他没有秘密也把好多事弄得像有秘密似的。

浙江人文大讲堂请我讲课，我遇到出版社的一个资深编辑。有一天，她女儿在学校里找东西，遍寻不着，实在太着急了，万般无奈之下让恰好在学校的妈妈回家一趟，说：你帮我在我的抽屉里拿这件东西回来。然后，她把钥匙给了妈妈。

她妈妈是很守信用的人，这么多年从来不打开女儿的抽屉。这次受女儿的委托，终于有机会打开女儿的抽屉。打开之后一看，妈妈心酸了，她发现上高三的女儿抽屉里真没有多少秘密，就是当年她送给她的小手镯啊、一幅画片啊、一封什么同学的信啊。所有这些东西几乎构不成秘密，但是女儿就像保守什么巨大的秘密一样保存了好多年。

这实际上是成长中的一个现象。孩子，尤其是进入青春期的孩子，有一种把自己封闭起来的倾向。比方说，他一放了学就给同学打电话，特爱打电话。这个时候他说的事其实也没有多少秘密，但是他就坚决不能让你听。写信、发短信也都是这样。这个时候，父母要对孩子多一分理解。如果你对孩子不理解，你会发现，你越追查得紧，你的孩子谎话越多。

孩子撒谎的两个主要原因

现在，我们大家都对孩子撒谎非常头疼，一旦发现孩子撒谎，你会觉得特恐惧。但是孩子为什么撒谎呢？有两个主要原因：

第一个原因是说真话会受到惩罚。孩子只要跟你说了真话，得到了一种惩罚性的后果，那么他下一次就很可能撒谎。说真话受到惩罚，孩子就会加倍撒谎。

第二个原因是逃脱困境。当孩子处于某种困境没法对你说，你还非要问的时候，孩子就会撒谎。比如，几个男孩子说："这件事就我们三个人知道，谁也不能说，谁说了是小狗，谁说了是叛徒。"妈妈知道了非得让孩子说，千方百计让孩子说，孩子就很为难。孩子要是跟你说了，在他心目中就意味着自己是叛徒、自己不能保守秘密，就失去了与同学交朋友的条件。他觉得这件事自己和同学能处理好，但是你不信任他。很多孩子在这个时候就会选择撒谎。

（二）信任是问题解决之道

父母可能会说："孙老师，你搞儿童教育还不明白吗？孩子闯了祸怎么办呢？有危险怎么办呢？"

孩子的秘密的确包含了某种危险，但是你要看清楚，你对孩子要信任、要了解。如果你了解你孩子的做事风格、习惯，我想你可以断定你孩子保守的秘密是否有危险，应该说基本上是可以判断出来的。如果你真的认定这件事有危险，那你作为监护人当然有权利来干预这件事情，而且你要跟孩子讲明白，你是监护人，你必须对他的安全负责任。但是你要看到，孩子保守的秘密，绝大多数是没有危险的。孩子的成长需要一个空间，其实我们小的时候也有很多秘密。没有秘密的孩子长不大，孩子一定要学会自己独立地面对和处理一些事情。

好父母的头条标准就是信任孩子

我们需要从平等和谐的亲子关系的角度来对待这个问题。在我们的调查中发现，孩子对父母的最大希望是自己的父母是好父母。什么样的父母是好父母呢？调查数据显示，全国中小学生回答得最多的是"信任我"。2005年，我们在全国做了个大型调研，发现孩子对父母最大的期望就是"信任"，因为父母经常怀疑孩子，孩子经常受到冤枉，不被信任。

那么孩子对父母最不满意的是什么呢？是说话不算数。很多父母对孩子说：好好学习，学习好了我带你去哪儿哪儿玩，给你什么什么东西。小孩听了以后很高兴，好好学习，达到这个水平了，这时候他们说："爸爸妈妈，咱们走吧！""上哪儿去啊？""你不是说上哪儿去玩吗？""哎呀，挺累的，去干吗呢？甭去了，以后再说。"孩子就特别生气。

孩子特别渴望父母信任他们，我们可以看到"信任"二字在孩子的心目中是多么重要啊！我认识一个北京某中学的领导，她说让她感觉到自己长大了、成人了的就是父母的信任。当时她家在农村，很穷，要给爸爸看病就得把自己种的大蒜什么的拿到城里去卖，父母居然就让她去卖。十二三岁的她觉得自己第一次拿着这些东西到北京去卖，觉得自己是个大人了。

后来更让她感动的一件事是，家里要去买缝纫机（我们小的时候都知道"三大件"中缝纫机可是一大件啊！），父母居然让她去买。她拿着钱到了店里以后，那个店的售货员都有点不敢相信，问："你的钱哪儿来的？你买这个干吗？"她觉得自己已经是大人了，我能做事就是被信任。所以，后来这个老师独立性很强，很敢于负责任。

没有尊重就没有教育

所以，孩子一定要被信任，当孩子拥有秘密的时候，你也要信任孩子。

我记得有这么一件事，我有个朋友，她在北京当过30多年小学老师。她跟我说："孙老师，有件事我真后悔。我儿子上高二了，有个星期天，我儿子在家里转来转去，就像驴上了磨似的。我就判断我儿子一定是失恋了。"她知道她高二的儿子跟一个女同学挺好，她看到他在屋里愁眉不展的，就断定她儿子失恋了。这个妈妈就想："儿子啊儿子，你可要有点出息呀，别这么点事就挺不过去呀。"

儿子转悠转悠就走了，这个妈妈心里就痒痒的，特别想解开这个谜，儿子到底想什么呢？她知道她儿子有写日记的习惯，也从来没有偷看过儿子的日记，但是这一天她忍不住了，她太担心她儿子想不开了，就千方百计地进入了孩子的房间，打开了那个抽屉。

后来这个妈妈跟我说："我一拿到儿子的日记，我的手就像被烫了一样。"原来她儿子在日记里边夹了一张字条，上面写着："妈妈，我料定你会来偷看我的日记。我有心事你不要管我，我自己能处理好我的事情。你这么鬼鬼祟祟的，我瞧不起你。"这个妈妈拿着这本日记，手像被烫了一样，放也不是，拿也不是，后来感慨：真是"道高一尺，魔高一丈"啊！她以为她观察儿子，她就没想到儿子对她了解得清清楚楚。

（三）怎么理解和面对孩子成长中的秘密

孩子在成长的过程中，是需要自己慢慢地长大的，你不能代替他。我看到某地出过一道作文题，很耐人寻味：

帝王蛾的故事给我们什么启示

有一种蛾子叫帝王蛾，因为它的翅膀长达几十厘米，它飞起来很漂亮。可有谁知道它在破茧而出时必须拼命地挤出来，不少娇嫩的生命就在这冲杀中丧失？有人试着帮它剪开茧壳，蛾子是出来了，可它永远失去了飞翔的本领。为什么呢？因为它当时在挤出那道"鬼门关"时，通过用力的挤压，血液才能顺利地送到蛾翼的组织中去；唯有两翼充血，帝王蛾才能振翅飞翔。人为地剪开茧壳，它就失去了这一充血的机会，就永远与飞翔无缘了。你能施舍它一时的舒服，但没有谁能施舍它一双奋飞的翅膀。

结合材料，请回答：帝王蛾的故事给了我们什么启示？

孩子的成长是大人不能代替、不能省略的，是你帮不了的，你必须给他一种自我锻炼、自我成长的机会，这就是成长的过程、成长的奥秘。所以我们说没有秘密的孩子长不大，它最本质的意义是给孩子一个自我成长的空间，让他自己去面对，自己去承担，让他意识到什么是责任，怎么面对责任。

10岁以后的孩子更受群体社会化的影响

父母替孩子做得越多，孩子就会变得越无能，不但无能，而且被同学瞧不起。你发现没有？等孩子上了中学之后，哪个妈妈要是经常送孩子或接孩子，她的孩子很可能被嘲笑。孩子们会说："宝贝，你妈妈来了，亲爱的！"没有一个青春期的孩子会受得了。

孩子长大有一个特点，做父母的要有个心理准备。孩子过了10岁以后，好像跟父母的关系就不那么亲密了，这是有理论根据的。

心理学发现，人的心理发展有不同的周期。

孩子在10岁以前是崇拜父母的年龄段，这个时候他们觉得爸爸妈妈都是英雄。小孩总是说：我爸爸说的，我妈妈说的，说的时候特别自豪、特别相信。

10岁到20岁就开始进入一个轻视父母的年龄。这个时候孩子老怀疑父母，老觉得父母不对、父母没什么出息，就特别叛逆，容易反叛。

20岁到30岁，对父母就多一些理解，对父母有些爱。

大概40岁以后才到了深深理解父母、爱父母，也就是歌里唱的"常回家看看"的年龄。

在这样一个心理变化的周期中，另外一个现象跟着就来了，你会发现孩子从上了小学高年级，特别是到了中学以后，他有个很大的变化，就是同伴的影响开始超过家庭的影响。非常简单的一个标志就是，在给孩子买衣服时，爸爸妈妈说："哎呀，真好看，真漂亮！"同学说："俗不可耐，真难看。"你就知道你孩子听谁的了。年龄越大越听同伴的，年龄越小越听父母的，这就叫群体社会化的影响。

孩子在10岁以后，特别是上了中学以后，他越来越在意同伴的评价，特别希望得到同伴的认可和接纳，他甚至在父母面前宁死不屈，而在同学面前乖乖投降，这就是孩子成长的一个特点。

为什么说没有秘密的孩子长不大呢？因为孩子在与同伴交往中就必然产生秘密，这个秘密是由他的心理特点导致的，这个时候他半独立半依赖、半成人半孩子，这个时候他跃跃欲试，什么都想自己试一试。而且跟成年人、跟父母产生了一种隔阂、一种距离，不希望他们参与。这个时候，他就像那个蛾子一样，不停地碰撞，这个时候你是不能帮他剪开这个蚕茧的，成长是要付出代价的。

这就是我们讲的平等和谐的亲子关系中关于秘密的问题。父母面对这个问题怎么办呢？最重要的是跟孩子保持良好的关系、信任的关系，让孩子知道最可信任的人是父母、最知心的人是父母、最安全的人是父母。

你千万不要像有的妈妈，偷看女儿的日记，一看大惊失色，因为女儿在日记里写了性幻想。青春期的孩子太容易产生性幻想了，它是一种自然的流露，这是一个成长的过程。可是她觉得女儿不要脸，骂女儿不要脸，还要把女儿的日记拿给班主任看，还说："我让你们老师看看，看看你的脑袋在想什么呢！"所以女儿愤而离家出走，因为青春期的孩子非常顾忌自己的形象。其实她写了这些，本来是一个很正常的心理活动，并不意味着孩子就那么肮脏，完全不存在这个问题。但是，妈妈这样做的结果就导致母女没有办法沟通。

谁家有一个青春期的孩子，谁家就有一颗不定时炸弹

要做一个现代的父母就要做一个信任孩子的父母，就要做一个允许孩子有秘密的父母。有的时候，孩子的秘密和你有关系。孩子跟你约定这事谁也不能说，那么你就得遵守这个诺言。如果你能遵守这个诺言，他就把你视为他的朋友、可以信任的人。如果你转眼就告诉别人，那你就失去了信任。为什么这样呢？因为青春期的孩子特别偏激。

我开玩笑说："谁家有一个青春期的孩子，谁家就有一颗不定时炸弹。"青春期的孩子是只有一只眼睛的孩子，他看问题很片面很偏激；青春期的孩子是只有一只耳朵的孩子，他偏听偏信。他们特别偏激，呼和浩特那个孩子能够拿生命去证明往老师身上甩的墨水是一滴不是四滴，他能

自杀，他觉得“我可杀不可辱”。其实大了以后你就明白，证明这个有什么意义呢？世界上很多事情是说不清楚的，也没有必要都说清楚。

所以我们要特别小心翼翼地对待孩子的秘密。我的具体建议就是，现代的父母要做到不偷听孩子的电话、不偷看孩子的书信日记、不去搜索孩子在网上和谁聊天、不去调看孩子的聊天记录，总之你不要去当警察。你跟孩子之间的关系不是侦查与反侦查的关系，如果你想侦查你的孩子，与孩子成为一种侦查与反侦查的关系，你会发现，那就和警察与罪犯的关系一样了。因为你越想侦查孩子，孩子就会比你更高明地藏起来。

信任是教育的基石，信任的基石是不可动摇的。你去搜查孩子的秘密可能会有所收获，但是你很可能失去得更多。

三 好的关系胜过许多教育

好的关系胜过许多教育，这是我多年研究家庭教育的一个特别深刻的体会。如果有人问我："你能不能用一句话来说明什么是好的家庭教育？"那我就会说："好的亲子关系就是好的家庭教育。"

你一定会发现，什么时候你跟孩子的关系是好的，你的教育就是成功的；什么时候你和孩子的关系是糟糕的，你的教育必定也是糟糕的。所以说要想教育好，必须关系好。

（一）简单粗暴的关系导致严重的后果

在家庭教育问题或者悲剧后面，极有可能隐藏着简单粗暴的亲子关系，而成功和幸福的家庭教育背后，往往都有和谐的亲子关系。

湖南卫视推出了令人耳目一新而又牵肠挂肚的节目《一年级》，通过《一年级》这个逼真的"窗口"，我们可以充分观察惊心动魄的儿童生活，而这有可能成为电视节目的一个经典。

小学生不适合寄宿生活

因为这个节目是在一个寄宿小学拍的，所以我更要旗帜鲜明地提出这个观点。当然，我的本意并不是要抵制寄宿学校，而是说在父母有能力照顾孩子的情况下，把孩子送到寄宿学校无疑是不明智的决定。

很多父母可能觉得把孩子送去寄宿学校既可以培养他的独立性，又能让父母忙于事业，何乐而不为？但孩子独立生活的前提是要建立在与父母拥有良好、安全的依恋关系的基础上。小学生每天都需要跟父母在一起的时间，因为这能让他拥有安全感。就像李昊煜在节目中与妈妈分别前说的话："没有你，我该怎么活？"在孩子看来，与父母长时间分离的恐惧与生死离别是一样的。

孩子对这种分离焦虑的恐惧，在第二期节目的回家返校后更为明显，连独立性很强的安淇尔都用哭泣和挣扎反抗这种分离，而李昊煜更是要用400个手榴弹把学校炸掉。因为他们发现这与幼儿园一天不见父母的短暂分离不同，五天时间不见父母是件让他们感到很没安全感的事情。

孩子过寄宿生活最起码要到初中，这个时候孩子基本上已经完成了与父母的依恋关系的建立，对父母的外在依恋减少，具备了与父母分离的心理条件。

缺乏安全感和价值感有可能摧毁孩子的一生

节目播出到第三集，马皓轩无疑是最引人关注的孩子。在我看来，马皓轩是孩子中想做到最好、最渴望得到认同的，但是为什么最终却成了制造问题最多、同学最不喜欢，也最让老师头疼的孩子呢？根本的原因或许就在于他的内心缺乏必要的安全感和价值感。

心理学研究发现，内心缺少安全感的孩子往往具有很强的攻击性，而马皓轩在节目中无疑是攻击性较强的孩子，他的攻击性体现在语言和肢体两个方面。他在第一集中就骂同学是"傻瓜""哭脸巴""一群笨蛋"，甚至在医务室大骂老师是"丑八怪"；在肢体上，他经常与同学争夺东西，打斗；在第三集里，他还用擀面杖把李昊煜的头打出了个包。从表面上看，他蛮横霸道、盛气凌人，实际上他的内心却是弱小和不安的，最直接的体现就是在第二期节目中，上语文课时，马皓轩头上套个塑料袋子，而他的理由是害怕同学偷袭他。当马皓轩总是带着这种警惕的目光与周围同学相处时，就容易认为别人是不友好的，是要伤害他的，他需要通过攻击别人来保护自己，消除自己的潜在危险，这其实就是缺乏安全感的表现。

马皓轩内心缺乏价值感，同样是导致他成长问题的心理原因，他在这方面的表现也很明显，比如，在第一集中找宝藏时，他把自己弄丢了，就一直在说："我已经输掉了，别人都找了很多样了。"在第三集中当小老师时，他忐忑不安地说："反正也没人与我同队……""蠢死了，果然跟我一样……"这都是不自信、觉得自己无价值和不够好的表现。这种无价值感也促使他产生了争强好胜、事事都要赢的心态，因为他需要用各种成功来填充内心无价值感的空洞，所以他才畏惧失败，计较得失。

马皓轩为什么出现这样的问题呢？除了他先天气质特点的因素外，我们更要关注他的家庭教育问题。在节目中，马皓轩的妈妈讲过在儿子刚出生一年多的时间内家里换了六个保姆，这其实是一件严重伤害孩子安全感的事情，因为安全感需要稳定的依恋关系和依恋对象，而保姆像走马灯似的换来换去，孩子不断经历着与熟悉保姆分离的焦虑和适应陌生保姆的痛苦，如何能建立起安全感？

马皓轩的妈妈把换保姆的原因，归结于孩子的调皮，而真实的原因可能是她自身就是一个缺乏安全感的母亲，这很容易导致她对保姆的不信任，正如她怀疑班主任陈学冬不喜欢自己的儿子，会抛弃他一样。

同样，马皓轩无价值感的问题也能从母亲身上找到影子。比如，在第三期节目中她情绪失控地指责陈学冬时，她是知道马皓轩存在的问题的，却接受不了实习班主任陈学冬直白的言语，正如她所讲："你表达的方式……让我们觉得在你面前都抬不起头来……"马皓轩平时的表现其实同妈妈一样，当他受到挫折、失败和被人否定后，往往会表现出愤怒、攻击、情绪失控等行为。

虽然马皓轩的行为带着父母的影子，但我们也不能因此对他们有太多的责难，每个父母都是从孩子走过来的，正如他的妈妈对陈学冬所讲的："我总觉得自己像个小孩子一样，在你面前……"如果她的童年没有得到父母足够的爱，没有建立足够的安全感，她在内心里就像永远长不大的孩子一样整日战战兢兢，很难有足够的能量去爱马皓轩，也很难让他拥有安全感。这也是为什么我总要强调父母需要跟孩子共同成长的原因。

尽管网上很多人都不喜欢马皓轩的行为，但是我们需要知道他内心其实是慌张和弱小的。我感触最深的是他在第三期节目中当小老师时忐忑地说："我只会讲吓人的故事……"一个只会讲吓人故事的孩子内心该有多少恐惧感啊！

在现实生活中，存在很多与马皓轩一样的孩子，他们都需要被理解，被共情，被给予正确的爱和教育。

（二）关系改变命运

前边我们讲过，孩子最希望父母做到的就是"信任我"，信任的关系就是最好的关系，这是我们最向往的关系。

有人说："孙老师，其实我和孩子的关系挺好的，孩子要什么我给什么，我把他的生活安排得很好，而且从来不说他，这是不是好的关系呀？"我觉得不一定，我认为好的关系不是溺爱的关系，也不是包办代替的关系。我提出好的关系是五种相互的关系，那就是：相互理解、相互信任、相互尊重、相互帮助、相互学习，这才是真正好的关系。这方面的案例就非常多了。

父女间的"教育战争"

《父女间的"教育战争"》是一篇值得思考的文章，因为它提出了一些有深度的问题，即孩子的健康成长需要什么样的爱，或者说什么样的亲子关系最适合孩子成长。近年来，人们开始关注和呼唤父教，可是什么样的父教才是有利于孩子成长的？

应该说，作为父亲，苏以彬投入全部心血教育女儿，几乎达到登峰造极的地步。女儿苏晓梅进入哪个学校上学，父亲就把饭店开到哪里，以求方便孩子学习。为了考出好成绩，他逼女儿做大量的各种各样的课外作业，使女儿睡眠严重不足。为了激励和监管女儿，这个父亲甚至与女儿考进同一所大学。

从表面上看，苏以彬历尽千辛万苦，终于如愿以偿，完全尽到了一个父亲的责任。但是，如果从父教与女儿成长的意义上说，苏以彬是一个失败的父亲，因为他以一种畸形的爱扭曲了孩子的心灵。

有专家提出了好父亲的五个层次，即接受、喜欢、崇拜、感恩、信仰。也就是说，被孩子心悦诚服地接受，是好父亲的及格线。孩子不愿意接受的父亲都是不及格的父亲。

当然，父母的分工不是绝对的，父亲也可以培养孩子的亲密性，母亲也可以培养孩子的独立性。但就各自的天然优势与特殊责任来看，父亲更有责任培养孩子的独立性，即自信自强和自理自立，因此要给孩子更多独立生活和丰富体验的机会。

如果从青春期女孩成长的角度看，女孩更需要与父母充分的情感交流，才可能具有安全感和幸福感。如果经常与父母处于对立的状态，很容易出现危机。比如，在家里得不到温暖的女孩，非常容易受到外界的诱惑，哪怕只是一点点的所谓关心和体贴，都可能成为诱因。

孩子10岁以后，最重要的教育原则就是“尊重”二字

从以上两个角度看，苏以彬这个父亲的做法具有严重的缺陷，因为他给女儿的成长空间过于狭小，给女儿的理解和尊重太少，而这些缺陷造成的后果潜移默化地存在于女儿身上，难以通过考上大学就轻易改变。

由此看来，父亲的教育乃至整个家庭教育都是有原则、有方向的。例如，家庭教育的核心不是传授知识而是培养健康人格，因此，孩子10岁以后，最重要的教育原则就是“尊重”二字。

令人略感欣慰的是，女儿苏晓梅考上大学后，父亲苏以彬基本答应不再干涉女儿的生活。希望父女俩的契约能够执行下去，更希望天下父母

以此为戒，切不可重蹈覆辙。

环视我们周围的家庭教育，不难发现，那些悲剧性的家庭教育故事，几乎都是专制或者溺爱的结果。相反，那些成功的幸福的家庭教育故事，几乎都是理解、尊重或支持、帮助的结果。原因很简单，孩子的成长是有规律的，教育自然也是有规律的，尊重生命是一切教育最根本的教育理念。

现在的父母为什么有时候跟孩子发生那么大的矛盾呢？就是因为不理解。我是一个研究者，也是一个儿童文学作家，我曾经收到过三万多封中学生来信，这些信让我很感动。他们对我很信任，但是我也很奇怪，这些人对父母、对老师怎么就不信任？可能因为我隔得远，对他们没有威胁，所以他们对我很信任。有好多中学生在离家出走之前把日记寄给我，让我给他们保存。看来只有有了好的关系，说话才有效果。

如何面对一个决心做许广平的女高中生

我印象特别深的是一个高三的女孩子给我的来信，信上说："孙老师，我有件重要的事情跟您商量，我爱上我的老师了。"她为什么对我这么坦率呢？因为她给我的信已经很多了，摞起来将近有一尺厚。她把我当成一个倾诉的对象，对我很信任。

她说："我爱上我的老师了，我能有今天的进步都是这个老师帮助的结果，现在这个老师的老伴去世了，他一个人生活，我想高中毕业之后放弃考大学的机会，我要和这个老师生活在一起。虽然这个老师的年龄比我父亲的年龄都大，但我要下决心做许广平（鲁迅的第二个夫人，他的学生）。在做出最后决定之前，我想听听您的意见。"

我收到这封信时非常忙，但是我想，这封信我不能不回啊！我就写了一封1500字左右的信。那时候还不用电脑，都是手写的。我说：

我相信你的感情是纯洁的，我也相信这个老师是个不错的老师。在你这个年龄产生这样的情感是非常可以理解的，但是我还是建议你心动不要行动。人生就像一片蓝天，而你就像一只小鸟，小鸟只有飞上蓝天才知道这个世界多么辽阔，你要是连飞都没飞起来就停下了，将来你可能会后悔。

高考是你一生中特别珍贵的机会(因为那个时候高考还没有改革，没有放宽年龄限制，只允许高三应届毕业生参加——作者注)。人生能有几回搏，我建议你不要放弃高考，全力以赴地去高考，争取考上一所大学。你出去闯荡一下，看一看周围的世界是什么样子，到那个时候你如果认为这个老师还是你最好的选择，那我就支持你嫁给他。

但是我跟你说点人生经验，一个人在他十七八岁的时候可能会疯狂地喜欢一个人，或者叫爱上一个人，但是用不了多久他就可能会骂自己："我昏头了，我怎么会喜欢他呢？"青春期里的人的恋爱是非常不稳定的，我希望你三思而后行。

这个女孩子拿到我的信后，告诉我她看了很多遍，可能觉得我讲得有些道理，最后她决定接受我的忠告，安心地准备高考。结果，她考上了某外国语学院。上大学半年之后，她给我来信，说自己在大学里谈恋爱了，谈得热火朝天。

当时特别让我感慨的是，这么重大的事情，她为什么不和她的父母商量呢？这件事情最能帮助她的人就是她父母啊！其实我也很明白，她敢跟父母说吗？她要是跟父母说了，父母还不吃了她。大家都知道琼瑶的第一部作品《窗外》，就是写一个学生和老师谈恋爱，被她妈妈闹得天翻地覆，那个老师不但丢了工作，还差点被抓起来。现在多少中学生在重演《窗外》的故事？

这个时候，只有信任、理解才可以帮助她。她认为我能理解她，所以我也真给她写了封信，我觉得我还真是理解她。因为我理解她，她就信任我，我的建议就很有效。现在这个女孩子早已经大学毕业了，和她的男朋友在南方某城市定居，结婚，过着幸福的日子。这个女孩文笔很好，给我寄了好多散文，如自己和丈夫一块儿午睡起来品茶的幸福感受。

有一次我和中央电视台的编辑聊天，聊起了这件事。他们想就这个内容做一档节目。我说："我得跟人家商量商量。"我打电话给这女孩，说："中央电视台想做关于你的节目，你觉得可以吗？"她说："孙老师，我不想做，我现在的生活很幸福，我不想让电视节目打扰我们安宁的生活。"我说："对，幸福比做节目重要多了，我们不做节目了。"我就回绝了中央电视台。到现在我也没见过这个女孩，因为我希望她安宁地生活。

这件事对我最大的启发就是：父母想教育好孩子，没有别的选择，真的要信任孩子、关心孩子。这是非常重要的，但是做到这一点并不容易，因为在这个过程中你要克制自己。

关系好坏决定教育成败

讲到中学生的教育，不能不讲到性的问题。有两个故事让我很难忘记，你从中可以看出不同的亲子关系导致了两个截然不同的结果。

> 北京有一个初三的女孩子怀孕了。这个女孩子有个特点，怀孕之前似乎什么都明白，一怀孕就什么都不明白了，害怕了。这个时候她第一个想到的就是妈妈，这是女孩子的本能反应。但是这个女孩子再一想，马上就否定了自己的想法，说："这个事可不能告诉我妈，我妈太厉害了，她要知道了，非吃了我不可。"这个女孩子一想，我爸爸大概比较开明，平时交谈中我爸爸很开明的，我试着跟我爸爸说说吧。
>
> 回家了，她爸爸正在看报纸，女儿就往爸爸跟前凑，说："老爸，我跟你说个事啊。我们班有个女同学怀孕了，你说怎么办呢？"她爸头也不抬，继续看着报纸，说："什么怀孕了？这么点小孩怀什么孕呢？瞎说。"他女儿说："老爸，真的，我没骗你。这个女孩假如是我，你说怎么办呢？"她爸抬起头来了，厉声说："是你，我打断你的腿，我把你打残了，我养着你，也不能让你这么出去给我丢人现眼。"他女儿一听就不敢说了，她怎么办呢？后来的结果就不知道了。
>
> 我们再来看第二个案例，有一家人到辽宁某城市去发展，立足未

稳，一家人很辛苦。

这一天，上高二的女儿突然扑通一下跪在妈妈的面前号啕大哭，“妈妈，妈妈，我错了，我对不起你，我对不起你。”她妈妈问：“怎么了？”女儿哭着说：“我怀孕了，怀孕了！”妈妈一听，怀孕了，头发都快竖起来了。老实巴交的女儿、勤奋学习的女儿怎么就怀孕了？一点迹象都没有啊！妈妈愣住了，后来很快就反应过来，说：“闺女啊，你起来，不要怕。只要我们有勇气面对，什么困难都能克服，你起来。”

第二天，妈妈带着女儿上医院检查，以妈妈的名义挂号，确诊是怀孕后，就做了人工流产手术。然后，这个妈妈给女儿的学校打电话，说女儿要做阑尾炎手术，请假二十天。为了保护女儿的隐私，妈妈编个理由是完全可以理解的。妈妈也请假二十天，在家里精心照顾女儿，一句责备的话都没有，把女儿感动得热泪盈眶。女儿说：“妈妈，你是世界上最好的妈妈！”

她就把事情的真实经过跟妈妈说了。

原来他们家到了这座城市之后，她因为英语的发音跟不上，班里的英语课代表——一个男孩子就很热心地帮助她学习英语，这个女孩子就帮助男孩子学习语文，两个人确实挺好。后来有一天，她到男孩子家去复习，家里没有人，这个男孩子很冲动，两个人就发生了性关系。

她妈妈陪着女儿，散步的时候、吃饭的时候就跟女儿谈心，谈人生、谈爱情、谈婚姻。女儿就说：“妈妈，你放心吧，我一定会让你看到一个让你骄傲的女儿。”这个妈妈说：“我当然相信，我的女儿是有出息的，不会沉沦下去的，我相信。闺女啊，你放心，这件事情天知、地知、你知、我知，不会有第三个人知道了，连你父亲都不会知道这件事。”女儿非常感动。

面对这样一种亲密而信任的亲子关系，这个女儿能不感谢她的妈妈、能不去发奋吗？她女儿很快就康复了，勤奋地学习，严格地要求自己，最后考上了北京一所著名的大学，大学还没毕业就收到美国三所大学的研究生录取通知书。

到这个时候，那个男孩子还不知道曾经发生了什么。因为她妈妈开始在气头上的时候本来想找那个男孩子算账，后来一想，算什么账啊，这个账能算得清吗？

大家可以对比一下，同是这样的经历，但是由于关系的不同、命运的不同，结果就很不相同。我们不要把孩子的一些过错、过失看得过于严重，孩子固然会犯些错误，而且确实挺麻烦的，但越是在这种情况下，越需要好的关系。有了好的关系，难题就容易解决，甚至可能化险为夷。

（三）好的关系与好的习惯

父母爱孩子是没有条件的，教育的秘诀是真爱，不是假爱，是彻底的爱，是没有条件的爱，只有爱才能教育好人，这就是我们说的好的关系。好的关系的底线是当孩子遇到麻烦或者危险的时候，敢于对父母说。什么时候孩子遇到麻烦或者危险不敢对父母说了，这个关系就出了问题、有障碍了。父母不被信任就是一个问题。

好的关系是家庭教育的生命线

我们要把好的关系看作家庭教育中的一条生命线、一个最根本的关系、一个最具决定性的因素。作为现代的父母，必须具备五个元素：现代的教育观念、科学的教育方法、健康的心理、良好的生活方式、平等和谐的关系，这五个元素构成了现代父母的上岗执照。你做得优秀，你是优秀的父母；你达到一个最基本的水平，你就是合格的父母。

我们的生活每时每刻都会对我们提出挑战。只有具备现代的意识，对儿童是了解的、是尊重的，是有一颗真诚的爱心的人，才能具备好父母拥有的品质。

很多的经验付出了血的代价、沉重的代价。我们身边很多人造成的某种灾难或者误区，往往就是因为对父母的不信任导致的。千万不要让孩子畏惧父母。

有的父母过去不明白，只知道要白脸，很厉害，让孩子怕自己。我认为这并不是什么高明之法，你在孩子面前有威严，这是可以的，但是你要通过很多种信息传递给孩子：父母是爱你的，是信任你的，父母是你最值得信赖的人。而且你要用行动证明你在最关键的时刻能够给孩子最好的帮助，让孩子坚信不疑。这就是好的教育。

良好的关系才有利于培养良好的习惯

如何把这种教育变成一种习惯，把跟孩子始终保持最良好的关系变为一种习惯呢？说到家庭教育的要素，有什么最重要的东西呢？我想大概就两条，一条就是好的关系，永远保持好的关系；第二条就是培养良好的习惯。这两者是互为依托的，只有良好的关系才有利于培养良好的习惯，只有养成了良好的习惯才能稳定和发展这个好的关系。这就是家庭教育最核心的东西。

我们在跟孩子建立了良好的关系之后，你就会发现孩子是很可爱的。我们不但是教育孩子，而且我们还能享受孩子，家庭因为有一个孩子而快乐、而幸福、而完善。我们以孩子为师、以孩子为友，我们的生命就是永不枯竭的，这就是我们教育的一种境界。

我跟父母开玩笑说：父母可以分为三等。一等父母用眼睛教孩子，看孩子一眼，孩子就知道分量了。二等父母用嘴巴教孩子，经常对孩子讲道理。三等父母用拳头教孩子，看根本没用，说也没用，那就只有打吧。打孩子是愚蠢的，经常挨打的孩子有两种结果：一种是你打他，他打别人，打出了一个小霸王；第二种是你打他，他害怕，他见了谁都害怕，结果你打出个胆小鬼，见了谁都哆嗦。这两个结果是你想要的吗？

我们要确立这样一个信念，好的关系胜过许多教育。21 世纪是两代人相互学习、共同成长的世纪，共同成长是建立最好的亲子关系的最重要的条件。

四 父亲的作用不可替代

我完全相信，绝大多数男人在做了父亲之后都会油然而生一种责任感。当你紧紧抱着孩子那柔弱的身体时，无法不产生要保护孩子的天然冲动。可是，许多父亲渐渐放弃了自己的责任，或者说，他们发现妻子带孩子比自己更有爱心和耐心，他们觉得自己出去打拼挣钱是对家庭更大的贡献。于是，父亲与孩子日趋疏远，甚至陌生。

（一）中国普遍存在父教缺失的现象

2009年3月23日，我们中国青少年研究中心发布了《中日韩美四国高中生权益状况比较研究报告》，其中一组中国父教缺失的数据引起了社会的关注。

对父亲的信任度为何排在网友之后

从四国比较的数据中可以看出，中国高中生觉得父母关心自己最多——中国94.0%，美国93.9%，韩国91.7%，日本88.4%；但中国高中生却与父母聊天最少——中国54.8%，韩国70.1%，美国73.8%，日本82.0%。中国高中生觉得烦恼无处可诉的比例最高，高达21.0%（日本

19.4%，韩国17.2%，美国8.4%）。

特别值得注意的是，我们问四国的高中生：你如果有心事和烦恼找谁诉说呢？美、日、韩三国的高中生都把父亲和母亲放在前五位，而中国高中生只把母亲放在前五位，父亲前五位榜上无名，排在网友之后（我在各地讲课时提到这一点总会引起哄笑，因为大家都觉得太不可思议了）。

显然，中国普遍存在父教缺失的现象。

家庭是个人健康成长的基石，也是社会和谐的基石。青少年的许多社会问题，如暴力、犯罪、性问题、网络成瘾等往往源于家庭，而父教缺失就是其中一个非常严重的问题。父教缺失对孩子和社会的破坏性影响都是不容置疑的。有人认为父教缺失就像开启了一条生产线，向社会批量输送问题孩子，向监狱批量输送罪犯。

奥巴马：生活中没有父亲的孩子将来被关进监狱的可能性高出20倍

在《好好做父亲》一书中，我们向读者朋友提供了三组有些冷冰冰的数据：

> 第一组数据来自美国父道组织的调查：美国70%的少年犯出自单亲家庭；60%的强奸犯、72%的少年凶杀犯、70%的长期服役犯人来自无父家庭；90%的无家可归和离家出走的孩子来自无父家庭；戒毒中心有75%的青少年来自无父家庭；80%的强奸犯的动机来源于无父家庭转移的愤怒。
>
> 第二组数据来自美国总统奥巴马，在2008年父亲节讲演时，他引用了这样一组统计数据：生活中没有父亲的孩子将来落入贫困或犯罪的可能性比一般孩子高出5倍；他们将来弃学的可能性高出9倍；将来被关进监狱的可能性高出20倍。他们更有可能出现行为问题，更有可能离家出走，更有可能在未成年时就当上父母。
>
> 第三组数据来自国内，北京军区总医院青少年成长基地近些年研究发现：孩子成长过程中出现的行为问题和成瘾性的人格特点，其

首要责任在父亲。该基地对所收治的网络成瘾病例的统计发现，排名第一的伤害是父爱缺失，占87%。

父亲角色研究的专家、哈佛大学的罗斯·派克教授研究发现，人的发展有两个方向，一是亲密性，如慈爱、宽容、合作等；二是独立性，如勇敢、坚强、责任等。两性的个性差异是相辅相成的，母亲在培养孩子亲密性方面具有天然优势，父亲在培养孩子独立性方面具有天然优势。关于这一点，大家观察一下，会清楚地发现父母抱孩子和带孩子外出游玩时表现出的风格有显著差异。所以，最好的家庭教育一定是父母密切合作的。

父亲意味着规则与监督，也意味着权威与可信赖。在没有父亲参与的情况下，孩子往往缺乏规则教育与必要监督，当遇到难题需要帮助时，孩子往往会缺乏一个可以信赖与参照的权威与榜样，这可能正是青少年的许多社会问题的根源所在。

（二）父爱对孩子的发展具有独特的价值

众多研究表明，父亲在孩子发展的许多方面发挥着巨大的作用，父爱对孩子的发展具有独特的价值。

孩子智力发展的特殊催化剂

研究证实，父亲较多地参与与婴儿的交往，将有助于提高婴儿的认知技能、成就动机和自信心。还有研究指出，孩子在家里和父亲在一起的机会越多，时间越长，智力也就越发达。美国耶鲁大学一项连续进行了12年的研究表明，从小由爸爸带大的孩子智商高、精力旺盛、善交际、学习成绩好。

帮助孩子形成积极的个性品质

母亲在与孩子互动时，往往比较温柔，活动强度较低，有过度保护的倾向；而父亲往往跟孩子做一些活动量大的活动，如踢球、游泳、攀爬等，经常变换活动的内容和方式。专家们发现：由父母共同承担养育责任的孩子，在面对新环境（如初次去托儿所）时的焦虑感较低。

提高孩子的交往能力

心理学家们发现，5个月大的婴儿如果与父亲有较多的接触，当他被陌生人围绕时会有较好的适应性。比起那些与父亲接触不多的婴儿，他们更不怕生，对陌生人会有更多的言语回应，也比较愿意让陌生人抱。一项跟踪研究指出，那些5岁时有父亲陪伴且受到父亲照料的小孩，比5岁时就缺乏父爱的孩子，长大后更具同情心，有更好的社交关系。父亲与孩子接触越多，孩子的交往能力越强。

正因为父亲教育的独特价值，教育孩子，绝对不只是母亲的事情，父亲同样承担着巨大的责任。“养不教，父之过”，在教育孩子的问题上，父亲绝不应该缺席。

（三）到底怎样做才是一个好父亲

2012年6月，我担任青岛市“好父亲”颁奖典礼嘉宾的时候，请十个山东汉子用最简练的语言说出什么是好父亲。结果，他们用“山”“海”“伞”“灯塔”回答了我。也就是说，这些获奖者认为，好父亲要像山一样意志坚强、像海一样胸怀宽广、像伞一样为家人遮风蔽雨、像灯塔一样为孩子指引成长的方向。

面对种种挑战和压力，许多有责任感的父母朋友希望得到一些具体建议。在这里，我愿意稍微展开说明一下，结合八个好父亲的故事，来回答到底怎样做才是一个好父亲。

好父亲是认真负责、勇于担当的

一个人长大的标志就是独立，而独立就意味着独自承担责任。曾经有个年轻的女记者问我为什么强调父亲的责任。我笑了笑反问道："如果您在谈恋爱，知道这个男人没有责任心，您会接受他吗？"那个姑娘马上连连摇头。

作为父亲，自然要对家庭负责，这就包括对妻子、对孩子和对长辈负责；作为从业者，要对工作负责；作为社会成员，要对社会负责等。也许可以说，是否有责任心是评价父亲合格与否的最重要的标准。如果有责任心，父亲自然会把教育孩子作为大事放在心上，千方百计关心孩子的健康成长。

1922年7月4日美国国庆日前夕，一个11岁的美国男孩搞到了一些禁用的烟花爆竹，其中包括一种威力巨大的"鱼雷"。

一天下午，他走近一座桥，往桥边的砖墙处放了一个"鱼雷"。一声巨响，让男孩神采飞扬。可就在这时，警察来了，把他带到了警局。

警长尽管认识这个男孩以及他的父亲，依然严肃地执行对烟火的禁令，判定男孩交14.5美元的罚金。这在当时可算是一大笔钱。这个男孩自然交不起，只好由父亲代交。

让人感慨的是，这个名叫杰克的父亲虽然没说太多的话，却让11岁的儿子打工挣钱，一年内还清罚金。

后来，这个名叫里根的男孩成了美国的总统，他在回忆录中写道："我做了许多零工活才还清了我欠爸爸的那笔罚金。"

孩子是在体验中长大的，当孩子发生过失或者犯了错误时，父母不一定要给孩子过多的口头批评，而是要让孩子自己承受行为过失或者错误直接造成的后果，使孩子在承受后果的同时感受到不愉快甚至是痛苦的心理惩罚，从而引起孩子的自我悔恨，让孩子自觉弥补过失，纠正错误。

这是法国教育家卢梭提出的一种教育方法，即自然后果法。卢梭说："我们不能为了惩罚孩子而惩罚孩子，应当使他们觉得这些惩罚正是他们不良行为的自然后果。"显然，里根的父亲之所以如此严格，其目的是让孩子从小懂得什么叫责任，一个人一定要对自己的过失承担责任。

好父亲是意志坚定、百折不挠的

任何家庭都会遇到困难，任何一个孩子的成长都会碰到坎坷，在各种挑战面前，最需要父亲的坚定意志。只有小学文化程度的新疆长途汽车司机陈有政师傅，就用实际行动证明了这一点。

作为经常不在家的长途汽车司机，陈师傅创造了一种独特的教育方式，利用寒暑假，带着三个孩子跑长途。

有一年寒假，大雪纷飞，他带孩子们从乌鲁木齐去伊犁，气温降到零下20多摄氏度。他驾驶的老式大客车四处漏风，冷风夹着雪花从车缝里钻进来。他却鼓励孩子们："别看天气现在这么冷，可是坏天气过后就是好天气。生活也是一样，总有不顺心的时候，重要的是坚定地走下去。"父亲甚至还结合开车讲人生的道理，如："在上坡时，车不能熄火，再困难也得咬着牙往前开。学习也是这个道理，当困难被克服之后，你会感到快乐无比。"

有一个冬夜，雪下了30多厘米厚。陈师傅的车出了毛病，他坚持修车一个多小时，眉毛、胡子都挂上了霜，手也被冻裂了口。母亲和孩子们挑着灯陪在一边，还唱父亲最爱听的歌来慰问。

父亲坚韧不拔的好榜样给了孩子们极大的激励。三个孩子不仅都读到博士，而且读研读博期间，知道家庭生活困难，不要父母一分钱，靠自己打工和奖学金完成学业。

好父亲是勇敢独立、不怕风险的

俗话说，疾风知劲草。在面对困难和挫折的时候，最考验人的意志和智慧。在孩子成长的关键时刻，同样需要父亲的鼎力相助。

2001年4月的一天，北京市昌平区阳坊镇四家庄村一户人家里，15岁的初三学生赵博俊沮丧地把一个篮球扔到墙角，愁眉苦脸地对父亲赵宏喜说："爸，一模(第一次模拟考)成绩下来了，我的成绩不太理想，现在我面临着考高中还是上中专的问题。"父亲问儿子的打算，儿子低声回答想读中专。尽管母亲不同意，但是父亲支持了儿子，并且建议儿子学汽车修理专业。

赵博俊学习汽车修理很辛苦。这时，他1.82米的身高被某服装公司看中，他几次参加服装表演也很成功，收入也挺诱人。因此，他想改行做模特儿，却被父亲坚决拒绝，宁肯赔服装公司3000元损失费，也要儿子退出。

结果，儿子迷途知返，苦心学习汽车修理技术，2005年成为北京市汽车修理公司三厂的正式职工。在中央电视台2007年和2009年两次举办的《状元360》汽车维修工技能大赛中，均获得第一名。

一个亲戚硕士毕业后找不到工作，感慨地夸赵博俊的父亲英明，说博俊的选择和发展比学士、硕士都强。

好父亲是目光远大、积极选择的

父亲的眼光往往影响孩子的选择。美国的一项研究表明，那些成为全国公认的大公司总裁或分公司总裁的妇女，在某种程度上与她们的父亲都有着非常紧密的联系。

2006年，深圳外国语学校高三女生檀馨，在高考模拟考试中成绩排全年级第36名，获得保送浙江大学或北京外国语大学等名校的资格。檀馨有意读浙大的国际金融专业或北外的英语专业。

可是，父亲檀士华却认为，英语只是语言工具，能掌握和运用就行了，要学一门实实在在的专业。虽然家人开始不解和反对，但是他坚持建议女儿学习高尔夫管理。理由是：与其和一百个人去竞争五个热门职业，不如跟一个人竞争一个职位。况且，高尔夫运动是朝阳产业，10年后，中国的高尔夫运动将不会落后于美国。为了说服女儿，父亲还专门带女儿去高尔夫球场体验。

檀馨接受了父亲的建议，以702分的优异成绩考取了暨南大学深圳旅游学院高尔夫管理专业。经过专业的学习和在球场上的不断付出，她成为中国最年轻的高尔夫国际级裁判，也是中国高尔夫国际级裁判中唯一的在校学生。她从大三开始执裁重大赛事，自己赚取学费。

好父亲是是非分明、坚持原则的

现代的儿童教育是自由与规则平衡的教育。早在孩子2岁至4岁阶段，也是语言能力发展最快的阶段，父母就需要敢于对孩子说“不”，即对孩子的不良言行给予拒绝和纠正，否则难以培养孩子的规则意识。在这个方面，父亲负有特殊的责任。

新东方的董事长俞敏洪意识到父亲与母亲之间的差别，主动承担起责任，有意识地培养孩子的规则意识，他是从家规开始的。

因为我平时工作太忙，两个孩子都是我太太带大的。我太太对待孩子原则性不太强，所以我们的两个孩子做事的原则性也不是很强。比如，我在家的时候，会监督两个孩子睡觉前要刷牙；而我不在家时，我太太就经常顺着孩子的意思。我女儿比较自觉，每天刷完牙才睡觉；但我儿子比较调皮，如果没人监督，他就不刷牙。

我太太看得不紧，发现儿子没刷牙后也不坚持，她总是心疼孩子，觉得孩子困了，或者已经躺下了，一次不刷就算了。如果我在家，就会坚持让儿子刷完牙再去睡，如果发现他没刷牙，就算他躺到床上了，我也要把他拉起来，让他刷完牙再睡。因为我小时候，如果哪天早上起来不扫地，我母亲就不让我去上学，我必须要把地扫干净了。直到现在，我打扫卫生的水平也挺高的。所以说，孩子的好习惯是要在父母的帮助下养成的。

我儿子小时候特别喜欢吃冰激凌，甚至一度到了酷爱的程度。为了帮他改掉这个习惯，我规定儿子每天只能吃一个冰激凌，而且只能晚饭后半小时吃。

刚开始的时候，他忍不住。定好规矩的当天，刚吃完晚饭，儿子就不断地看墙上的挂钟，然后不停地跟我说："爸爸，钟，坏了。""爸爸，钟，不走了。"我说："再等等看，会走的。"半个小时之内，儿子问了我十几次"还没到时间吗"。看儿子焦急的样子，我觉得他也是蛮可怜的，但我还是忍住了，坚决不让步，一定要到半小时以后才能吃。第二天，儿子看钟的次数有所下降；第三天，看钟的次数更少了。

时间久了，小孩子发现，这个问题爸爸是不会妥协的，他自然而然就不把太多的精力放在冰激凌上了。现在，我儿子对冰激凌已经不那么热衷了，这就是我坚持的结果。

规则的建立往往先从家规开始，最初认同家里的规矩，再循序渐进地认同社会规范。父亲的引导，可以让孩子更好地适应这个社会，避免青少年出现问题行为及暴力犯罪。

好父亲是胸怀宽广、大度包容的

我是在青岛海边长大的，最喜欢家乡的一首儿歌："大海大海我问你，你为什么这样蓝？大海唱着来回答，我的怀里抱着天。"所以，我把胸怀宽广视为好父亲极为重要的特征。尤其是面对青春期的孩子，没有包容精神是难以对话沟通的。北京的一个中学教师说得很有智慧：不要和青春期的孩子较劲。

17岁之前，张子昂一直是父母的骄傲，他是天津市外国语学校连续多年的三好学生、多项非凡荣誉的获得者。可是，2008年10月的一天，他突然对父母宣布："再也不去上学了！"

做父母的都不难想象，一个临近高考的孩子要逃学，这该有多么令人焦虑。张子昂的父亲是我的老朋友，天津教育出版社的资深编辑。沉默了一会儿，他望着犟牛一般的儿子平静地说："我和你妈妈尽管不知道你要逃学的原因，也不赞成你的逃学举动，但你既然决定了，我们会尊重你的选择。"从第二天开始，儿子果然不去上学了，父亲也不去上班了，父子俩在家各忙各的，互不打扰。

原来，张子昂不久前去美国参加夏令营，看到美国学生自由自在的生活，回来后更加无法忍受学习压力，就决心反抗，要彻底放松一下自己。逃学半个月后，父子俩开始在网上聊天，但父亲问他逃学原因时他还是不回答。父亲问："你逃学是为了寻找生活的意义吗？"儿子这才发过来一个笑脸。逃学近一个月时的一次晚餐中，儿子问父亲："期末考试就要开始了，你说我去不去？"父亲请班主任与儿子通电话，说师生们都很想他，鼓励他返回学校。

儿子终于复学了。他拼命学习要考出好成绩。父亲劝道：不必非考100分，能考90分就很优秀了。儿子落泪回答："如果你早这样说，我就不会逃学了。现在，我知道该如何定位和朝哪个方向努力了。"结果，儿子自信地参加了美国的高考，并且接到威廉姆斯学院等六所大学的录取通知，其中四所大学承诺给他全额奖学金。

好父亲是勤劳节俭、自律自制的

对于任何一个孩子来说，是否能够养成勤俭自制的习惯，都会深刻影响其一生的命运。当今中国，"富二代"已经成为一个备受关注的群体，而

"富不过三代"则成为一个魔咒。我认为,"富不过三代"不是一个规律,而是教育的误区,特别是父教的误区。

洛克菲勒是世界上第一个拥有10亿美元财富的超级富豪。他认为,富裕家庭的子女比普通人家的子女更容易受物质的诱惑,因此对后代的要求比普通人家更加严格,在金钱上从不放纵孩子。洛克菲勒给孩子零用钱时十分"吝啬",按年龄大小给零花钱,七八岁时每周3角,十一二岁时每周1元,12岁以上者每周2元,每星期发放一次。他还给每个孩子发一个小账本,要他们记清每笔支出的用途,领钱时交给他审查,钱账清楚、用途正当的,下周还可递增5分,反之则递减。

下面就是洛克菲勒跟孩子签订的"14条零用钱备忘录":

1. 从5月1日起,约翰的零用钱起始标准为每周1美元50美分。

2. 每周末核对账目,如果当周约翰的财务记录让父亲满意,下周的零用钱上浮10美分(最高零用钱金额可等于但不可超过每周2美元)。

3. 每周末核对账目,如果当周约翰的财务记录不合规定或无法让父亲满意,下周的零用钱下调10美分。

4. 在任何一周,如果没有可记录的收入或支出,下周零用钱保持本周水平。

5. 每周末核对账目,如果当周约翰的财务记录合乎规定,但书写和计算不能令爸爸满意,下周的零用钱保持本周水平。

6. 爸爸是零用钱水平调节的唯一评判人。

7. 双方同意至少20%的零用钱用于公益事业。

8. 双方同意至少20%的零用钱用于储蓄。

9. 双方同意每项支出都必须清楚、确切地被记录。

10. 双方同意在未经爸爸、妈妈或斯格尔思小姐(家庭教师)的同意下,约翰不可以购买商品,并向爸爸、妈妈要钱。

11. 双方同意如果约翰需要购买零用钱使用范围以外的商品时,必须征得爸爸、妈妈或斯格尔思小姐的同意。后者将给予约翰足够的资金。找回的零钱和标明的商品价格、找零的收据必须在商品购买的当天晚上交给资金的给予方。

12. 双方同意约翰不向任何家庭教师、爸爸的助手和他人要求垫付资金（车费除外）。

13. 对于约翰存进银行账户的零用钱，其超过总额20%的部分（见细则第8款），爸爸将向约翰的账户补加同等数量的存款。

14. 以上细则将长期有效，直到签字双方同时决定修改其内容。

爸爸（签字）

儿子（签字）

零用钱不够的话，孩子们可以通过做家务赚取，例如，捉到100只苍蝇能得1角，逮住一只耗子得5分，背菜、垛柴、拔草又能得到若干奖励。后来当选副总统的二儿子纳尔逊和兴办新工业的三儿子劳伦斯，还主动要求合伙承包全家人的擦鞋业务，皮鞋每双5分，长筒靴1角。他们十一二岁的时候还合伙养兔子，把兔子卖给医学研究所。

正是因为有了洛克菲勒这样重视教育并且懂得教育的好父亲，洛克菲勒家族打破了“富不过三代”的怪圈，不仅子子孙孙成才者众多，而且让社会大众广为受益。

好父亲是爱好运动、顽强不屈的

我们在研究男孩女孩问题时发现，男孩子最擅长的学习方式有四种，即运动、实验操作、使用计算机和参与体验。显然，他们的需求是中小学校远远没有满足的。今天的中小学生最需要补的课就是运动。实际上，运动绝不仅仅能强壮身体，更能强悍心灵。如北京师范大学体育运动学院院长毛振明教授所说，运动是青少年社会化的最佳途径。

我欣慰地发现，许多父母正在觉醒，创造各种各样的方法带领孩子锻炼，北京大学教授、原北大附中校长康健就是一个范例。

康健教授的儿子康康出生时才2600克，从小有些柔弱，不爱运动。康健教授为其制定了健康第一、体育为主的家教方针。从儿子会走路到初中毕业，10多年的时间里，他每天都带孩子进行至少一小时的体育锻炼，严格训练，从未间断。周围许多父母都带孩子参加补习班和兴趣班，提高学习成绩，发展各种特长。康健教授不为所动，他认为，孩子最需要的就是体育锻炼。

康康上小学高年级时，快放寒假了，学校里有两个训练班可以选择，一个是奥数班，一个是专业足球班。康康喜欢数学，也喜欢足球，但没有勇气参加专业足球班。康健教授还是鼓励儿子参加了专业足球班。那个寒假让康康至今难忘，因为那是他经历的最艰苦的日子，每天从早晨到晚上，都进行高强度的训练。从那以后，康康觉得自己真正成为男子汉了。如今，康康成为身高1.80米的棒小伙子，学习和工作都很优秀，并且已经成为一名父亲。

由此可以看出，父亲是孩子运动最好的榜样，也是最好的教练。

以上八个好父亲的故事是否会给父亲们压力呢？其实，谁也难以完全具备好父亲的八种优良品质。我从来不敢说，我是一个好父亲，而只能说，我会努力学做好父亲。我甚至感觉到，自己经常被女儿教育，被许多年轻人教育，那种体验很美妙。毫无疑问，以上八种优良品质是好父亲的标准和方向，八个好父亲的成功经验是值得借鉴和参考的。

（四）孩子喜欢什么类型的父亲

做智慧型父亲，尊重孩子的独立人格

鲁迅先生曾说，中国人做父母最大的问题是：小的时候，不把他当人，大了以后，他也做不了人。

父母生育了孩子，无形中就产生了一种心理优势：我生你、养你，你是我的，你得按我的要求、我的希望去做……因此，从表面上看来，父母像对待“小皇帝”“小公主”一样对待孩子，但在他们心里并不一定承认子女的平等地位和个人选择的机会与自由。正是这些传统思想造就了许多粗暴的父亲，粗暴的父亲极不尊重孩子的独立人格。

父亲需要避免粗暴，用更有智慧的方法来对待孩子在发展中出现的问题，首先要做到的便是尊重孩子的独立人格，即尊重孩子的未成熟状态，尊重孩子选择的权利、犯错误的权利。

我想，没有尊重就没有教育，只有受到尊重的人，才能真正学会自尊，而只有有自尊才能学会做人。孩子虽然年龄小、经验不足，但再小的孩子与大人也是平等的。

做宽容型父亲，让孩子在体验中成长

孩子做事不妥当或犯了错误，常常与他的生活经验不足有关，或者说与其社会化程度低有关。成年人务必给予理解，做出合乎情理的分析，而不宜夸大问题的严重性，更不应曲解孩子的动机。

同时，孩子犯错误之后，往往有后悔自责之意，这正是接受教育的黄金时刻。此时，如果父亲以宽容之心和颜悦色地同其剖析事情原委及是非曲直，孩子可能就会字字入心、声声入耳，获得进步的一个推动力。相反，如果不问青红皂白，猛批猛打，不许辩解，孩子也可能因恐惧而撒谎、抗拒、出走等，使问题复杂化，甚至演化为一场悲剧。

下面这个父亲做得也很好，很值得其他父亲学习。发现儿子偷偷吸烟时，他没有当面指责，也没动用粗暴手段，而是用他的尊重与宽容，晓之以理，让孩子自己选择。

有一个小名叫迪科的男孩，一天，他和几个小伙伴躲在一棵大树下偷着抽烟，正巧被路过的父亲看见了。父亲平时一向对他管教很严格，迪科吓得左右躲闪，一时不知如何是好。

但这次父亲只是朝他们招招手，什么也没说。

迪科回到家，父亲注视着他，不动声色地说："我看见你和桑尼他们抽烟了！"

迪科低着头，没吭声。

"你抽过几次了？"父亲的声音仍然十分平静。

"没抽过几次……"迪科小声回答。他真希望父亲尽快揍他一顿算了，因为等待的滋味更难受。但是，父亲似乎没想要惩罚他，反而像朋友一样，将大手轻轻地放在迪科的肩膀上，说道："孩子，你将来不是想做一名优秀的足球运动员吗？你说过的话现在还算数吗？"

"算数的。"迪科小声回答。

"一个运动员需要有良好的身体素质，从现在开始，你就得克服身上的一切坏毛病，否则你的理想最终会变成泡影！"说到这儿，父亲的声音渐渐沉下来了，仿佛表现出了一丝遗憾。但就在一瞬间，父亲脸上的表情又变严肃了，继续说道："如果你真想抽烟的话，最好自己去买，老是抽别人的烟是很不体面的！"说着，父亲从兜里掏出一个破旧的钱夹，里面有几张破旧的纸币。

迪科觉得脸上一阵热，几乎要哭出来了。父亲为了维持一家人的生活，起早贪黑地去干活，挣点儿微薄的薪水，仅勉强够全家糊口。

"迪科！"父亲的声音提高了许多，"你将来如果想做一个没有出息的烟鬼，那就把这些钱拿去买烟；如果你想成为一名优秀的足球运动员，你知道应该怎样做！"父亲将钱夹递到迪科的眼前。

这时，迪科想起以前父亲对他说过的话：一个人如果想做点让人羡慕的事，必须战胜许多困难，但首先要战胜自己！

一个星期后，小伙伴们又来找迪科。"这可是真正的美国货呀！"桑尼手里拿着一盒"骆驼"牌香烟在迪科眼前晃动着。

"我们这次到河边去抽，你父亲肯定不会看见的！"柯伦拍着胸脯保证。

"我向父亲发过誓，以后再也不碰香烟了！"

迪科说得十分坚决。

"迪科,你不是个真正的男子汉!"伙伴们显得很失望。

"我可不想做个抽烟的男子汉!"迪科的回答非常干脆。

几年后,巴西出了一个闻名世界的名叫贝利的球王,他就是当年那个向父亲发誓不再碰香烟的男孩——迪科。

贝利在谈到自己的成功时说:"这一切都应归功于我的父亲,当初如果没有他的教导,真不知道我会成为一个什么样的人……"

设想一下,如果贝利的父亲是一个粗暴的人,发现儿子偷偷抽烟时,火冒三丈,抑制不住自己的怒火当着他人的面训斥孩子,孩子一旦表现出少许的不敬,父亲就有可能拳脚相加。儿子的面子没有了,在朋友面前的尊严也没有了,而这些都是青春期的孩子特别在意的。青春期本来就是一个充满叛逆的时期,处于青春期的孩子有可能因为尊严受到侵犯而顶撞父亲,父子之间的冲突就会升级,孩子极有可能为了反抗父亲而继续抽烟,甚至变本加厉。

反之,父亲的尊重使贝利反思自己的行为及其对前途的影响,自己做出不再抽烟的决定,因此这种决定具有很强的持久性。苏霍姆林斯基曾说过:"有时候宽容引起的道德震动比惩罚更强烈。"

可以说,宽容是一种智慧,是一种特殊的爱,是一种胜过惩罚的教育。父亲有了宽容之心,教育效果会格外明显,因为严父的宽容让孩子更为难忘。

做体贴型父亲,让孩子感受到父爱

孩子需要的是一个能摸得着、看得见的老爸,一个体贴的老爸。

中国的体贴型父亲多吗?

现实生活中,有太多的父亲不敢表达爱。有些父亲是受限于严父的偏见,因为中国有句老话,叫"严父慈母"。许多父亲为了保持所谓的尊严,往往把父爱隐藏得很深,深到幼小的孩子无法感知。传统上,含蓄是中国男人的特色，许多父亲不敢直接表达对孩子的关爱，孩子往往无法理解这种关爱，他可能把含蓄误解成冷漠。在孩子最需要爱的童年时期，他却没有能力读懂父爱。

没有被孩子感知的父爱对孩子其实没有影响力，孩子无法理解的父爱对孩子也没有影响力。

有更多的父亲不善于表达爱。他们爱孩子，但不知道以什么样的方式表达，比如，有些父亲习惯以金钱表达对孩子的爱，以为满足孩子的各种需求，甚至有能力满足孩子的不合理的需求就是爱。这样的父亲，当他年迈体衰或多病时，孩子也会用钱来表达对他的爱，因为父子间已经习惯用这种方式来交流、来表达爱。

体贴的父亲留给孩子的往往是终生难忘的温馨记忆。被誉为20世纪伟大的心灵导师和成功学大师的卡耐基先生曾在书中深情地回忆自己体贴的父亲：

> 我5岁那年，父亲花50美分给我买了一只黄毛小哈巴狗。我给它取名叫蒂彼。蒂彼是我童年的光明和欢乐。每天下午4点半左右，它都坐在前院里，它那美丽的眼睛凝视着小路，一听到我说话，或一见我拎着饭桶从灌木丛中穿过，它就像子弹一样冲出来，接着气喘吁吁地跑上山坡，兴奋得又跳又叫地欢迎我。
>
> 小狗蒂彼一直陪伴了我5年。后来在一个悲惨的夜晚——我永远也忘不了——它被雷电击死了。当我清晨走出屋外，抱着蒂彼——已经不再欢跃地迎接我的蒂彼时，难过的眼泪哗哗地流了下来。我难过极了，无论我如何唤它，它也不会醒了。父亲没有催我去吃早点，也没有提醒我该上学了。他默默地拿着一把铁锹，走了过来，拍了拍我的头，让我抱着蒂彼的尸体随他一道来到后花园里。
>
> 父亲默不作声地为小狗蒂彼掘了一个墓穴，然后将蒂彼的尸体十分庄重地放在墓穴内。他为墓穴遮了一些土以后，把铁锹递给我，说：儿子，我知道你很喜欢蒂彼，你亲手给它筑墓，心里也许好过些。

将蒂彼埋葬之后，我觉得心里好受多了。我对父亲充满了感激之情，他洞悉我内心的忧伤。我把铁锹扔到地上，紧紧地抱住父亲。父亲脸上露出和蔼的笑容，抚摩着我的头说：你能这样做我很高兴。蒂彼爱过你，你为它伤心是很自然的。

父亲如此体贴我，使我感觉到：他的心是和我的心连在一起的。他关心我，我的喜怒哀乐也是他的喜怒哀乐。

塞德尔·斯迈尔斯说过："儿子就是父亲的镜子，父亲哪怕是有意无意的一瞥都有可能在孩子的心中产生难以磨灭的痕迹。正是父亲毫不经意的细小行为给了孩子巨大的影响。父亲的体贴对小孩的良好影响往往能为他以后的成长起到巨大的促进作用。"我认为确实如此，这不仅关系着家庭幸福，也关系着孩子以后的成功与幸福。

如何让孩子感受得到来自父亲的关爱，成为一个体贴型的父亲呢？

要做到这一点，父亲们需要突破两大障碍：一是勇于表达爱，二是学会表达爱。

父亲要勇于表达爱。父亲们要认识到：对孩子表达爱并不会危及父亲的权威，孩子们需要的是一个有血有肉、有说有笑的父亲，而不是整天板着脸、满脸写着威严的父亲。

人是情感性动物，孩子只有在情感上认同父亲，才更容易听从父亲的指导与命令。在儿童、青少年时期，孩子们既需要来自母亲的接纳与关爱，也需要来自父亲的接纳与关爱。来自父母双方的接纳与温暖，更有可能让孩子体验到家庭的温暖，缺少了任何一方，孩子感受到的爱都会变得残缺不全。

有些父亲担心关爱会让男孩变得脆弱，这大可不必。心理学研究表明，来自父亲的关爱会让孩子的安全感得到极大的满足，男孩会因此更大胆地探索未知的世界，敢闯敢干，充满探索与冒险的意识。遇到危险的时候，来自父亲的关爱会让他直面困难、想办法克服困难，因为他知道父亲是他可靠的臂膀、坚实的后盾。来自父亲的关爱会使女孩感觉更加温馨，父亲的温情与欣赏会让她知道如何成长为一个好女孩，让她在与其他异性打交道时更加自信。

父亲还要学会如何表达爱。表达爱的方式其实有很多，只要发自内心，一言一行或者一颦一笑都可以表达对孩子的关爱。用言语表达对孩子的关爱是最常见的一种方式，父亲可用一些积极的语言来表达关爱，直白一点儿的不妨用“爸爸爱你”，稍含蓄一点儿的则可以用间接的表达方式：“爸爸开心得不得了。”对于年幼的孩子，他的理解能力还很有限，直白式的表达最好，最容易使他感受到父亲的关爱。随着孩子年龄的增长，父亲可以用含蓄一点儿的方式，但直白式的表达仍然适用、仍然很重要，任何年龄段的孩子都需要确认来自父亲的关爱。

除了言语，父亲的行为当然也可以表达爱。一个亲吻、一个拥抱，让孩子感受到父亲热烈的爱；一个微笑、一个手势，让孩子感受到父亲真挚的爱；一杯热茶、一把雨伞，让孩子感受到父亲体贴的爱。只要有心，只要敢于表达，父亲可以找出许许多多表达爱的方式。

做沟通型父亲，学会与孩子沟通

我和李文道合著的《好好做父亲》一书介绍了父亲们经常碰到的两个场景：

场景一

星期天早上，儿子吃完早饭，穿好衣服，准备出门。父亲走了过来，眼睛望着儿子，开始了对话：

父亲：干什么去？

儿子：出去！

父亲：去哪儿？

儿子：不去哪儿！

……

场景二

星期五下午6点，上小学四年级的10岁女儿拖着沉重的脚步走进家门，沮丧写在了她的脸上。她告诉父亲，数学考试又考砸了，这次是58分，仍然没有及格。爸爸看着垂头丧气的女儿，试图安慰她：

女儿：我太笨了！

父亲：你不笨！

女儿：我真的很笨！

父亲：你很聪明！

女儿：我快要笨死了！

父亲：你一点儿也不笨！

女儿哭着甩上了房门。

……

从以上两个场景中，我们看到了沟通失败的父亲。

第一个父亲可能是出于对儿子的关心（当然也可能是想控制儿子的行踪），试图跟儿子沟通，但是沟而未通，表面上儿子回答了，但实际上等于没有回答，说出的都是没有实际意义的废话。

第二个父亲出于关心，试图安慰因数学成绩不及格而沮丧不已的女儿，但是他没有关注女儿的感受，只是翻来覆去地告诉女儿不笨，他也没有与女儿一起寻找有建设性的解决问题的办法。最后，他因为女儿不听他的安慰而感到挫折和恼怒，他不理解女儿为什么如此固执、不可理喻，他变得情绪化了。沟通之前，只有女儿感到沮丧；沟通之后，父女俩的心情都变差了。

以上两个沟通场景，是不是在我们的生活中经常出现呢？那些过于严厉的父亲，往往听不进孩子说什么，严厉的父亲往往用一大堆大道理不断地向孩子灌输，他根本不知道孩子已经对此难以忍受，父亲的说教变成了对孩子的一种折磨；那些粗暴的父亲，根本不去听孩子说了些什么，习惯用粗暴的手段强制孩子服从，他们认为拳头比舌头更有力量；当然，还有更多沉默的父亲，他们不知道怎么样表达自己的关爱与管教，他们习惯用“沉默是金”来安慰自己，他们实际上留给孩子的可能是冷漠的印象。

总结一下，在沟通方面，父亲经常在两个方面犯错误：一是不会听，父亲们经常听得太少；二是不会说，父亲们经常说得太多。这两个错误，许多父亲往往一个都不缺。要成为一个好父亲，这两个错误都要改掉。

如何改掉这两个错误，成为一个擅长沟通的父亲呢？

第一点，也是最重要的，就是父亲要学会如何倾听。著名哲学家苏格拉底说过一句话：“自然赋予我们人类一张嘴、两只耳朵，就是让我们多听少说。”这真是一句至理名言，值得父亲们反思、反省。

如何学会听呢？

我们先来看两个字，一个是简体字“听”，另外一个是繁体字“聽”。在简体字“听”上，我们看到了左偏旁是“口”，用“口”来讲，这正是我们大多数父亲经常犯的错误，在听的时候，嘴巴用得太多了，说得太多了，喧宾夺主，把孩子谈话的主导权给夺去了。面对一个滔滔不绝的父亲，许多孩子选择了闭嘴，选择了离开，关闭了自己的嘴，也关闭了自己的心门。

在繁体字“聽”中，左偏旁是“耳”，右边有两个偏旁，一个是“罒”，它就像一双眼睛，还有一个偏旁是“心”，即用心，这才是“听”的真正含义：用耳朵听，用眼睛看，用心去体会。这种“聽”，往往被称作“倾听”。

父亲如何才能成为一个好的倾听者呢？

第一，要专注。当孩子表达出沟通的需求时，父亲要放下手中的事情，把注意力集中于孩子身上。父亲不能一边看报纸或看电视一边听，也不能表面上在倾听，其实脑袋里在想其他的事情。专注意味着这段时间是属于孩子的，倾听是父亲的唯一任务。专注的做法是用眼睛望着孩子，用心去听懂孩子的话。

第二，要学会听懂孩子真正想表达的意思。当孩子伤心或高兴的时候，孩子言语中的情绪是父亲需要听懂的东西，这种倾听要运用同理心，把孩子的情绪、情感映射出来，并接纳孩子的情感。

对父亲来说，倾听的最大好处可能就是孩子愿意把你当朋友，愿意与你分享他生活中的喜怒哀乐，愿意听从父亲的建议。最长远的好处就是当父亲年迈时，他愿意坐下来倾听父亲的心声。

虽然对父亲来说，沟通主要是听，但也需要学会恰当地说。何为恰当？孩子体验到成功时，父亲要学会表扬他们；孩子受挫折时，父亲要鼓励他们；孩子犯错误时，父亲还要学会批评他们。该说的时候不说，父亲就失职了，因此，沟通自然包括说的艺术。

下面着重谈谈父亲该如何表扬和如何批评。

在表扬方面，我们提倡的是描述式表扬。表扬主要有两种方式，一种是评价式表扬，它是结果取向的，直接指向孩子的品质或性格，对孩子的品质或性格做出积极评价，如："孩子，你真棒！""孩子，你做得太出色了！"生活中有好多这样的形容词。另外一种是描述式表扬，它是过程取向的，主要指向孩子的努力，以及父母对孩子行为的感受，让孩子自己得出结论。如，表扬一个孩子的房间很干净、很整齐时，有下面两种说法。

评价式表扬："你真是个爱干净、爱整洁的孩子！"

描述式表扬："地板真干净，都照出人影了；被子叠得很整齐，像豆腐块。走进你的房间，让人感到很清爽、很舒服！"

评价式表扬因为直接指向孩子的人品或性格，它往往太直接了，像直射的阳光一样刺得人不舒服，它还使孩子过分重视结果，过于在意其他人的表扬而刻意地获得他人的赞赏，这往往会把孩子吹捧坏的。描述式表扬像和风细雨，让人容易接受，能使孩子根据他人的描述自己得出一个积极的结论，这有助于孩子形成积极的自我概念。而且，描述式表扬指向的是过程及孩子的努力，为了获得他人的表扬，孩子会更加努力，它不会让孩子自命不凡，过于骄傲自满。

与表扬一样，批评也可以分为两种，一种是评价式批评，它是结果取向的，直接对孩子的品质或性格做出消极评价，如："你真是一个不听话的孩子！""你真讨厌！"另外一种是描述式批评，它是过程取向的，主要通过描述孩子不好的行为本身及父母对此的感受，让孩子自己得出行为不妥或错误的结论。如，批评一个进家门就乱丢鞋子的男孩时，有下面两种说法。

评价式批评："说你多少次了，你都不听，你的耳朵到底干什么用的？真是没脑子！"

描述式批评："你的鞋子又乱放了，我进门时差点被绊倒，我真的很生气！"

评价式批评因为直接指向孩子的人品或性格，因此往往会对孩子的自我概念造成伤害。直接的批评往往会激发孩子的逆反心理，孩子往往会因此拒绝接受这种负面评价。当然，评价式批评还会恶化批评者和被批评者的人际关系。评价式批评的结果往往也不好，因为它所指向的人品或性格往往是难以改变的。描述式批评指向的是孩子的行为，描述的是批评者的感受，它比较温和，往往不会激起被批评者的逆反心理，接受起来更容易一些，错误的行为是比人品或性格更容易改变的。

五 好父母要教会孩子真正独立

作为一个从事家庭教育研究多年的学者，我一直期待有几个中小学校校长写出家庭教育的力作，因为学校是学生会集和学习的地方，校长最有可能了解学生的特点与差异，也必定有许多金玉良言对学生的父母诉说。因此，当北京八中的老校长龚正行先生邀请我为沈茂德校长的家庭教育专著写序时，我欣然答应，尽管我没有到过无锡市天一中学，至今也没有与沈校长见过面。

（一）坚信“每一个孩子都是一座金矿”

沈校长之所以令我感动，是因为他不仅相信和尊重每一个学生，并且坚信“每一个孩子都是一座金矿”。在具体的教育实践中，如何把“金矿理念”转化为教育行为？他提醒父母们首先应该认同：

每一个孩子的个性是如此不同！

每一个孩子都有巨大的潜力！

每一个孩子也都有如此多的方面需要我们的帮助！

儿童的伟大之处就在于可能性。儿童就是儿童，他还没有成熟，还没有确定，还没有完成……他只是一个儿童，所以，他有无数种可能。

当然，相信学生只是前提和基础，还需要把这种相信落实到具体的教育过程中。所以，沈校长推心置腹地忠告父母们：

好多父母都羡慕别人的孩子是神童，完全没有意识到“金矿”就在自己家中。只是这“金矿”，你要能慧眼识得，要能科学开掘。很多时候，不是金子不发光，而是作为父母的你，没有智慧让它发光。很多父母以为只有考试的满分，是孩子闪出的光芒，这样的认识就太狭隘了。一位诺贝尔奖获得者曾说，兴趣、热情和持之以恒，是做科学研究的关键素质。我完全同意，认为兴趣、热情、毅力等核心素质才是会在孩子身上终生闪耀的璀璨光芒。

几乎每个人都可以感受到，进入21世纪的中国，家庭教育越来越受到重视。父母们给孩子报各种各样的培训班，送孩子接受名目繁多的体验，更要接受数不清的考试，可是孩子的问题却越来越多，并且越来越复杂！

（二）家庭教育是关键

家庭没有使孩子身体好、性格好、习惯好，孩子可能成为学校中的“差生”

值得反思的是，家庭教育究竟该如何朝着哪个方向努力呢？依据长期的教育实践与深入探究，沈校长语重心长地指出：

如果孩子在家庭生活中没有养成“三好”（身体好、性格好、习惯好），那么，这个孩子就很可能成为学校中的“差生”；如果孩子在家庭里养成了坏身体、坏性格和坏习惯，那么，无论学校的教师和校长多么能干，他们也很难改变孩子。倘若在家庭生活中没有培植良好的根系，孩子决不可能成长为一棵蓬勃的大树。

沈校长给出如此沉重的结论，绝不是推卸学校的责任，而是强调家庭教育的重要性和不可替代性。中小学教育是基础教育，家庭教育是基础教育的基础。曾经有记者问我，家庭教育在人的成长中占几成的分量？我回答，在六成以上。毫无疑问，家庭教育是时间最长、影响最深、最富有个性的教育。

家庭教育最大的差别在于价值观

2012年在中央电视台做家庭教育讲演的时候，我曾经对比过中国百名杰出青年与百名青年死刑犯的成长背景，最大的差别就是家庭教育的优劣，而家庭教育最大的差别在于价值观的培养。例如，百名杰出青年的父母引导孩子有爱心、有责任、有诚信；百名青年死刑犯的父母则溺爱和放纵孩子，没有是非界线。

他山之石，可以攻玉。作为名校长，沈校长有许多国际交流的机会，他以沙里淘金的方法，选择出一些精彩的交流片段，与大家分享。与一般的介绍不同，沈校长的视角总是锁定在如何引导学生成人成才的主线上。

例如，沈校长访问英国苏曼国际培训中心时，丽莎女士介绍说，英国的绅士绝对是从小开始、从小事开始培养的，而这种绅士文化的第一任教师和最重要的教师绝对是父母。丽莎说，孩子一懂事，就要让他们知道并学会，即使要妈妈倒水喝，也必须用“请”“谢谢”，而且妈妈、爸爸会一而再、再而三地教育孩子们在生活中学会多用“Please（请）”“Thank you（谢谢）”“Sorry（对不起）”。爸爸、妈妈会不厌其烦地对孩子们说，多说一次谢谢，就肯定能多一次帮助。丽莎女士特别强调，在英国，会说这三个词就能生存，经常说这三个词才能更好地生存。

在访问剑桥大学国王学院时，沈校长与招生主管大卫先生有一段对话。他问，国王学院招生的重要标准是什么？大卫先生答：“内驱力。”沈校长又问，如何理解您说的“内驱力”？大卫先生回答：“对科学的无限向往。”

今天的孩子生活在信息化的时代，面对许多新的机遇和挑战，这自然会倒逼教育机制与方法的改革。国际21世纪教育委员会早就提出，学会求知、学会做事、学会共处、学会做人是21世纪的四大教育支柱，而提高管理知识和处理信息的能力是21世纪最重要的学习任务。如何培养学生具备这些高素质，既是对学校教育的要求，也是对家庭教育的要求。

（三）“独立”为中学生关键素养之首

我读沈校长的书的时候，内心有一种期待，希望看到那些优秀学生究竟优秀在哪里，他们的发展对广大的父母朋友会有些什么启示。作为一所根基深厚的著名中学的校长，沈校长通过对本校500多名优秀学生的跟踪研究，也通过对中外杰出人物的成功路径的深入探究，发现了一些颇为重要的成长规律。他归纳总结出优秀学生具有独立、梦想、兴趣、习惯、责任、视野、执着、性格等八个关键素养。

沈校长把“独立”作为关键素养之首，认为“独立”是每一个人成长、成人的第一步。他把“独立”解释为两个基本的含义，自己的事情自己做，生活的自理是“独立”的第一个要义。这种生活的自理、习惯的自律，是每一个孩子自立于世、自理于生活的起步。在生活自理、行为自律的基础上，进而发展思考的独立，这是“独立”的第二个含义。在体验生活、认识自然、认识社会的过程中，对人生、对世界有自己的思考，从而产生自己的创新思维，并把个人的思维融合进推动社会进步的文化中，这是“独立”的终极价值追求。

家庭教育的本质是改变父母自己，而自觉提升自己的教育素养，是父母获得教育成功的唯一途径，在21世纪的今天尤其如此。

后记

20年来，我一直在呼吁父母"持证上岗"，即做父母之前要经过一定的培训，拿到"合格父母证书"。因为在我看来，做父母是何其神圣的事业和职业，怎么可以不接受培训？怎么可以"无照经营"？许多家庭教育的悲剧究其原因，往往都是"无照经营"的结果。

于是，我在全国各地调研或讲课期间，经常建议地方的妇联组织、教育部门和有关机构，进行父母"持证上岗"的试点工作。2015年8月，在民政部参加留守儿童问题座谈会的时候，我同样提出在办理结婚证之前进行适当的家庭教育培训的建议。但是，官方的反应不但不积极，甚至很警惕是否侵权。尊重公民权利自然是一种文明的进步，可是，不积极推动家庭教育难道就是对公民负责吗？

其实，作为一个已经60岁并且阅历较为丰富的人，我当然知道，呼吁父母"持证上岗"是个浪漫的想法，肯定不应该作为法律或政策来实施。我的本意是：为了孩子的健康成长，为了家庭的幸福生活，呼吁天下父母要自觉地学习，尽快成为合格的父母，而国家和社会应给予适当的鼓励与支持。

面对广大父母的迫切需要，我想，与其呼吁不如行动，我要写一本书来说明怎样做合格的父母，要把合格父母最需要掌握的教育理念、教育方式和教育能力写出来。

感谢浙江文艺出版社的郑重社长和王晓乐副总编辑，他们特别邀请我写一套教育前沿探索的书，这正是我构思甚久的事情。于是，我们一拍即合。在西湖边的几次论证过程中，我都坚持要写一本父母教育素养的书。从实用的角度说，如果父母时间少，只能看书系中的一本，最适合的就是这本书。作为家庭教育培训教材来说，如果只能选择一本，这也是最适合的一本，因为本书抓住了合格父母培训的核心内容并且拥有简要的理论体系。

感谢本书的责任编辑朱怡瓴女士给予的多个具体建议，给予我很大的启发；感谢中国青少年研究中心《少年儿童研究》杂志编辑孟娜热情而极具专业水平的帮助，她做了许多相关资料和文稿的整理工作；还要特别感谢北京师范大学著名的心理学家陈会昌教授的序言，我们相识几十年，有过多次难忘的合作，但是请他为我个人的书作序还是头一回。我相信，陈教授的序言已经成为本书提纲挈领的重要部分，会给读者朋友带来特别的启示。

当然，最需要感谢的是亲爱的读者朋友，您的阅读和实践，尤其是您的教育素养使您与孩子一起成长，那将是对本书的最高评价与奖赏！

我期待着！

孙云晓

2015年8月30日于北京世纪城

图书在版编目(CIP)数据

五元家教法 好父母的必修课 / 孙云晓著.—杭州:浙江文艺出版社,2016.5

ISBN 978-7-5339-4533-6

Ⅰ.①五… Ⅱ.①孙… Ⅲ.①家庭教育 Ⅳ.①G78

中国版本图书馆CIP数据核字(2016)第105688号

责任编辑 朱怡瓴
封面设计 胡 珂
版式设计 艺诚文化
责任校对 许龙桃
责任印制 吴春娟

五元家教法

好父母的必修课

孙云晓 著

出版 浙江文艺出版社
地址 杭州市体育场路347号
邮编 310006
网址 www.zjwycbs.cn
经销 浙江省新华书店集团有限公司
制版 杭州兴邦电子印务有限公司
印刷 浙江新华数码印务有限公司
开本 710毫米×1000毫米 1/16
字数 237千字
印张 17.25
插页 3
印数 00001-20000
版次 2016年5月第1版 2016年5月第1次印刷
书号 ISBN 978-7-5339-4533-6
定价 36.00元